基础教育改革与教师专业发展丛书

教师专业发展系列

优秀教师的语言艺术

YOUXIU JIAOSHI DE YUYAN YISHU

倪三好◎编著

安徽师范大学出版社

责任编辑：房国贵　李克非　　　　责任校对：胡志恒
装帧设计：丁奕奕　　　　　　　　责任印制：郭行洲

图书在版编目（CIP）数据

优秀教师的语言艺术 / 倪三好编著. — 芜湖：安徽师范大学出版社, 2013
（2021.7重印）
（基础教育改革与教师专业发展丛书）
ISBN 978-7-5676-0282-3
Ⅰ.①优… Ⅱ.①倪… Ⅲ.①中小学—教师—语言艺术 Ⅳ.①G635.1

中国版本图书馆 CIP 数据核字(2012)第 319334 号

优秀教师的语言艺术

倪三好　编著

出版发行：安徽师范大学出版社
芜湖市九华南路189号安徽师范大学花津校区　　邮政编码：241002
网　　址：http://www.ahnupress.com/
发 行 部：0553-3883578 5910327 5910310（传真）　E-mail：asdcbsfxb@126.com
经　　销：全国新华书店
印　　刷：苏州市古得堡数码印刷有限公司
版　　次：2013年12月第1版
印　　次：2021年7月第9次印刷
规　　格：787 × 960　1/16
印　　张：19.75
字　　数：300千
书　　号：ISBN 978-7-5676-0282-3
定　　价：39.50元

基础教育改革与教师专业发展丛书编委会

内容简介

本书通过大量具体、生动的教学实例,对优秀教师的语言艺术作出了全面的论述与展示。全书除绪论外共设10章,在阐述优秀教师语言艺术形成的基础与途径、特征与运用原则、类型与风格等语言艺术一般问题的基础上,分别探讨和展示了优秀教师的教学语言艺术、教育语言艺术、交际语言艺术和体态语言艺术 ,对广大教师尤其是青年教师提高语言运用能力、把握语言艺术提供了多方面的参考和借鉴,对教育教学质量的提升亦不无启迪。

总序

“教育改革”在当下是一个出现频率非常高的概念，这种语言现象所反映的正是教育实践的客观现实。伴随着经济全球化、信息化和网络化的迅猛发展，世界范围的教育改革正一浪高过一浪，教育改革正成为一项持续不断的教育实践活动。可以说，变革已成为当代教育的一个典型特征。

同样，改革也是我国当代基础教育领域蓬勃发展的重要驱动轴。近年来，基础教育改革正在各个层面全面展开：在课程领域，综合课程、活动课程、微型课程、模块课程等正在逐步取得与学科课程同等的地位，并对促进学生的全面发展发挥着不可替代的作用；在教学领域，诸如探究式教学、互动式教学、学生自主学习、合作学习等一系列新的教学方式和学习方式也正在逐步取代某些传统的教学方式和学习方式，被师生广泛运用于教学过程之中；在德育领域，一方面，某些陈旧落后的德育理念和模式正在为人们所摒弃，另一方面，多种新的德育理念和模式正在受到教育理论工作者和实践工作者的广泛关注并在学校德育实践中进行尝试和经受检验；在教育评价领域，传统的评价理念和范式同样日益受到人们的质疑与批判，与此同时，各种新的评价理念和范式层出不穷并被师生普遍接受和运用。

基础教育改革不仅使学校生活、师生关系和课堂面貌等发生了重要变化，也向广大教育实践工作者提出了新的更高的要求。持续不断的基础教育改革,使每一个投身于教育实践工作的人都面临着一系列无法回避的挑战。这种挑战,既意味着教育实践工作者不得不正视和思考教育改革带来的各种新的问题,同时也意味着他们在面对不断变化的教育实践情境时,必须采取适当、合理的因应与行动。

教育大计,教师为本;有好的教师,才有好的教育。这既是基础教育改革实践的强烈诉求,同时也是理性认识基础教育改革所形成的共识。好的教师,才有可能既娴熟自如地驾驭教育教学活动,最大限度地促进学生的发展,同时又能够有效地应对社会和教育发展所带来的各种新变化、新要求,成为教育改革的参与者和"弄潮儿"。好的教师由何而来呢?也许人们对这一问题有着各自不同的认识,也许不同的教师其成长的过程和方式各有差异,但可以肯定的是,好的教师既需要经受教育实践的历练,需要教育实践给予其充分展现的机会,同时,也需要接受教育理论的滋养,需要对教育教学的本质和规律性有着正确的认知和把握。

与教育实践工作者相同的是,教育理论工作者也正在面对教改所带来的诸多挑战。基础教育改革的蓬勃展开,也必然会对教育理论工作者提出如何恰当地回应教育改革、如何研究和解决教育改革中出现的各种新问题、如何引领教育改革的发展方向等诸多问题。可以说,在教育改革持续展开的背景下,教育理论工作者正面临着双重任务:一是必须及时研究和探索教育改革中不断出现的新情况、新进展,发现制约改革的各种因素和变量,揭示和分析教育改革发生发展的特点和规律;二是必须观照教育改革参与者特别是中小学教师的实践诉求,通过对教育改革实践的理论阐述,引领他们更加理性、有效地处理改革实践中所遇到的种种现实问题。

我们欣慰地看到，当前，已有很多学者对基础教育改革的一系列重要问题进行了深入的研究和探讨，从多角度、多方位提出了诸多有关教育改革的真知灼见，展示了学者们对教育改革实践的理性认识。然而，如何将这些理性认识转变为教育改革实践的理性行动，却需要做一番综合与转化工作。所谓综合，就是要对不同的理论研究成果，根据教育实践的逻辑，重新进行组合与梳理，以形成更加适合于教育实践的知识体系；所谓转化，则是要通过对知识的再加工和再创造，将原本用于精确表达思想和观念的科学话语体系，转变成实践话语体系，从而更加适合教育改革实践的需要。而本套丛书所努力达成的，就是这样的一个目标。我们期待我们所做的综合与转化的努力，能够产生切实的实践效果。

教育改革既涉及宏观层面，也涉及微观层面。仅有宏观层面的努力而缺失微观层面的配合与行动，教育改革不可能取得成功。宏观层面的教育改革主要是由政府来决定和实施，而微观层面的改革不仅需要政府的介入，更需要教育实践工作者的实际行动。我们编写这套丛书，主要的目标是指向微观层面，指向中小学教师的教育教学实践。丛书涉及当前基础教育改革和教师专业发展的诸多领域，主要针对当前基础教育改革和教师专业发展中所遇到或将要遇到的一系列问题而编写，以问题作为研究和讨论中心。我们期望通过聚焦教育改革实践中遇到的各种实际问题，借鉴中外教育改革的研究成果和成功经验，为教育实践工作者正确地认识和把握这些具体的实际问题提供指导和帮助。

本丛书主要包括教师专业发展系列、基础教育改革与学生发展系列、新课程教学探索系列、班主任工作系列、心理健康教育系列、教师专业标准系列等，读者对象主要是广大中小学教师。丛书的定位是理论与实际有机结合、介于学术著作和通俗读物之间,既注意吸收相关学科领域的最新成果,反映教育教学研究的前沿动态,又注重贴近中小学教师的工作和生活,对目前我国基础教育的实际以及教改实施与进展的状况进行分析和探讨,注重解决读者在实践中遇到的问题或困惑,努力做到科学性、前沿性、实用性的统一。丛书内容通俗易懂,深入浅出,每册书在内容上不求大而全,不求面面俱到,而是突出重点,将关注教师的需求放在第一位,尽可能为他们提供有针对性的思想和理论的引领,给他们以实践操作的启发。

我们相信本套丛书的出版,能让广大一线中小学教师获得所需的知识和有益的启示,对学校的进步、教师的发展和学生的成长发挥建设性的指导作用,为促进教育改革和教师发展增添些许动力。我们也期待着本丛书的出版,能够为师范院校相关学科的教学与研究提供更为丰富的素材,从而推动教师教育质量的不断提升。

编委会

二〇一四年十二月

目　录

绪 论

教师是“人类灵魂的工程师”，是培育后一代的园丁，是精神文明的传播者和建设者。作为一名优秀教师，除了应具有广博的知识、高尚的道德情操和较强的教育教学能力等基本素质之外，还必须掌握教师语言艺术。著名教育家苏霍姆林斯基在谈到教师的职业素质时特别指出，一个真正的教育者应当完善地掌握规范语言的各种表达方式。言语中包含着人与人之间的关系，因为语言是表达思想的，而思想是教育的支柱。教师应当使自己的语言、思想、信念和教诲进入儿童的心灵。显而易见，教师要想达到良好的教学效果就必须讲究语言艺术，因为语言是教学思想的直接体现，是教师使用最广泛、最基本的信息载体；语言是教师从事教育教学工作的工具，在对学生进行言传身教的过程中，总是依靠语言在师生之间架起一座沟通感情、传授知识、培养技能的桥梁。纵观各学科优秀教师，可以归纳出一个共同的重要特征，即他们都具有高超的语言艺术。他们能在教学中准确规范、灵活巧妙地运用本民族和本学科语言，不仅使学生对所学内容有更清晰的理解，更能将学生不断引入求知的新境界，从而有效发挥教师的主导作用。

第一节 优秀教师是运用语言的大师

优秀教师具有高超的语言艺术，是语言艺术的生动直观的载体。教师向学生传道、受业、解惑以及师生之间信息的传递和情感的交流，都必须以语言作为工具。在教学中他们通过情趣盎然的描述、鞭辟入里的分析、入木三分的概括、恰到好处的点拨，把学生带进瑰丽的知识殿堂，并开启心智、陶冶情操，使学生获得精神上的满足。教师职业的特点，要求教师在教学过程中要用精美的语言去开拓学生的知识视野，去启迪、影响、感染学生的心灵世界。好的语言表达，能激发学生的灵感，碰撞出智慧的火花，在展现教师睿智的同时，更重要的是使学生真正理解教师所授的内容，生发出强烈的求知欲。

教师的语言行为是传授知识、交流情感的教育活动。捷克著名教育家夸美纽斯曾经说过，教师的嘴，就是一个源泉，从那里可以发出知识的溪流。这句话隐含了教师语言的重要性。教师语言是一种行业语言，是一种专业化的创造艺术，它是教师传递信息的媒体，是教学的主要工具。教师语言具有教育功能：用生动的语言去讲述内容，能激起学生的兴趣；用准确的语言去讲解知识，能激发学生的求知欲；用理性的、合乎逻辑的、充满激情的语言去讲演，能启迪学生的智慧、陶冶学生的心灵。教师将自己对教材和教学内容的理解、感悟通过有声语言和无声语言传递给学生，使学生理解、感悟并得以升华。在教学中，教师鲜明地、恰如其分地运用语言艺术将抽象的东西具体化，可使学生得到最直观、最形象、最真切的感受，从而降低思维的难度，收到事半功倍的效果。

教师在教育活动中的语言表达是一种艺术活动，教师传授知识的过程是对语言艺术的运用，也是对语言艺术的再创造。教师对语言艺术的再创造是由学生和教师对教学活动的创造性要求所决定的。一方面，中小学生由于生理和心理发展水平、生活体验、知识水平等的局限，对于教师在教学活动中“教”的内容，无论是知识、技能还是情感、道理，往往无法通过自“学”准确把握，必须借助教师的讲解才可能学好。他们总是喜欢新鲜活泼、生动形象、具体可感的引导，排斥陈旧呆板、单调枯燥、抽象模糊的说教，而且往往难以保持所需的注意力。另一方面，教师是为特定目的而“言传身教”的，总是希望自己的语言行为既能充分调动学生的学习主动性，顺利实现教学目标，又能张扬个性、展示才能，获得生命价值的体现和教育活动的快乐。因而，教师总是要根据教育情境，充分调动自己各方面的知识、能力、素养，运用教育智慧和教学机智，对原有的语言材料和教学活动方式进行艺术改造，努力追求既吸引、启发学生，又感染、鼓舞自己的语言表达效果。列夫·托尔斯泰指出，在自己心里唤起曾一度体验过的情感，并且在唤起情感之后，用动作、线条、色彩以及音词所表达的形象来传达出这种感情，使别人也同样能体验到这种同样的情感——这就是艺术活动。

例如，上海市特级教师贾志敏授课时的口语表达形式就很有特色。某次课上，贾老师一会儿跷起大拇指，一会儿鼓掌，一会儿与学生握手、祝贺学生的精彩回答。有一次，一个学生在读有关竹子的句子，读得不错，而此时贴在黑板上的一段竹子正巧掉了下来，于是贾老师借题发挥："你读得多好，看，连竹子也来祝贺你了，那老师就把它送给你吧！"说着，贾老师便把竹子递给了那个学生，而那个学生激动得涨红了脸，引得所有的学生羡慕不已。大家又纷纷发言，力争得到老师别具匠心的奖赏，不知不觉中又形成了一个教学高潮。贾老师将有声语和体态语有机结合，将预设语和随机语有机结合，根据学生的反馈信息或突发情况，临时调整原先预设的口语流程，巧妙应对，别具匠心地进行评价，切切实实地实现了对语言艺术的再创造。

"语言精美"是对教师语言艺术的要求，它有四个方面的具体特征。

一、严谨精练，重点突出，具有逻辑性

任何一门课程都有它明确的教学目的，这就要求教师的语言必须严谨精练，重点突出，具有鲜明的逻辑性。教师严谨精练的语言，能引导学生系统地掌握理论知识，发展他们的抽象思维能力。教师只有使用生动活泼、通俗易懂的口语，以深入浅出、逻辑严谨的表达，方能引发学生的兴趣，进入积极思维的精神状态。用精练简洁的口语最短的时间传递最大量的信息，有利于在教学中突出重点、突破难点，有利于学生及时地做出反馈，从而取得理想的教学效果。例如有位老师在教授《荷花淀》一课时所设计的导语：在现代文坛上，小说出现三大流派——以赵树理为代表的"山西派"，以欧阳山为代表的"岭南派"和以孙犁为代表的"荷花淀派"。"荷花淀派"的突出特色是语言简洁鲜明，朴素细腻，自然隽永，具有诗的意境、散文的自如。今天我们学习"荷花淀派"的代表作《荷花淀》。[①]授课教师在导语中首先列举小说的三大流派，接着简要阐述了"荷花淀派"的语言以及艺术上的特点，顺理成章地引入课文的学习，简明扼要，逻辑

① 郭启明，赵林森.教师语言艺术[M].2版.北京：语文出版社，1998.

清晰。

二、幽默风趣，机智巧妙，具有创造性

英国学者在《幽默教学：一门表演的艺术》中指出，理想的教师应当达到艺术化的教学水平，善于利用幽默来激发学生的兴趣，使学生学得更好。在教学中，基本概念和理论性的教学内容往往使教师感到棘手，使学生感到抽象、枯燥，记忆较困难。在讲授时，教师运用风趣的语言、适当的比喻，就能化抽象为具体，化枯燥为轻松，既可以使学生在轻松愉快的气氛中掌握知识，又可以使学生在一笑之余引发联想，出神入化地推动他们领悟，让学生感受到学习的乐趣。幽默显示的是教师的智慧，传递的是教师的关爱，承载的是生动的启示，激活的是预约的情感。此外不可忽视的是幽默风趣的语言同教师的机智密不可分，机智是幽默的内在品质。用好幽默语，既是一种教学的艺术，又是一种教学的风格。准确熟练地运用好幽默语是教师聪明才智的表现。

幽默是教师在课堂教学中不可多得的品质。它打破了课堂内的枯燥局面，使整个教学过程达到师生和谐、充满情趣的美好境界。它不仅提高了教学语言的品位，而且优化了课堂教学效果。"著名特级教师于永正在讲课中就很注重语言的幽默风趣。他在执教《小稻秧脱险记》一课时，文中讲到杂草被喷雾器大夫用除草剂喷洒过后说：'完了，我们都喘不过气来了。'有一个学生读这句话时声音很响亮，于老师笑了笑说：'要么你的抗药性强，要么这除草剂是假冒产品，我再给你喷洒点。'同学们都笑了，该同学也会心地耷拉着脑袋有气无力地读了起来。"[①]在这里，于老师用幽默的语言活跃了课堂气氛，融洽了师生关系，集中了学生的注意力，也巧妙地教会了学生读书方法，使课堂教学更加有效。再如，"一位教师在教'中国地图'时，刚把地图贴在黑板上，学生便笑了，他回头一看贴倒了，于是他幽默地说：'啊，是谁让公鸡打倒立的？'同学们笑得更开心了，他在笑声中走上讲台，一边取下地图贴上一边说：'还是把它倒过来，不然改天我们听不到公鸡啼鸣了。'教师从容、机智地纠正错误，还强化中国地图像只

---

① 陶书梅.锤炼教师的语言艺术，实施有效的课堂教学[J].小学时代教育研究，2011(11).

啼鸣公鸡的特性，有助于学生记忆。”①

三、富有教育性和针对性，能因材施教

教师的主要任务是既教书又育人。教师的一言一行，不仅仅代表着自己“学高为师，身正为范”的人格形象，更在潜移默化中深刻地影响着学生，因此教师的语言要有一定的教育性和针对性。教师必须针对不同的教育对象、教育内容和教育环境，根据具体的教育对象和教育内容把握学生和本门课程的特点，在注重教学语言的教育性和针对性的基础上，选择运用不同的语言进行教育工作，避免与主题无关的废话，切实做到对症下药和因材施教，因为只有因材施教才能使教师的语言有的放矢，取得实效。

例如，有一教师对两个不愿上台的学生采用了不同的动员和激励方式。对一个因胆小借口没准备不愿上台的女生，教师鼓励说：“没有准备的情况下登台是一种自信；在没有准备的情况下，敢于面对观众，是一种伟大；在没有准备情况下说得不好，可以理解；在没有准备的情况下，说得很精彩，难能可贵。你愿意试一试吗？”对一个自认为不善言辞的男同学，教师鼓励说：“有的人不靠辞令取胜，靠的是他的真诚。我相信你有比一般辞令更能打动大家的实际看法。”结果两个学生都上台发了言，还讲得不错。这位教师的成功之处就在于他能因人而异，突出教育性和针对性。教师在教育教学中，针对不同的学生应采取不同的教法，比如面对自尊心强的同学和自尊心差的同学，或是性格有差异的同学，都要有针对性地采取不同的语言方式，以求获得理想的效果。

四、富有情感性和激励性，能加强交流

情感沟通是教学的重要前提，别林斯基曾说，情感是语言在表达过程中的乘号，语言中充满情感，会使语言的感染力成倍地增加。因此，情感是教师语言艺术中极为重要的因素，它直接影响学生情感变化，影响学生对教学信息的认知和理解。通观名师的课堂，我们常有这样的感慨：他们的高明之处更多的是在于善于使用情感性言语。名师们在教学中用满面

① 陈旭远.课堂与教学论[M].长春：东北师范大学出版社，2002.

春风的语态,饱含深情的语气,洋溢激情的语言来激发学生的情思,从而产生一种情感共鸣的语境,使学生为之所感、为之所动,以至于转化成良好的学习动机、获得理想的教学效果。积极的情感性言语能使学生在情绪的感染中全神贯注地接受教学信息,它像纽带一样把教师、教学内容和学生有机地沟通起来。

与情感性同等重要的是教师语言的激励性,教师充满激励的语言是学生走向成功的动力。一句句激励的话语就像蜜汁一样流进学生的心田,化作他们前进的不竭源泉。阿莫纳什维利在《孩子们,你们好》一书中写道,(教师)在这里应当精雕细刻地去塑造儿童心灵的每一个微小的部位,使他们心中的每一个细胞都充溢热爱与激情。

例如,一名教师在执教《彭德怀和他的黑骡子》时,引导学生抓住彭德怀的动作、语言、神态等,体会他对大黑骡子深深的爱。学生交流时说得精彩,体会得非常深刻。教师抓住时机用饱含激情的语言来引导学生思考:"在彭德怀的心目中,那大黑骡子就是他生死与共的战友,就是他亲密的伙伴,就是他至爱的亲人,可为什么他还要杀大黑骡子呢?难道他是这样的无情吗?"学生们分小组讨论了这个问题。他们从文章的字里行间找到了答案,明白了彭德怀更爱战士们,愿与战士们同甘共苦。在学生情感产生共鸣的基础上,教师鼓励学生按小组分角色再现当时的情景。表演后,教师引导学生进行自评,说一说自己在表演时的感受,对所演人物的理解,对与自己合作的同学的建议等。在自评的基础上,教师鼓励学生相互评价。这样,学生在老师的鼓励中相互促进、相互补充,在互评中共求进步发展,激发了学习动机,从而更加自主地学习,获得了理想的教学效果。

第二节　教师语言艺术的重要作用

教师语言是师生情感交流和传达信息的主要工具,作为一门艺术,教师在教育劳动中根据学生生理、心理特点和"学情"实际,通过具体的教育教学活动,运用语言艺术向学生传授文化知识与做人的准则,从而沟通了教育者与学习者之间的联系。虽然现代教学手段灵活多变,但教师语言艺术的地位和作用是无法取代的。

一、提高教学质量和教学效率

“师者,所以传道受业解惑也。”语言是师者传道、受业、解惑的第一凭借,情趣盎然的表述,精确全面的概括,至真至诚的交流,恰到好处的点拨,能把学生带进知识的花园里,开启心智,陶冶情操。教师语言表达能力的高低,不但影响着自己主导作用的有效发挥,而且也严重影响着学生学习收获的质量。正如教育家马卡连柯所说,同样的教学方法,因为语言不同,就可能相差二十倍。不言而喻,教师的课堂教学语言艺术对教学质量和效果的影响是直接的、深刻的、不可忽视的。

(一)激发学生学习兴趣和动机

准确、鲜明、生动、富有吸引力、感染力、号召力的极具艺术魅力的教学语言,是启发学生思维、激发学生兴趣、调动学习积极性的重要一环,直接影响到教学质量的好坏。

课堂教学无论是传播知识、培养学生创造能力,还是陶冶学生的道德情操,都是通过师生双方语言的表达和交流来实现的。教师课堂教学语言如果表达准确清晰、生动有趣,那么学生就爱听乐听,就能有效激发学生强烈的学习兴趣和学习动机,就能集中学生的注意力,有利于学生智力的开发、创新能力的培养,同时也有利于节约教学时间和减轻学生的学习负担。心理学研究表明,感官富于刺激性的语言,最能引起学生的兴趣。注意使用那些对感官富有刺激性的语言,在教学时就能紧紧地吸引学生。要达到这一效果,关键在于用生动的语言,将抽象的内容具体化,善于将事物的形态、特征具体而形象地展现在学生的眼前,这样可以增强学生的学习兴趣、激发他们的想象力,进而使学生牢固地掌握知识并培养起形象思维的能力。

以音乐课为例,音乐中的很多知识,对于年龄较小的学生来说,理解起来有一定困难。如果教师只是照本宣科,会使学生感觉枯燥乏味,逐渐削弱他们学习音乐的兴趣。所以,教师在讲授时要发挥语言的无穷魅力,结合学生生活中的一些形象生动的例子来对他们进行启发。对于小学生而言，他们喜欢听老师亲切温和、清晰明朗的话语，更喜欢听一些简短而有趣的童话故事。因此在向小学生进行音乐教学时，教师可以在教唱新歌前用生动、形象的语言绘声绘色地进行描述。如在教唱《两只小象》时，老师首先根据歌词编了这样一个简短的故事：有一天，两只小象吃过晚饭，不约而同地来到小河边散步，他们走着走着相遇了，就扬起鼻子勾一勾相互问好，两只小象一见面就成了好朋友，又勾鼻子又握手，大家都夸它们是一对好朋友。同学们，让我们也来学习小象，握手并成为好朋友吧！通过绘声绘色的描述，既激发了学生的学习兴趣，又帮助学生记忆和理解了歌词，还进行了德育教育，一举三得，教师再教起来就更得心应手了。

（二）对学生起正面示范作用

具有艺术魅力的教学语言，能给学生以一种正面的示范作用。教师艺术化的教学语言既可以培养学生的语感，又可以让学生从老师那里学到提出问题、分析问题、解决问题的方法，从而提高自己的内部动机，启发他们积极主动地去思考、理解、掌握教师的讲授内容。学生在准确生动、逻辑清晰的教学语言的诱导下，会积极主动地开动脑筋，分析、综合以至理解、掌握所学习的内容，为自己取得一次又一次的思维训练的机会，从而促使他们的思维能力、分析和判断能力得到有效的提高。

著名特级教师王崧舟老师在教学《二泉映月》时，当学生声情并茂地读完“茫茫月夜，如银月光；一泓清泉，静影沉璧；流水淙淙，蜿蜒而来；月光照水，水波映月”这组词语时，王老师用这样饱含诗情的语言总结评价：“听着你们的朗读，我真真切切地看到了如银的月光，那么皎洁、那么明亮；一泓清泉，缓缓地流淌着，那么清澈、那么纯净。月亮的影子倒映在水中，又是那么圆润、那么空灵。但是同学们，这如银的月光，这清澈的泉水，这一切的一切，对于双目失明的阿炳来说，只是一片什么？”王老师的语言多美，学生沉浸在诗一般的语言情境中，情感得到激发，思维得到拓展。在教师的引导下，学生一步一步地走进了阿炳的内心世界。[①]

课堂上，教师的一言一行对学生起到示范引导的作用，潜移默化地影响着学生。

（三）营造民主和谐的学习氛围

在现代课堂教学中，学生是学习的主体，而教师充当引导的角色。学生所具有的主体能动性及丰富的创造潜力使他们在课堂中展现出令人敬重与钦佩的活力。而正是这种富有生机的活力，才使得进行中的课堂连续不断地生成新的发现、新的感受、新的经验、新的收获。教师应将每个学生都看成具有独立人格和个性发展的主体，理解、尊重学生，创造平等的民主氛围，使每个学生都在原有基础上获得主动地发展。

教师恰当地使用教学语言，有利于建立新型的平等的师生关系，从而营造民主和谐的学习氛围。随着新课程的推行，教师的形象不再会居高临下。师生之间相互尊重，教师应欣赏和理解每个孩子，教师通过语言让他们都能感受到教师对自己尊严和权利的尊重，感受到教师对自己学习方法、学习能力、学习效果的肯定。这样才会拉近教师与学生之间的距离，真正体现教师和学生“亦师亦友”的关系，而教师的语言艺术就是建立这种新型师生关系的重要媒体。

例如，一次小学语文公开课上，老师请学生在黑板上写课题，小小的个子踮着脚，字越写越高，老师笑着说：“你这是‘一行白鹭上青天’啊！”下面胆大的学生接话问：“老师，他的字要是往下倾了怎么说啊？”老师反问：“你们认为呢？”下面有学生接道：“一江春水向东流。”精彩简捷、恰到好处的语言，营造出上下互动的课堂氛围，取得良好的教学效果。

（四）巧妙应对教学突发事件

教学是双边活动，教学双方处于错综复杂的关系中，教学过程常常由于意外情况而出现新的变化。例如，当学生常常会提出一些令老师意想不到的问题或会因一个问题的讨论而出现喧哗的现象时，老师该如何处

① 孟晓莉.教师课堂语言艺术之我见[J].中国农村教育，2011(7)

理以使课堂教学正常进行呢？这就需要教师具有应变能力、教学机智和语言艺术，能根据出现的新情况和学生的接受能力灵活地调整教学语言，用机智语巧妙应变，最终从容不迫地驾驭整个课堂教学。灵活而恰当运用教学应变语，要求教师有敏锐地发现问题的能力与敏捷的思路，善于顺着学生考虑问题的思路，找出症结所在，因势利导，运用恰当的教学语言点醒“梦中人”，三言两语使学生恍然大悟，从而使教学活动顺利进行。这要求教师要充分考虑学生的接受能力，对症下药，冷静机智，耐心和蔼，善于点拨调控，妙语度人；切不可因教学陷入困境而手足无措，指责学生。

> 上海特级语文教师万永富在讲授屠格涅夫的《麻雀》一课，当老师问“麻雀妈妈是怎样跟猎狗搏斗的”这一问题时，有学生说：“这只老麻雀不一定是妈妈，也可能是爸爸。”万老师先是一怔，继而问道：“同学们想一下，这个老麻雀到底是爸爸还是妈妈？”学生热烈讨论，有的说是妈妈，有的说是爸爸。万老师让他们讲出道理来。一个学生说：“因为我们小时候都是妈妈守护在身边，爸爸到外边干活，我想麻雀也应该是这样。”万老师听完，热情表扬了这位学生，并表示自己同意这样的意见。①

万老师在教学中遇到突发的棘手问题，不发作也不正面回答，而是把问题反弹给学生，让学生讨论之后，再因势利导地做出正确解释，教师反守为攻的应变方式非常巧妙地解决了课堂教学的突发事件，使课堂教学得以正常进行。

二、促进学生能力发展

爱因斯坦曾经说：“一个人的智力发展和他形成概念的方法在很大程度上是取决于语言的。”教师教学语言艺术的高低，不仅影响到教师教学任务的完成、教学效果的优化，更重要的是它还影响着学生多方面能力的发展。教师使用规范的语言对学生智力的形成和发展、语言习惯的培养、思维方式的培养、审美能力的培养都有重要的作用。

①郭启明，赵林森.教师语言艺术[M].2版.北京：语文出版社，1998.

(一)促进学生思维能力的发展

语言是思维的工具之一,是思维的物质外壳,是人类最重要的传递信息、交流情感的中介材料。语言和思维如影随形,相辅相成。思维决定着语言行为的内容和形式,语言表现着思维的动机和品质。因此教师的语言水平直接反映着教师思维水平的高低。学生透过教师高超的教学语言艺术,可以探知到教师的思维进程,学习到思考问题的良好方法,体验到思维过程的快乐,从而激发思维兴趣,同时还能提高思维能力水平。

具体来说,教学中好的语言会促进学生思维的发展:直观描述的教学语言以及生动形象的教学语言会促进学生的形象思维的发展;理论概括的教学语言会影响到学生抽象思维的发展;教师使用规范的语言,可以引导学生在问题思考、思想表达时都严格地遵守逻辑,准确、严密地进行推理,做出正确的判断,从而有效地培养学生正确的逻辑思维;教师的机智语言能够活跃学生的思维,从而推动学生思维的敏捷性和灵活性的发展。

例如,在一次文章小练笔中,教师发现有相当一部分同学对"美"的理解是不全面的:有的说"美"贵在永恒,不被时代淘汰;有的说"美"贵在合乎潮流,哪怕只是昙花一现。于是教师用一篇寓言开头作了如下讲解:"彩虹看到弧形的石桥,向它说道:'我的大地上的姐妹,你的生命比我长久。'石桥回答:'你那样美,你在人们的记忆中必然是永恒的。'"在引导学生讨论之后,教师总结道:"我认为彩虹和石桥都是美的。彩虹美在壮烈灿烂,美在短暂;石桥美在默默奉献,美在长久。美的内涵是丰富的,她的外延又十分广大。她丰富多彩,无所不在。我们不能因为有彩虹在,便鄙夷脚下的石桥;也不能因为踏上石桥,便不愿抬头看天上的彩虹。美,绝非一个简单的判断句所能包容。我们应积极地发现身边的美,包括美的事物、美的人格、美的生活、美的思想。既不能因为喜欢蓝色的辽阔便排斥绿色的生机勃勃,也不能因羡慕轰轰烈烈而忽视默默无闻。应在自己生活的时时刻刻中,自觉地追求美的语言、美的行为、美的心灵,用美的标准要求自己……"在讲解中该教师用具体的实例引导学生用辩证的思维一分为二地看待问题,有效地促进了学生逻辑思维能力的发展。

(二)促进学生语言能力发展

教师的教学语言不只是传授知识的工具,还是榜样——教师给学生做出的运用语言的最直观、最有效的榜样。教师的教学语言对学生语言习惯与能力的影响是日积月累、潜移默化的。教师语言要在语法、语用上起到语词、语汇含义的确认及其相互关系的区分,以及语句组织、语词运用的方法、规律的示范作用;在语言实践上,起到语言运用方向和基本原则的示范作用。实践证明:学生受到言之成序、言之有理、言之动性、言之生趣的教学语言的长期熏陶,就会逐步产生对语言的浓厚兴趣,养成良好的语言习惯,进而在潜移默化中促进学生语言能力逐步发展,使之能够正确地运用词汇、语音、语调、语法等清晰地表达自己的思维和内心世界,并掌握灵活运用语言的本领,从而达到出口成章。

三、培养学生的审美情趣

苏霍姆林斯基指出,教师讲的话带有审美色彩,这是一把最精致的钥匙。它不仅开发情绪记忆,而且深入大脑最隐蔽的角落。优秀教师的语言多具有美学特征,它包括准确简洁美、情感体验美、启发激励美、动态节奏美和幽默谐趣美。教学过程中,教师的语言艺术有助于培养学生的审美情趣,一方面教师艺术化的语言能够提高学生的审美意识和审美感知力,另一方面教师审美化的语言能够提高学生的审美表达能力。

(一)提高学生的审美意识和审美感知力

教学艺术高超的老师其语言具有一些共同的特点:声音清亮,具有穿透力,听来十分舒服;语言丰富多彩,运用自如;简洁明确,生动形象,很有魅力;感情完全投入,声调的轻重缓急、高低快慢、抑扬顿挫的变化,总让人变得那么自然、那么优美……他们的语言犹如诗歌语言一般的精炼,小说语言一般的生动,散文语言一般的优美,戏剧语言一般的传神等。这优美的教学语言本身就是十分丰富的审美材料。爱美之心人皆有之,教师的语言艺术能引起学生的美感,将语言艺术融入教学过程中,使教学成为学生审美和欣赏美的对象,引起学生的审美感受。在教学活动中,教学语言的表达、教师的讲话速度及重音的变化等会给学生以美的感受;教师的行为美,如板书、手势的优美,都会给学生以美的熏陶。学生在完美的教学情境下,逐渐学会感受美、欣赏美、创造美,必将促使他们自觉地、积极地提高自己的审美意识和审美感知力。

(二)提高学生的审美表达能力

教师的语言比一般人的语言具有更高的美学价值。在教育教学过程中,教师为达到最佳工作效果而有效地调动自身的语言素养,娴熟恰当地使用各种语言技能、技巧,从而使语言本身的审美属性得以充分体现,教师艺术化的教学语言在潜移默化中影响并促进着学生的审美表达能力的发展。

教师的语言美,仔细分析起来,应该包括两方面:一个是内容美,一个是形式美。内容美主要是指教师的语言深刻而富于哲理,充实而又含蓄,常常有令人豁然开朗的启迪性。形式美则是指教师在遣词造句和修辞上显示高超的艺术,不能满足于一般的规范化语言,要锦上添花,努力使自己的语言有建筑美、色彩美、音乐美。许多优秀教师的语言都具有语言美,都是富于审美性的。因为它美,所以才动人;因为它美,所以学生才模仿;因为它美,所以学生才创造。教学语言的内容美和形式美令学生在欣赏的过程中陶醉不已,心旷神怡,引导学生主动尝试用审美化的语言去表达自己的所思所想,逐步提高自身的审美表达能力。

第三节　教师必须具备驾驭各类语言的高超能力

课堂教学是一种师生共同参与的语言实践,课堂教学语言的表达是教师综合素质与教学能力的集中表现。对教师来说,课堂教学语言的运用有特别的重要作用,因为语言是表达思想的基本形式,是传授知识和影响学生的主要手段。在课堂教学过程中无论是教师的讲解、提问、终结,还是学生的听讲、回答、讨论都是通过语言进行的。教师内在意象和潜在的知识都必须通过语言才能呈现给学生,而学生只有明白教师的语言才能理解教师讲授的内容。所以,如果课堂上缺少优秀的教师语言,课堂教学就不能顺利进行。

按照声音的有无，教师的语言可以分为有声语言和无声语言两种类型。有声语言，是以语音为信号的口头的语言。无声语言则是指以表情、动作等为信号的态势语言和以文字为信号的板书语言，是有声语言的重要辅助手段。经验丰富的教师会通过这些无声语言潜移默化地影响教育教学工作，因此无声语言也被统称为“教师辅助语言”。所以，教师要想取得良好的教学效果，加强师生之间的互动交流以构建和谐的师生关系，就必须具备驾驭各类语言的高超能力，并使之达到艺术的境界。

一方面，教学中的有声语言指教师的口头语言，即指主要诉诸“听觉”的语言。有声语言表达方式是人类语言中最完善的表达方式，同时也是教师在教学中主要使用的教学工具。因此，要想成为一名优秀的教师就一定要具有高超的口语表达能力，教学过程中口语表达要做到“四性”兼备，即语言准确简明，富有示范性；语言抑扬顿挫，富有节奏性；语言巧妙点拨，富有启发性；语言诙谐幽默，富有趣味性。

另一方面，教学过程中的无声语言主要指教师的态势语言和板书语言。态势语言是了解人所传递语言信息的唯一可靠的外在依据，既可以对有声语言起支持、补充、修饰的作用，也可以部分地代替有声语言行为。恰当地运用态势语言有时可以表达出用口头语言不能表达出来的信息，收到“此时无声胜有声”的效果，并且可以使语言表达“有声”“有色”，生动形象，富有表现力和感染力，所以，态势语言是教师口语的重要辅助手段，是对教学中教师口头语言的有机补充。板书语言是教师进行教学活动的重要辅助手段，也是无声语言的另一个重要组成部分，它主要包括板书和图示两方面内容。板书和图示能将教师对教材的深刻理解用精要的书面语言展示给学生，能将教师的教学思路以直观、清晰的形式交代给学生；能用较快的速度吸引并“粘住”学生的注意力，把学生顺利引入教学的情景；能为学生提供词语概括与归纳的最好示范，以实例反映教师练字练句的功夫；能明晰地教给学生思维的方式，开启学生的智力。因此，作为一名优秀的教师，必须游刃有余地驾驭板书语言，将板书的书写与图示的运用有机结合，恰当处理，给学生耳目一新的感觉，心旷神怡的艺术享受,有助于增强教师的威信,树立教师的榜样,使学生“亲其师,信其道”。

教师的口头语言、态势语言、板书语言是教师语言艺术的重要组成部分。教师在课堂上的一举一动、一言一行都是在向学生传递信息。上述三个方面在教学中并不是单一进行的,在课堂中,既要有教师热情洋溢、妙趣横生的讲授,又要有赏心悦目、变化多样的动作表情以及板书的展示。如果能将教师的口头语言、态势语言、板书语言三者有机地结合起来,恰当地使用,就能有效地提高课堂教学效率,同时也有利于师生之间思想的共鸣和情感的交流。

总之,教师的课堂语言艺术多种多样,教师运用各种语言的能力既体现了教师的教学能力,又和教学效果的好坏紧密相连。学生长时间坐在课堂,如果总是接受来自听觉的刺激,久之必烦恼。所以要注意口语与非口语的穿插,比如恰当的体态语言、适当的板书、现代音像手段的介入,用视觉感受来缓解听觉压力,以延长课堂气氛的活跃时间。

于漪曾经说:“语言不是蜜,但能粘住学生。”对于教师来说,掌握好语言艺术,有效地发挥它“粘”的作用,显得尤为重要。教育学家夸美纽斯形象地比喻,教师的嘴,是一个源泉。这一溪流淌不息的“活水”,应该跳动着教师多姿多彩、机智幽默、充满真情与激励的教学语言。它们犹如一颗颗大粒的珍珠,每一句精雕细琢的语言都将为每一颗有感应力的心增加光泽与内涵。教师应该按照素质教育的要求,在教育教学实践中不断探索,不断总结,不断完善自己的语言,使之达到科学性、艺术性的辩证统一,这样,我们的教育教学水平就会不断得以提高。

思考题

[1]教师的语言艺术在教育教学过程中具有哪些重要作用?

[2]教师为什么要提高驾驭各类语言的能力?

参考文献

[1]董杰锋,朱若真.教师语言艺术[M].沈阳:辽宁大学出版社,1987.

[2]陈旭远.课程与教学论[M].长春:东北师范大学出版社,2005.

[3]郭启明,赵林森.教师语言艺术[M].2版.北京:语文出版社,1998.

[4]凌空,司君恒.怎样掌握教学语言艺术[M].西安:陕西人民出版社,1991.

[5]李海涛.教师语言行为研究[M].成都:四川大学出版社,2004.

[6]尚岩,唐晓宁.刍议教师课堂语言艺术的审美情趣[J].辽宁教育行政学院学报,2009(11).

[7]陶书梅.锤炼教师的语言艺术,实施有效的课堂教学[J].小学时代:教育研究,2011(11).

[8]鄢月钿.教师的语言艺术[M].长春:吉林大学出版社,2007.

[9]杨晶晶.点点清露润物无声——浅谈教师的语言艺术[J].小学阅读指南:中,2011(10).

[10]王春梅.当代教师的语言艺术略谈[J].成长之路,2008(25).

进一步阅读文献

[1]刘康生.浅谈语文教师的语言艺术[J].雅安职业技术学院学报,2010(9).

[2]孟晓莉.教师课堂语言艺术之我见[J].中国农村教育,2011(7).

[3]王力.新课程改革下教师艺术语言的作用[J].新课程学习:上,2012(4).

[4]吴荣泉.课堂教学语言的艺术魅力与展现[J].海南医学院学报,2006(1).

[5]严丽仙.管窥教师课堂语言艺术[J].吉林省教育学院学报,2011(5).

[6]张毅冰.于关键处显神通——新课改下的教师课堂语言艺术[J].考试周刊,2012(31).

第一章　优秀教师语言艺术形成的基础与途径

艺术地运用教学语言，是优秀教师提高课堂教学质量和效率的重要保证。纵观优秀教师的教学实践案例，不难发现，其语言运用往往意旨高远、深入浅出，具有极大的吸引力、感染力和说服力，它使学生既乐于倾听又易于接受，从而有助于顺利达成教学目标。那么，优秀教师的语言艺术是如何形成的？本书就此作一分析总结，力图较为全面地反映优秀教师语言运用的经验和实践。

第一节　优秀教师语言艺术形成的基础

教师的语言艺术是指教师在教学过程中灵活恰当地运用语言向学生传授科学知识、培养思想品质等一系列表达技巧、方式和方法。这种技巧主要指的就是语言技巧。那么，优秀教师在运用富有情感性、艺术性和科学性的语言时都把握了哪些要领呢？

一、坚持用普通话教学

语言是全民的交际工具，语言的规范化有利于社会物质文明和精神文明的创造与传承，与社会的进退、国家的兴衰息息相关。汉语的规范标准就是普通话。1982年12月4日中华人民共和国第五届全国人民代表大会第五次会议通过的《中华人民共和国宪法》第一章总纲第十九条明确规定："国家推广全国通用的普通话。"普通话是中华民族的共同语，是一个国家、一个民族的社会发展水平与文明程度的具体体现。1955年10月26日《人民日报》发表的题为《为促进汉字改革、推广普通话、实现汉语规范化而努力》的社论特别指出，"每年有上千万儿童进入小学，训练普通话应该从他们开始。从小学到中学到大学,成百万的教师是普通话最直接的教学者和宣传家",应该"使学生不但在语音方面,而且在书面语言的语法、修辞、逻辑方面都能得到有系统的规范化的教育,消除目前很多学生在中学甚至大学毕业以后还不会说普通话、不会写通顺文字的现象"。

学生对普通话的学习主要来源于学校教学。因此,在学校教学活动中使用普通话、推广普通话显得尤为重要。首先,"蓬生麻中,不扶自直",教师居于教学活动中的主导地位,教师的普通话水平直接影响着学生的普通话学习。因此,为学生创造良好的语言学习环境,为学生提供高水平的模仿对象和学习语言的标准是教师的职责所在。教师务必要以身作则,树立普通话的意识,积极普及、推广、运用普通话在教学过程中给学生做表率,做示范,让学生体会汉语的优美、动听和表现力,进而学习和热爱普通话。此外,在教学过程中方言因其独特的语言形式和它传播的局限性,难辨难懂,对教学效果有非常大的影响。如推广普通括以前,"教师用潮州话进行教学,一般语言大都不够规范和精炼,不自觉地出现方言土语;用方音朗读普通话写成的课文很不自然,尤其是诗歌,不如用普通话那么押韵、容易上口,用潮州音朗读,有些地方不能押韵,只得变读字音"[①]。而普通话以其比方言更丰富、更完善、更富于表达感情的优势更易为学生所喜欢和接受。一名较高素质的教师,在熟谙教材教案后,用普通话教学,定会吸引学生注意力并收到较好的教学效果。相反的,用方言教学往往使学生听起来吃力费劲,其效果必然受到影响。有位老师虽然知识功底深厚,但因为教学过程中方言浓重,运用了大量"土"音"土"字,尽管他自己在台上讲得神采飞扬,学生在下面却不知所云、一脸迷茫,严重影响教学效果。相反,优秀德育工作者李燕杰教授的演讲声音之所以传遍大江南北,除了他渊博的知识、扣人心弦的内容,精准的普通话演讲也是一个很重要的方面。

方言区的教师用普通话进行教学,必然会碰到不少困难。有些老师指出,普通话教学初期,师生刚学普通话,听和讲都不习惯,发音不准,词汇匮乏,讲得不生动、流利,表达力受到限制,用普通话教学多少会影响教

①广东省教育厅工作组.方言区用普通话教学会不会影响教学质量?——潮阳县各级学校推广普通括和汉藉拼音教学的一个调查[J].文字改革,1962(12).

学质量。但这并不是普通话本身的问题，而是教师的语言水平和工作方法的问题。如果不看客观条件，无视师生的能力，提出过高的要求，不用逐步过渡的办法，一下子就改用普通话教学，当然会对教学质量有所影响。那么如何在教学过程中发挥普通话教学的优势呢？一是推广普通话要按中央“大力提倡，重点推行，逐步普及”的方针，根据不同时期、不同教师、不同条件等提出切合实际而又积极的要求。二是教师要树立普通话的意识，用坚强的毅力和持之以恒的精神来纠正方言土语，通过科学的方法提升自己的普通话水平。只有这样，才能保证在推广普通话的同时提高教学的质量。

二、掌握语言发声技巧

优秀教师的语言艺术除了语言使用的标准规范，他们的声音还应该丰富充实、圆润清晰、自然流畅、饱含激情、生动形象，使学生在紧张、专注、沉思、释然中获得认知的审美愉悦。教师在课堂教学时要针对学生能力、兴趣、教学内容和学习任务的特点，注意变化语言的外在形式。语言外在形式的变化是引起学生注意的重要方式。语言外在形式的变化有很多种，如教学语言声音的变化。同音乐一样，教学语言也是有声的语言，美妙的歌词往往还须有美的声音将它“演唱”出来。由此来看，教师在课堂教学中要掌握语言发声技巧。

（一）呼吸技巧

课堂语言要有一定的亮度和强度，声音过弱过低会使学生听起来困难并且产生疲劳感。而声音的亮度和强度往往是由气息决定的。气是声音的原动力。表演艺术家李默然说过，练声先练气，气足声故亮。没有足够的气息就不能发出明亮的声音。以“声音”为职业的教师平时就要注意训练自己的肺活量，调节自己的呼吸状态。为了使说话时气息处于自如调节状态，教师可以掌握一些调节气息的方法。一般人用的都是胸式呼吸法，这种方法底气不足，不能发高音。教师则可以使用“胸腹联合呼吸法”，这种方法用胸腔、横膈肌、腹肌联合控制气息，呼吸活动范围大、伸缩性强，可以操纵和支持声音的输出，为气息均衡、平稳地呼出提供了条件，使发声时的气息处于自如调节状态，随时可以换气、储气、补气。发声有了雄厚的根基，声音自然就有了响度、亮度，同时也就有了立体感，音色就有了美感。这种呼吸的锻炼要领如下：一是说话时姿势要保持肩平颈正，全身放松；二是呼吸时要做到“吸气一大片，呼气一条线”。深呼吸时，不要端肩，两肩保持自然下垂的状态，要用鼻吸气用口鼻呼气。用口吸气会引起舌面与口腔的干燥，冷空气直接刺激声带，使声带干燥，不利于发音。“用鼻吸气，双唇轻轻靠拢，舌尖微抵上齿龈，口腔全部肌肉放松，使气流从鼻腔徐徐吸入。呼气时，舌尖移到下齿背，肌肉依旧保持松弛，气流从口鼻呼出。在吸气呼气时，要避免口腔或鼻腔出现摩擦声音，不要‘大喘气’。”①这种靠横膈膜和小腹肌肉的力量与运动进行呼吸的方法，就是把手放在小腹上，在吸气时感受小腹的膨胀，在呼气时感受小腹的挤压，它可使得教师底气足，嗓音持久，音量大。

（二）共鸣技巧

声带所产生的音量是很小的，只占人们讲话时音量的5%左右，其余95%左右的音量需要通过共鸣腔放大得来。共鸣腔是决定音色的重要发音器官，直接引起语音共鸣的是声带上方的喉、咽、口、鼻四腔，此外，胸腔和头腔也有共鸣作用。说话时的用声是以口腔共鸣为主，以胸腔共鸣为基础。共鸣器以咽腔为主，又可分为高、中、低三区共鸣。高音共鸣区，即头腔、鼻腔共鸣，音流通过该区共鸣，可以获得高亢响亮的声音。中音共鸣区就是咽腔、口腔共鸣，这里是语音的制造场，是人体中最灵活的共鸣区，音流在这里通过，可以获得丰满圆润的声音。低音共鸣区，主要是胸腔共鸣，音流通过该区共鸣，可以获得浑厚低沉的声音。因此教师要想使说话的声音好听和持久，就要适当地运用共鸣技巧。运用共鸣技巧主要应掌握好“口张”“喉松”“鼻松”三个环节。口张，即发音时口腔的空音要扩张开，使发声部位后移，声音有了较大的空间，就响亮而浑厚。喉松，即喉部放松，声音自然颤动，让声音在喉腔与鼻腔之间产生共鸣。鼻松，即在发出音节时，软腭下垂，舌根放松，让气流从鼻腔中流出，同时声音也能在鼻腔中产生充分的共鸣。教师掌握了共鸣发声的初步技巧，不仅能使

① 宋其蕤，冯显灿.教学言语学[M].广州：广东教育出版社.1999.

声音的色彩和亮度发生较大变化，让整个教室每个学生都能听得清楚教师的讲课，还能够减少因提高音量而产生的疲劳，从而长期保持嗓音洪亮、音色优美。

（三）表达技巧

教学语言的音乐美，主要体现在语言的声音变化上。声音的变化主要包括教师讲话时语调、音量、节奏和语速的变化。这些变化在吸引学生注意力方面有很大的作用，可使教师的讲解、叙述富有乐感，跌宕起伏，同时重点突出。例如，当教师从一种语速变到另一种语速时，学生分散的注意力会重新集中起来。相反有的教师语言没有变化，变化曲线近乎一条直线，就会使学生感觉乏味沉闷，以致无法打动学生，难以吸引学生注意力。

教师语言的节奏是指语流运动的态势，由不同的情感和表述内容所决定的，是一种抑扬顿挫、轻重缓急的回环交替的声音形式，由重音、停顿、语速快慢、语调等抑扬搭配而形成。生物学家认为，适宜的节奏作用于学生的神经系统，能引起学生的共鸣。如果教学语言的节奏过慢，学生的大脑会由兴奋状态转为抑制状态，学生会感到“不解渴”；节奏过快，学生来不及全面处理信息，会造成“消化不良”，教师也会在“忙”中出错，造成知识“漏网”。因此，教师要在把握教材内容的基础上，合理调节语调、语速，使教学过程和谐、有效。首先，语调技巧的使用要根据不同的内容使用不同的腔调来表达不同的思想和情感：高亢的声音表示激昂和感奋；柔和的声音表示温馨和愉悦；低沉的声音表示悲哀和哀婉……使语言富有音乐诗词般的音律节奏和变化，讲者朗朗上口，听者愉悦轻松。其次，在语速的控制上，要灵活应用强调、停顿的应用技巧。重音就是指人们在说话时，在表情达意时常把比较重要字词读得重些。重音技巧的应用在语言的音乐美中有很大的作用，尤其在语文教学课堂中最为突出，如一位教师在读《荷花淀》水生嫂的一句话“女人低着头说：‘你总是很积极的’”时把重音落在“总是”上，把温柔女人对她丈夫满腔深情的爱恋与此时此刻产生的嗔怪表露无余，让学生顿感女性的柔美。停顿对语速的改变也起到一定的调节作用，在语句中，如果停顿比较多，停顿的时间就会比较长，语速就会放慢。停顿少，停顿时间短，语速就会紧迫一些。一般来说，较快的语速易于表现惊讶、兴奋、快乐、激动、愤怒的感情，较慢的语速易于表现庄重、沉静、悲伤的感情。比如一位老师在读鲁迅的《纪念刘和珍君》“我已经说过/我向来是不惮以最坏的恶意/来推测中国人的/但这回/却很有几点出于我的意外/一是/当局者竟会这样凶残/一是/流言家竟至如此之下劣/一是中国的女性/临难竟能如是之从容”时，除了句段本来的停顿，教师在语句中的停顿安排，前后照应，做到了若即若离，产生了“此时无声胜有声”的境界。

三、自然运用体态语言

体态语言就是指教师用来传递信息、表达情感、交流思想的体态表现，如表情、手势、眼色、姿态等，是口头语言的有益补充。在课堂教学中，教师要传道、受业、解惑，向学生传送大量的知识技能。想象一下，如果教师只凭三寸不烂之舌，形态表情呆若木鸡地讲个不停，即使他的语言再生动再有趣，也不过只是一个传声筒、播放机。没有丰富协调的体态语言，就不会有情趣盎然、生动活泼的课堂氛围，更不可能有融洽亲密的师生关系。

（一）自然的面部表情

教师的面部表情是教学语言艺术的重要组成部分，课堂上师生之间情感的交流是形成和谐教学氛围的重要因素。在师生情感的交流中，教师的表情对激发学生的情感具有重要作用。许多教师都懂得微笑的意义，他们即使在十分疲倦或身体不适的情况下，走进教室也总是面带微笑。学生会在教师的微笑中感受到教师对他们的关心、爱护、理解。良好的师生情感交流能使学生从爱教师、爱教师讲的课自然过渡到欣然接受教师对他们的要求和教育。

比如，“一位教师上课时发现一个学生未到，焦急地自语：‘小张怎么还没来？’一次又一次到门口张望，仍不见学生身影。老师诚恳地向大家道歉：‘耽误了大家时间。’从老师焦急不安的神情中，同学们触摸到了老师的爱心。后来小张得知此事,也感动得热泪盈眶。"[①]可见教师自然的面部表情好似情感的催化剂,有时仅仅一个眼神就胜过千言万语。例如,教师在上课过程中用和蔼亲切的目光去捕捉学生的视线,让眼光洒遍教室的每个角落,这样做不仅起到了控制课堂的作用,而且在无形中使每个学生都感到老师在注意自己因而觉得非常开心。教师在授课时,当发现某个学生讲话或做小动作也可用自己严肃的目光警告他(她),同大声训斥相比,这种眼神的批评会使学生更容易接受,而且不会影响其他同学的注意力。即使是教师一个不经意的眼神有时也会给学生留下深刻的印象,特级教师于漪就曾回忆道,"我永远忘不了年青的黄老师教《故乡》一文时的眼神。……讲到少年闰土出现在月下瓜田美景之中时,他眼睛睁得大大的,放出异样的光彩。"[②]

(二)恰当的身体动作

教师在讲授知识时,配以姿态动作,也会受到意想不到的教学效果。如在文言文析字教学中讲到"步""走""趋"三个字差异时,若仅凭教师口语解释往往会纠缠不清。全国优秀教师邵忠云以动作讲解:他迈步从讲台一端走到另一端,告诉学生这就是"步";跑上几步(突出双脚腾空动作),说这就是"走";做竞走状(无腾空动作),说这就是"趋"。事实证明这种配合动作的讲解,学生一听就懂了,无须教师多费言辞。后来邵忠云老师还跟踪调查,学生在十年后对着三个字仍然记忆准确,而且对老师当时的解读记忆犹新。可见在教学活动中配以恰当的体态语言,可以为教学活动增添光彩。有时甚至只是一个手指的动作都可以使内容明确化,有利于学生的理解。如在地理课堂上,教师在教学生辨识地图时,可将食指指向地图上的某个具体位置,配合讲解。在小学低年级课堂特别是一年级课堂中,教师在教儿童识字、数数时可采用这种手势,来表意数字。由于数字手势的形象性,儿童更易理解,如教师在教儿童数"1"时,常用食指代表"1",用食指和中指组成"V"形时代表"2"。此外在课堂表扬中,教师恰当地运用"鼓掌"更能使学生充分感受到教师和同学的肯定和赞赏,激

① 赵成喜.教学专长成就名优教师[M].长春:东北师范大学出版社,2010.
② 于漪.我和语文教学[M].北京:人民教育出版社,2003.

发学生积极向上的学习动机。鼓掌一般代表着教师的赞许、欢迎之情，是课堂中学生有出众的表现时教师给予学生的较高奖赏。但对学生进行鼓掌次数不宜过多，过度使用会使学生产生轻易就能得到的感觉，而不利于学生付出更大的努力。教师在用掌声对学生表示赞扬、欢迎之外，还应注意另一种情况，即学生在付出很大努力后仍未取得满意的成绩时，教师也要及时地使用掌声对学生的努力予以肯定，号召全班同学学习其努力精神。因为评价应注意其时效性，而小学生的意志力较差，情绪不易控制，一次经过很大的努力后的失败如未得到及时的安慰、鼓励，会给儿童的心理抹上一层阴影，而老师和同学的掌声会给他一种动力，使他感到付出努力的价值，重塑信心。

（三）得体的服饰仪表

服饰也是一种体态语言。教师在课堂教学中应以其完美形象出现在学生面前。得体的服饰仪表会增加学生对教师的钦敬和热爱，随意的服饰仪表则会使学生产生厌恶情绪，影响教学效果。衣着打扮是仪表美的主要组成成分。衣着整洁得体，是对教师服饰的一项基本的规范要求。教师的衣着打扮，并不一定要有新奇漂亮、流行时髦的服装，也不一定要本人必须有一副适宜装扮的漂亮身材，关键在于他的仪表打扮要适合身份，符合教师的职业特点规范下的仪表美的深层内涵。尽管适宜的身材、流行时髦的服饰对教师的形象美也起相当重要的作用，但这并不能代表仪表美的全部。只要他在教书育人的实践行动中，衣着整洁得体、落落大方，同样能够透露出一股朴实的美、整洁和谐的美、情趣高雅的美。基于对教师职业的特殊性的认识，教师在衣着的具体选择上，应注意以下内容：

(1)选择衣着要根据自己的身体条件。身体是衣着的支撑体，每个人的身体又具有每个人自己的特点。这就要求教师在服饰选择时，需要在自己的审美观点、审美爱好的基础上，适当考虑到自身的条件，根据自身的条件，选择恰当的颜色款式、肥瘦长短，更好地体现自己的形体美与审美情趣，并弥补体形上的某些不足。

(2)衣着选择要根据自己的年龄特征。青年有青年的服饰，老年有老年的服装，教师的衣着选择要适合自己的年龄特点。青年教师朝气蓬勃，充满活力，服饰选择上宜以活泼明快为主，可以与流行色泽款式适当地靠近一些。年长的教师德高望重，沉稳通达，衣着上亦以严肃端庄为主。但也不一定非要拘泥于一端，也可以根据情况，适当选择一些既稳重大方又比较清新的服饰，既显得充满成熟的魅力，又显得焕发了青春的活力。

(3)要整齐清洁、讲究卫生，不要衣冠不整、蓬头垢面。这是衣着外表美的起码要求。马卡连柯说过，无论对教师或是对教育机关中的其他工作人员，都必须要求衣服整洁、头发和胡须都要弄得像样，鞋袜洁净，双手清洁，修好指甲和经常备有手帕。任何一个教师都要认识到，讲究个人仪表的整洁卫生，不仅仅是教师个人道德修养的表现，更是教育好学生的需要。

(4)教师的仪表要美观大方、素朴典雅，不要奇特古怪、艳丽花俏。教师的仪表要符合民族特点、年龄特点、个性特点和职业特点，不能"唯洋是美"，闹出"东施效颦""邯郸学步"之类的笑话，更不能搞什么标新立异、奇装异服之类。教师的整个穿着打扮，要符合教师的职业特点、道德要求和审美标准，不要与教学、教育气氛相冲突。

四、讲究语言修辞技巧

教师语言艺术技巧还应当表现在，能够针对表达内容、语境和对象，选择恰当的语言表达形式以收到最好的教学效果，即要求教师在教学活动中要讲究语言修辞技巧。主要包括两个方面。

(一)词句修辞技巧

在教学言语活动中，筛选、过滤出最精炼的恰如其分的表情达意的词句，尽可能用简明的语言表达深刻内涵，是语文教师讲话的基本功。而要达到简洁明快的要求，就要积累丰富的词语，同时对自己的教学口语千锤百炼。

炼词包括声音和意义的锤炼。声音的锤炼目的是为了增强听觉的美感，意义的锤炼目的是为了选用高度凝练的言语把繁杂的意义简明化，将抽象的意义具体化，使静态的意义得到动态的表达。课堂教学语言应该是接近书面语的精粹口语。这就要求教师语言既要精炼准确，又要贴近学生实际，通俗易懂，富有时代特色。比如一位农村数学老师教“约分”时说：“约分就像减肥，减肥要减到皮包骨才是最瘦的，约分要约到不能约为止，才是最简单的。”他通过这样通俗的比喻，学生就把“约分”的要求记牢了。在教“用短除法求最小公倍数”时，学生用短除法分解质因数时总是分解“不尽”，他又对学生说：“这短除号就像人的屁股，分解质因数就像擦屁股，屁股擦不干净是很难受的，分解质因数分不尽，求出的最小公倍数就是不对的。”学生听到“擦屁股”又发笑了，笑过之后就把“求最小公倍数”的方法记住了。在农村小学课堂教学中用通俗的语言来表述，会激发学生的学习兴趣，便于学生理解和记忆数学知识和数学方法。这样的做法是值得我们借鉴的。

择句即选择课堂教学的语言句式。句型有长短、整散，表意有肯定、否定，语气有陈述、祈使、疑问、感叹。同一意思可以用几种句子来表达，每一个句子又有其特定的表意作用，这种关系，构成了择句的客观基础。课堂教学语言活动，要视学生接受能力来选择长句和短句。初中语文教学宜多用短句，少用长句，做到长短交错，节奏鲜明。

教学语言的词句修辞，从积极角度说，要注意炼词择句；从消极方面看，切忌口头禅。口头禅是指教师在说话中经常不自觉地吐出来的词句，也就是废话。废话带进课堂，常会把一些本来完整的语句拆得支离破碎，把本来优美的语言弄得黯然失色。“呵”“嗯”“这个”“那个”“是吗”“是不是”“对不对”是一些教师常用的口头禅。为了教学语言的简明生动，应该坚决地被摒弃它。

（二）辞格运用技巧

修辞是人类使用语言过程中产生的一种言语现象。为了准确无误地传递信息，真切、适度、生动、有力地表情达意，人们就必须充分运用和发挥各种修辞格的作用。修辞活动以充分利用各种语言材料为前提，它着眼于圆满地、富有成效地实现言语活动的意图和目的。修辞手法是人们在组织、调整、修饰语言以提高语言表达效果的过程中长期形成的具有特定结构、特定方法、特定功能，为社会所公认，符合一定要求的言语模式。

修辞手法是多种多样的，比如引用、比拟、夸张、排比、反问、设问、移就和双关等。恰当地运用修辞手法可以使教学语言形象生动。例如，上海特级教师于漪在讲《春》《海滨仲夏夜》《香山红叶》《济南的冬天》等一组写景散文时，设计了这样的一些导语："法国雕塑家罗丹说：'美是到处都有的，对于我们的眼睛，不是缺少美，而是缺少发现。'我们生活在大自然中，美几乎是无处不在。当然，大自然的美不同于巧夺天工的工艺美，不同于绕梁三日的音乐美，也不同于充满青春活力的人体美。然而大自然的美又似乎融合了所有的美。尤其是我们伟大祖国的锦绣河山，真实美得令人陶醉。在不同的地点，不同的季节，展现出不同美的姿态。今天我们要学一组文情并茂，描写四季景色特征的散文，来领略祖国大自然的美景。"[①] 这段导语运用引用、排比、对照、夸张等修辞手段，表达了富于哲理的美学思想和热爱祖国大自然的美好情怀，烘托渲染了一种美的氛围，正与教材的风格相吻合。这一段话无论从内容上还是形式上都是美的。尽管教学语言中的修辞手法是多种多样的，教师也要注意不可为修辞而修辞，一定要以课堂教学内容为前提，恰当使用，避免造成修辞手法的滥用。

教学语言艺术是影响教学质量的关键因素之一，从某种意义上讲，准确、鲜明、生动又符合学生认知心理的教学语言，常常更富于感染力、吸引力和号召力，是启发学生思维、激发学生兴趣、调动学生积极性的重要一环。所以，研究和学习教学语言艺术是每个普通的"教书匠"走向成功的必经之路。

第二节　优秀教师语言艺术形成的途径

教学的语言艺术历来受到重视和强调。《孟子·尽心下》言："言近而指远者，善言也；守约而施博者，善道也。"《学记》也有专门的论述："善歌者，使人继其声。善教者，使人继其志。其言也，约而达，微而臧，罕譬而喻，可谓继志矣。"在教学活动中，教师语言艺术往往能够增添课堂活力，激发学生学习欲望。然而"台上一分钟，台下十年功"，富有智慧和美感的教学语言，只有经过长期的刻苦磨炼才能获得。

① 郭启明，赵林森. 教师语言艺术[M].2版.北京：语文出版社，1998.

一、锻铸高尚的师品师德

师品师德是教师和一切教育工作者在教育活动中必须遵守的道德规范和行为准则，是教师工作的精髓，可以用“师爱为魂，学高为师，身正为范”概括其内涵。师品师德不仅是教师个人问题，也是教师群体问题。个人师德不好会在小范围里造成“一个臭鸡蛋毁了一锅汤”的坏影响。教师群体风气不好，其危害性是更大的。因为教师对学生往往具有强烈的感召力、激励力和凝聚力，可以给学生以震撼人心的影响和冲击，对学生起着示范、激励、熏陶、浸润的作用，所以锻造高尚的师品师德是非常重要的。

（一）教师应具备良好的个性品质

就青少年学生而言，影响他们良好个性品质形成的主要因素是对他们进行教育的主要施教者——教师的个性品质。教育家乌申斯基说：“固然，许多事有赖于学校一般规章，但是最重要的东西永远取决于跟学生面对面的教师个性：教师的个性对年轻心灵的影响所形成的那种教育力量，是无论靠教科书、靠道德说教、靠奖惩制度都无法取代的。”[①]教育专家之所以如此论述，就是因为教师个性潜在地影响着青少年的精神世界，影响着施教的成果。教师的良好个性品质一旦得到学生的认同，就会激起学生的学习需要，从而由认同到模仿乃至内化。富有个性魅力的教师如同一种黏合剂，能将每个学生紧紧地凝聚在他的周围；富有魅力的教师能以独特的教育风格，使学生迷恋而爱听他的教诲。由此可见，培养具备良好个性品质的学生得从教师做起。从20世纪70年代初开始，在已经出版的10 000多项关于教师个性品质与教师有效性的研究中，“斯庄总结了有效教师具备的个性品质：①关心学生。具体表现为：善于聆听；善于表达自己的感情；能了解每个学生的状况；展现对学生的耐心、诚意、信任和希望；能考虑学生的需要；善于运用体贴的语气；能关注每一个学生；善于运用学生易于接受的肢体语言；重视学生在解决问题时的参与和投入。②公正和尊重。尊重是课堂的基石，

① 蔡勇强，黄清，李建辉.基础教育学[M].厦门：厦门大学出版社，2006.

无论对待学生还是和学生家长交往，有效教师在方方面面都要展示对他人的尊重。③职业态度。有效教师在工作中散发出来的是一种自豪和成就感。那些对自己期待高的教师，他们的学生也会对自己有同样的高期待。教师对职业的态度直接影响一个学校的风气，一个积极且有创造性的学校氛围能带来附加效益。④与学生之间的社会互动。无论是在课堂还是整个学校，师生之间的社会互动在营造一个积极的学习环境中起着重要的作用。⑤提高学习热情和动机。教师在课堂上的多重角色，能为学生提供多种形式的支持。⑥反思性实践。人们往往从事后觉悟中进行学习。对于有效教师来说，事后觉悟绝不仅是一个偶然间的发现或者灵光突现式的顿悟，它是一个审慎而缜密的思考，是职业实践的一部分。”①教师只有具备相对健全和完美的个性品质，并将其体现在教育教学工作中，才能成长为一个具备高超语言艺术的优秀教师。

由此来看，教师个性品质的优劣会直接影响到教师能否胜任教学工作，也会直接影响到教师能否在语言艺术修养上取得成就，因此，教师个性品质的提高是提高语言艺术修养的重中之重。

（二）教师应具备坚定的职业道德

师德，是教师职业道德的简称。它是调节教师与学生、教师与教师、教师与家长、教师与社会之间关系的行为规范和准则，也是社会对教师职业行为的基本要求。“言为心声”，语言是表达思想的，如果一个教师没有坚定的职业道德，没有高度的责任感和强烈的事业心，他就不会拥有艺术性的教学语言，教师只有怀着对教学工作的高度热情，对学生的挚爱和对课程的浓厚兴趣，才能全身心地投入自己的角色之中，醉心于对教学语言艺术孜孜不倦的追求和探索。也只有这种爱才能使教师真正领略语言艺术的真谛，使教师在课堂上妙语连珠、魅力无穷。教育事业是关系民族生死存亡的事业，也是关系到国家兴衰成败的事业。教师要想提高自己的教学语言艺术，在自己的事业上有所成就，必须发自真心地热爱并追求教育事业。而教师热爱教育事业，就要向它奉献出自己的一切，也只有这

① 严玉萍.试论有效教师的个性品质[J].教育探索，2008(7).

样，教师的人格才愈显高尚，教师的成就才愈显伟大。著名军队思想政治教育工作者方永刚说过，“每个人来到世界上都有推脱不掉的使命，我的使命，就是为我的学生和听众讲好每一堂课，永远保持一个理论工作者的冲锋姿态”，“我所担负的是太阳底下最神圣的事业”，“我要让我的每一堂课都讲成精品！”因此，即使身患癌症他仍情系讲台，用奋发蹈厉的忘我精神履行神圣使命。鲁迅曾经说过，从血管里流出来的是血，从喷泉里流出来的是水。教师语言首先反映的是教师的内心世界，很难想象一个根本不热爱教育工作的人，会讲出热情洋溢的忠于教育事业的话来。托尔斯泰认为：如果一个教师仅仅热爱教育，那么他只能是一个好教师……如果一个教师把热爱事业和热爱学生相结合，他就是一个完善的教师。教育家马卡连柯说过，爱是教育的基础，没有爱就没有教育。例如，有一位教师在一次自习课上，大家都在认真做作业，只有一位同学在打瞌睡，该老师本想叫醒他，予以批评，但怕影响自习气氛，又给那位学生造成压力。他轻轻走到桌前，把那位同学的数学作业本慢慢抽出，写了一段语重心长的批语：“你很聪明，但处处还是小孩子脾气，不自觉地放松了要求。从你做题的速度和正确率来看，在你身上大有潜力可挖！你不能把自己的聪明劲虚用了，更不能因别人夸你聪明就骄傲起来，闹劲更大。建议你从现在开始，踏实起来，抓紧一切时机学习知识，使自己将来不会后悔，应清楚人的一生能有几次像你这样的年龄呢？”批完，又轻轻放回原处，那同学醒后看到批语，感动得低下头。教师在批语中融入真挚情感，字里行间渗透了对学生的厚爱和期望。而不爱学生的教师往往则以尖刻、辛辣的语言来讽刺、挖苦学生，靠“管、卡、逼、骂、训”来教育学生，使得学生产生逆反心理和厌学情绪，变得远离教师，排斥听讲。古人云：“亲其师，信其道。”要想教育学生，就必须先使学生喜爱教师。教育家苏霍姆林斯基在《把整个心灵献给孩子》中说：“要成为孩子的真正教育者，就要把自己的心奉献给他们。”大凡热爱教育事业的教师必然热爱学生，而且只有爱学生的教师才能真正搞好教育工作。这就要求教师首先热爱学生，在工作中要真心实意地关心、爱护全体学生，尊重他们的人格，平等、公正地对待每一位学生，促进他们的全面发展。只有这样，我们个人和共同的事业才会不断迈向新的成功。

二、构建合理的知识结构

“问渠哪得清如许，为有源头活水来。”当今时代迅猛发展，知识倍增，每一个人都面临着更新旧知、补充新知的问题。教师语言是各种知识信息的载体。作为教师，知识的不断更新和完善显得尤为重要，不形成合理的知识结构，就无法教书育人。优秀教师深厚的语言功底既来自于他们广博的知识，更得益于合理的知识结构。构建合理知识结构的途径其实有很多，具体来看主要有以下两个方面。

（一）广泛涉猎，博采厚积

书籍是思想的宝库，是人类进步的阶梯。高尔基说过，读书，这个我们习以为常的平凡过程，实际上是人们心灵和上下古今一切民族的伟大智慧相结合的过程。想要获得广博的知识，阅读不失为一条最便捷的途径。通过广泛阅读，教师既可以积累本专业本学科的知识、掌握本学科的最新研究动态、成果，充分占有该领域的新信息、新观念、新策略、新问题，开拓胸襟、拓展思路，又能学习其他教师的教学经验，自我反思，发展思维。这就使得教师在课堂教学中，既能纵深发展，又能横向延伸，让自己在教育教学中旁征博引、信手拈来、情理并重、游刃有余，做到有话可说，内容充实。语文教师在讲修辞时，可引用诗歌加以诠释。如讲夸张手法，以李白的“白发三千丈，缘愁似个长。不知明镜里，何处得秋霜”为例，学生都能体会到，任何人的头发都不可能长到三千丈，诗人这样写明显言过其实，目的在于把政治失意而产生的“愁”借助夸张手法表现出来，达到一种无以复加的效果。讲到烘托的手法，以“去年今日此门中，人面桃花相映红。人面不知何处去，桃花依旧笑春风”为例，人花相衬，花美人更美，烘托气氛，抒写情怀。而“枯藤老树昏鸦，小桥流水人家，古道西风瘦马。夕阳西下，断肠人在天涯。”“昔我往矣，杨柳依依。今我来思，雨雪霏霏。”则将气氛渲染得淋漓尽致。至于反衬的手法，以动衬静，则有“明月松间照，清泉石上流”等。在学生学习成绩下降、悲观失望时，教师用“天生我材必有用，千金散尽还复来”给学生鼓劲。骄傲自满时，则告诉学生，“欲穷千里目，更上一层楼”的道理。在学生懒得行动时，告诫他们“纸上得来终觉浅,绝知此事要躬行"。这样教导学生,既避免了因为罗列空洞的知识和大道理造成学生的厌倦,又使得学生能够感受到教师的知识修养,钦佩教师的知识渊博,从而"信其师"。

(二)走进社会,贴近实际

教育的最终目的,不是为了教学生考高分升大学,而是教学生学会生存和如何做人。学生在学校的学习是为了成为一个对社会有用的人。因此,教学不能也不可能脱离社会生活而存在,合理的知识结构必然是由密切联系实际的知识构成的,而不是高高在上的空洞理论。首先,走进社会的教师教学语言能够与时俱进,在形式上,有的教师在上课过程中添加网络语言,例如,在一位学生回答对问题时,老师说道,"你真给力!"在辩论会中一位学生能够说出有力的论证使对方哑口无言时,老师赞叹道"你果然能'Hold'住全场!"这些语言形式的使用,使学生倍感亲切和有趣,拉近了师生之间的距离。在语言内容上,有的教师能够以社会中的热点话题为例,引发学生思考。例如,"传染病及其预防"一节的事例导入:首先播放了一段甲型H1N1流感(甲流)的科普介绍片,然后提问,甲流是通过什么途径传播的,又该怎样预防甲流呢?由于是发生在身边的热点事例,学生讨论热烈、踊跃抢答,随后教师顺理成章地以甲流为例详细讲解了传染病流行的三个基本环节和传染病的有效预防措施;在"关注合理营养与食品安全"一节,引入"三聚氰胺奶粉事件"和"瘦肉精"猪肉事件,讲解食用含有三聚氰胺的奶粉和"瘦肉精"的猪肉会对人体造成哪些危害,如何鉴别等相关问题,通过事例引起学生对食品安全的关注。这位初中生物教师能够结合课堂内容以社会热点事例导入使教学内容紧扣学生心弦,激发学生的求知欲望。其次,生活是语言的源泉,思想敏锐的教师总能从生活中读到精彩的词句和篇章。教师通过课外活动,一方面要细心观察生活,感悟生活之美,只有这样才能带领学生发现生活,关注生活。例如,在上朱自清的《背影》时,教师通过多媒体播放了许多生活中的背影——老师在黑板上写字的背影、妈妈在厨房里忙碌的身影、司机的背影、工人开山凿石的背影、农民在田野里劳动的背影……让学生细心观察,说说自己的感受。学生们在认真思考的过程中,又为这些生活中平凡的细节所感动。另一方面,教师还要关注学生的生活,了解学生所思所想,只有这样才能对症下药,解决学生的问题。比如,一位小学生原来写字很认真,突然有一天不再认真写字了,而且上语文课时不再专心听讲了,使老师觉得很纳闷,直到有一天班主任找学生谈话,学生才告诉老师原因,"之前因为我的写字作业老师给了我一个大五角星,我很高兴,于是更认真地写字,那天我写了好久,稍稍写得不好,我都擦掉重新写,结果老师在批作业时,却批了一个'差'字,说我骄傲自满,写得不整洁。"语文老师知道这件事后,在课堂中向这位同学道了歉。这个小学生从此又开始认真地写作业听课了。虽然是一个小误会,但因为语文老师没有跟学生交流,从而引起了学生的厌学情绪。中小学生正处于心理和生理的发展期,对很多事情都非常的敏感,因此教师要悉心关注他们的生活,经常与之沟通,只有密切联系教育教学实际,不断了解最真实的第一手材料,才能做好本职工作,也才能使语言艺术的运用更加合理。

三、修炼过硬的教学能力

优秀教师在语言表达中自然恰当,如鱼得水,不是一朝一夕形成的。他们往往具有过硬的教学能力,对教材、学生和教学课堂都有自己专精的研究和深刻的见解,以至于他们在教学过程的各个环节的"表述"都能举重若轻,畅达自然。

(一)学习教育教学理论

优秀教师的语言常常充满智慧,能够触发学生思考,激起他们的学习欲望,指引他们朝着正确的方向健康成长。教师充满智慧的语言来自于他们对教育教学知识的反复学习和深入思考。作为创新型教师,不仅要精于所教的专业,而且要精于现代教育理论及教育科研的方法和手段。教师不仅要懂得教育学、心理学知识,而且要能够运用其基本原理去分析、加工,设计教学。

比如,新课程理念确定教师在教学活动中引导者的地位,在学习过程中起组织、辅导、协调作用,成为学生发展的服务者、促进者、合作者。对此,一些优秀教师在教学语言的选择运用上,就注意从"我怎么教你就怎么学"

转变为“你怎样更容易理解和掌握我就怎样做”，摆脱了以教师为中心的教学语言模式。武琼老师《挑山工》的教学过程就是很好地反映。

武老师问：“同学们面对挑山工这一课题，你们都想知道什么？”学生甲：“什么是挑山工，为什么用这个名字？”学生乙：“为什么要挑，挑的究竟是什么？”学生丙：“挑山过程中发生什么事？”……学生提出了一系列的问题。武老师：“好，同学们，带着自己的问题和同学们的问题去阅读课文，帮助自己也帮助同学寻找答案。学生就这样开始以自己喜欢的方式阅读课文。”武老师：“同学们，老师现在教给你们一种阅读课文的方法，把文中的话画出来。”（当武老师发现同学们画的挑山工上山线路图不一致时，把两种不同的图案拿出来进行了比较，然后再发问）武老师：“同学们，再仔仔细细看课文，挑山工究竟是怎么上山的？”（遇到矛盾和问题引导学生去回归文本，从文中去寻求答案，是很好的尊重教材和运用教材）到第二节课时武琼老师呈现了一幅挑山工的油画。武老师：“同学们，现在请你们面对挑山工这一幅油画，说自己想说的话……”武老师：“同学们，从挑山工的身上，我们学到一种什么精神？”学生：“一个劲地往前走的精神。”武老师：“一个劲地往前走的精神意味着什么？”学生：“抓紧时间。”①

在本课教学中，武琼老师让学生自己确定学习内容，又根据小学生抽象思维比较弱以图画法将抽象的文字具体化、形象化，便于学生学习和理解，充分体现了学生的主体地位，达到了很好的教学效果。

（二）深入钻研教材教法

“语言是一切事物和思维的衣裳。”优秀教师之所以能在教学中言简意赅地发表真知灼见，在向学生讲道理、释新知时有理有据，无不是以其渊博的学识为基础的。毫无例外，所有艺术性的教学语言都来源于对教学内容的融会贯通和透彻理解。教师要想语言贴切、思维明晰、条理分

①赵成喜.教学专长成就名优教师[M].长春：东北师范大学出版社，2010.

明,达到“丰而不余一言,约而不失一词”的境界,就必须刻苦钻研教材。例如,一位体育老师在讲述排球的上手发球动作要领时说道,“发球时,左手把球平稳地抛到头部的右前上方,球的高度大约在头部上方一臂左右,同时右臂后拉上抡,肘部略高于肩,上体略向右转动,挺胸展腹,身体重心稍向前移。击球时,迅速收腹,身体左转并带动右臂迅速向前挥动,用手掌对准球的后中部,用力把球击入对方内场,同时重心前移以左脚支撑身体。”这位体育老师用准确简明的语言向学生呈现了击球动作的要领,对学生学习击球,规范动作有着很好的示范作用。一位生物老师在讲昆虫的趋食性这一节时,说了这样一个故事:在楚汉相争中,项羽被刘邦打败,星夜逃跑,当天亮到达乌江岸边时,突然发现江边有几个大字:“项羽必亡”。他走近细看,黑字全是蚂蚁拼成的。顿时军中一片混乱。他们认为这是天公要灭项羽。项羽无奈拔尖自刎了。这时学生个个聚精会神,纷纷猜测其中的道理。然后教师揭开谜底,原来是刘邦的军师张良黑夜派人用食油和米糖在江边写下了那几个大字,招来无数蚂蚁,造成了项羽军中的恐慌。“为什么张良用油和米糖在江边写字?”同学们议论纷纷,产生了浓厚的兴趣。之后教师由浅入深,层层分析了昆虫的趋食性特点,收到了事半功倍的教学效果。

(三)充分进行调查研究

如果说理论功底是教学语言的生命,那么调查研究是教学语言的血液。一位优秀的教师务必是一位好的调查研究者。一方面是从知识的科学性而言。教师常教导学生“实践出真知”,更要从自身做起,不能拘泥于书本,要通过调查研究具备一定的理论厚度、思想深度和敏锐的洞察力、判断力,从而立足教育创新,从传授型教师向创新型教师转变。比如,一位老师做了中外物理实验教学比较研究,通过对中西方物理实验教学理念、行为策略的学习和对比研究,反观我国物理课堂演示实验,教师使用自制仪器的为数寥寥,大多数教师直接使用仪器站配发给学校实验室的仪器,完成教材中规定的实验即可,不再为说明物质世界的规律而自主开发实验和实验器材。另一方面是从学生而言。深入学生进行调查研究,能够充分了解学生所思所想,进行有效教学。例如,有位教师对本班学生思想状况进行了调查研究，由于中学生处于青春期的特殊阶段，在生理和心理上都存在一定的困惑和忧虑，教师通过调查了解到学生存在的问题，首先针对学生的普遍状况开展了主体班会，就大家都存在的逆反心理等问题进行交流和引导。而后又针对个别现象予以针对性疏导和劝慰。使得这个班里的学生都能够摆脱青春期的压力和困惑，健康快乐地学习。

四、形成优良的心理素质

教学语言艺术不仅是师生之间语言的互动，还包括师生之间心与心的交流和碰撞。教师要形成良好的语言艺术，还必须有较好的心理品质。良好的心理素质是教师做好各项工作的前提和基础，一个合格的教师必须具备教师职业活动的各种心理素质，以自己优秀的心理素质去塑造新一代的心灵，出色地完成教书育人的任务。教育教学工作本身是一件非常艰巨的任务，完成好教学任务对于每一位教师都是一个不小的考验，它不仅考验着教师的专业技能，还极大地考验着教师的心理素质。只有具备良好的心理素质，才能够在面对各种教学问题时，保持稳定而正确的心态，采取积极的态度去应对，也才有可能进一步促进教师的语言艺术更好地得到发挥。良好的心理品质包括自信、宽容、独立、合群等多个方面，在这其中尤以对自己的自信心和对学生的宽容心以及应变能力较为重要。

（一）自信心

每个人都有遇到挫折和质疑的时候，关键在于如何面对和解决它。不自信的教师在面对质疑时，常常手足无措作出过激反应，给学生带来不良影响。

> 有位新教师在上课中讲道："这堂课，我们学习老舍(shè)先生的……"话音未落，便有学生举手要求发言，"老师，您读错了一个字，老舍的舍应读shě。"这位学生眼里闪着认真的光芒，以一个学者的口气继续说："老舍先生，字舍予，大概是舍弃自己的意思，所以应该读shě，《桃花源记》中，便舍船……屋舍俨然中的两个舍字，以前老师帮助我们辨析过字音的……"这位学生还在侃侃而谈。

讲台上，老师虽明知学生说的有道理，但由于学生当众指出，使自己难堪，顿时怒火中烧，变得不能自制，于是抓住学生说话中的一个字眼，冷嘲热讽地说："什么大概不大概的，坐下！"一语既出，教室里马上被紧张的气氛所笼罩，学生的学习兴趣丧失殆尽，一些学生嘴里发出嘘声。课间十分钟，教师明显感觉出同学们在故意疏远他。很显然，这位教师正是由于对自己的不自信，在突然有学生提出问题时，顿感紧张尴尬，而武断地做出回应，扼杀了学生的学习兴趣。课下他通过反思，也认识到了自己的失误。第二节课一上课，他就带着歉意微笑着说："同学们，上堂课某某同学讲得很有道理，老舍的舍，应该读shě，不读shè。我的态度不对，向某某学生及全班同学道歉！"教室里响起热烈的掌声。①

可见教师只有对自己充满自信，正确地认识自己和他人，才能虚心接受别人的建议，得到成长。

（二）宽容心

宽容即理解，是对学生人格自尊心的一种特殊尊重。成长中的学生难免会犯这样或那样的错误，但是只要不是原则性的错误老师完全可以宽容、谅解，用巧妙的方法加以化解，用鼓励的方式激励学生发现错误并自己改正错误。

一位女教师刚接管了一个差班。上第一节课时，她刚把手伸到粉笔盒里掏粉笔，突然触摸到一个冷冰冰软绵绵的东西，吓得她尖叫一声。大家一看，原来是一条冬眠水蛇，在倾倒的粉笔盒边蠕动。全班哄堂大笑。老师努力使自己镇静下来。待笑声稀疏了，她带着余悸平缓地说："据说，每位接我们班的新老师，都有一份大家赠送的特殊礼物，比如给王老师的灰老鼠，给郑老师的大王蜂……而我呢，你们送了条小蛇。"她微微笑了笑，指着那条蛇说："我是第一次这么近看到蛇，刚才还摸

① 李云会.教学技能修炼策略[M].长春：东北师范大学出版社，2010.

着它,而且着实吓了我一跳。不过,我觉得捕捉这条蛇的同学挺行,至少他挺勇敢,有一定的捕蛇经验……”这时,外号叫“踏踏跳”的男生“扑哧”一声,嘴凑到同桌“卷毛”的耳根:“老师在表扬你呢。”“卷毛”不自在地摇了摇头。他原以为这节课像以往一样有“戏”看了,没料到老师还表扬了自己,这是他上五年级以来第一次受表扬,可就是高兴不起来,只是呆呆地听刘老师讲有关蛇的小常识、有关写蛇的文章……第二天早晨,老师又踩着铃声走进教室,一股清香扑鼻而来。她意外地看到,讲台的粉笔盒上插着一束野菊花,在射进教室里的阳光中闪烁着异样的光彩,教室里鸦雀无声,一双双眼睛扑闪扑闪地……从此,这个班变了,变成了全校的先进班。[①]

在这个事例中,正是因为教师能以宽容之心看待学生所犯的错误,使得学生能够心感愧疚,自觉承认错误,并生起对这位教师的尊敬与爱戴之情。

(三)应变能力

乌申斯基说:“不论教育者是怎样地研究教育理论,如果他没有教育机智,他不可能成为一个优秀的教育实践者……”在教学过程中情境瞬息万变,情况错综复杂,随时有可能发生意想不到的种种偶发事件,它需要教师正确而迅速地做出判断并妥善处理。教师的应变能力是指其在教育教学中,面对各种始料不及的棘手问题,能够熟练地把握教育教学规律,机智地变换教育教学方法,灵活而不呆板、巧妙而不生硬地做出处理,并对学生进行因势利导、因材施教的能力。应变并不意味着情况变化了可以放弃教育教学原则,随意改变教育教学计划、降低教育教学要求,而是根据变化的情况,将观念、方法、手段作相应的变化,及时、果断、能动地驾驭教育教学工作,变被动为主动,化消极为积极。教师处理突发事件,既要有丰富的教学经验,又需要有敏捷的思维品质和娴熟的教育技巧;既要对突发事件做出迅速准确的分析和判断,又要有一定的胆识和决策能力。而做到这些,首

① 闫承利.素质教育课堂优化艺术[M].北京:教育科学出版社,2000.

先要求教师有良好的心理素质，具有相当稳定的心态和相当强的应变能力。例如，一位教师上课时，发现某学生看小说，就突然提问他。可这个学生站起来嬉皮笑脸地说："这个问题嘛，我可以给全班开个讲座了。"全班哄堂大笑，还有不少学生开始乘机起哄，扰乱秩序。这时教师沉着地说："好呀!正好教学计划中有个专题讨论，下周进行，你作中心发言。"那个学生一下子泄了气。课后为了下周的发言，他查找了许多资料，做了充分准备，发言时效果很好。教师表扬了他，他也公开向老师道歉。这位教师正是有着良好的心理素质和较强的应变力，才能因势利导，化消极因素为积极因素，并发挥自己良好的语言艺术才解决了这个棘手问题。

小 结

高度的教学语言艺术修养，应当成为每个教师的自觉追求。总之，教师语言艺术是一种智慧，一种激情，一种文化。艺术性教学语言寓于课堂教学中，让课堂教学永远充满朝气与活力，学生喜欢听，勤于记，乐于思，实现教与学双方巧妙地有机结合。教师只有认真研究和掌握教学语言的艺术，加强语言艺术的修养，运用起来才能得心应手，水到渠成，从而全面提高教育教学质量。

思考题

[1]优秀教师语言艺术形成的基础有哪些？请举例说明。

[2]优秀教师语言艺术形成的途径有哪些？请举例说明。

[3]你认为优秀教师语言艺术的形成还可以通过哪些途径呢？请具体说明。

参考文献

[1]郭启明.教师语言艺术[M].北京：语文出版社，1992.

[2]卢家楣.情感教学心理学[M].上海：上海教育出版社，2000.

[3]李云会.教学技能修炼策略[M].长春：东北师范大学出版社，2010.

[4]宋其蕤，冯显灿.教学言语学[M].广州：广东教育出版社，1999.

[5]王晓平.教师的语言艺术[M].济南:山东教育出版社,1996.

[6]王松泉,董百志.教学艺术论新编[M].海口:海南出版社,2000.

[7]谢文举.教师语言艺术手册[M].济南:山东大学出版社,2003.

[8]杨莉.简论教师语言的美学特征及其实现途径[J].商洛学院学报,2009(1).

[9]闫承利.素质教育课堂优化艺术[M].北京:教育科学出版社,2000.

[10]严玉萍.试论有效教师的个性品质[J].教育探索,2008(7).

[11]赵成喜.教学专长成就名优教师[M].长春:东北师范大学出版社,2010.

[12]张良鹏.教学机智:把“课堂意外”转化成“愉悦与收获”——以小学数学教学实践为例[J].淄博师专学报,2008(1).

进一步阅读文献

[1]程翔.语文课堂教学的研究与实践[M].北京:语文出版社,1999.

[2]郭友,杨善禄,白蓝.教师教学技能[M].北京:首都师范大学出版社,1993.

[3]聂炎.三一语言学导论[M].银川:宁夏人民教育出版社,2008.

第二章　优秀教师语言艺术的特征与运用原则

《学记》曾提到教师的语言："其言也，约而达，微而臧，罕譬而喻"。这可以看成是我国古代教育家所提出的教师语言修养的标准。在国外，17世纪捷克大教育家夸美纽斯曾形象地指出，一个能够动听地、明晰地教学的教师，他的声音应该像油一样浸入学生的心里，把知识一道带进去。苏霍姆林斯基关于教师教学语言艺术的见解则十分深刻：假如在语言旁边没有艺术的话，无论什么样的道德训诫也不能在年轻人的心灵里培养出良好的高尚的情感来。他认为，教师的语言——是一种什么也代替不了的影响学生心灵的工具。可见，古今中外的教育家都非常重视教师语言艺术的修养，而掌握优秀教师语言艺术的特征及其运用原则是提高语言艺术修养的前提。

第一节　优秀教师语言艺术的特征

教师的教学语言，直击学生的心灵。提高到艺术层面，将迸发出智慧的火花。如果我们把富有艺术性的教学语言比作钥匙，它能开启学生心灵的门扉；比作春雨，它能滋润学生的心田；比作春风，它能拂得学生心智激荡；比作火炬，它能照亮学生的未来。在教学语言艺术的殿堂里，如果教师不断释放语言艺术的灵光，学生会感受到一种浓厚的语言艺术氛围，会感受到情绪的高度愉悦，从而沉浸在如鱼得水、海阔天空的美好意境中。同时，它也能够在教学过程中化深奥为浅显、化抽象为具体、化平淡为神奇，从而激发起学生学习的兴趣，引起学生的注意力和求知欲。因此，教师的语言修养直接决定着教学效果和教育质量，直接影响着教育事业的成败。

教师语言同其他行业和职业所使用的语言相比，具有许多特征。

一、规范科学性

规范科学性可以说是教师语言最基本的特征，可以分为规范性和科学性两方面。

（一）规范性

教师语言规范性，指教师在课堂教学中，教学语言要合乎教师职业道德，没有语法发音错误，有条理，符合课堂教学的特定环境，有利于课堂教学的开展。教师为人师表，在学生看来，教师是知识和智慧的化身，他的一言一行都是可以效仿的，因此教师语言必须具有规范性。只有规范的语言才能把要表达的意思讲得清楚、明白、透彻，只有在语言上做到规范才能拥有一定美感的语言，才有可能使语言的魅力上升到更高的层次。

对于教师语言的规范性来说，主要包括两个方面的含义：第一，教师必须运用国家宪法规定的“全国通用的普通话”。作为教师，不仅要锤炼语言，使自己的语言丰富充实、圆润清晰、自然流畅、饱含激情、生动形象，还要树立普通话的意识，积极普及、推广、运用普通话。普通话是中华民族的共同语，是一个国家、一个民族的社会发展水平与文明程度的具体体现。学好普通话、用好普通话是每一位教师义不容辞的责任和义务。学高为师，教师要高标准，严要求，精益求精，能够给学生做表率，做示范，让学生体会汉语的优美、动听和表现力。特级教师于漪说过，语文教师带领学生学习规范的书面语言，如果自己的口头语言生动、活泼、优美，就能给学生以熏陶，大大提高学习效果。“蓬生麻中，不扶自直”。

第二，教师的语言在遣词、造句方面不要有错误，尽量避免用词不当、语句不通、半截话、复义语、颠三倒四等语病的出现。如在词语的推敲方面，教师在课堂上说的话特别是一些关键性的话语，用词造句一定要严谨，这就要求教师平时格外注意用语的标准和严密。“如有的老师讲苏轼的《石钟山记》，对‘余固笑而不信也’‘因笑谓迈曰’‘而笑李渤之陋也’三句中的‘笑’进行了仔细地分辨，分别得出了‘不以为然的笑’‘兴奋得意的笑'‘嘲讽轻蔑地笑’。而不是仅描绘笑的神态，重要的是揭示出笑的含意。”[①]又如生物课中同是“生命延续”的意思，老师则应区分生育、繁殖、繁衍、育种、生产等词的不同用法。

事实证明，学生不仅跟着老师学习科学文化知识，同时也跟着老师学习规范的语言。学生每时每刻都在密切地注视着教师的一举一动、一言一行。加里宁对此曾作过形象的比喻：“教师每天仿佛都蹲在一面镜子里，外面有几百双精细的、富于敏感的、善于窥伺出教师优点和缺点的孩子眼睛，在不断地盯视着他。世界上没有任何人受这样严格的监督，也没有任何人能对年轻的心灵加以如此深远的影响。”[②]因此，作为教师，比其他任何职业的人都要严肃认真，并使自己的语言尽善尽美，这有利于学生的身心健康和智力发展。

（二）科学性

教师语言的科学性体现在传授知识准确无误、用语贴切、句法正确、语意准确等方面。教师所教的各门学科，都是科学知识。科学知识必须用科学规范的语言来表达。教师所讲的概念、原理、规则、结论等，都必须符合各门学科的科学性要求，做到准确、无误、完整、周密。不能向学生传播无用信息，更不能传播错误信息。

教师语言的科学性体现在学科性、逻辑性和系统性三个方面。不同学科的教学，都有各自不同的知识领域和知识系统，所以必须运用本学科的专门用语——术语来进行。因为专业术语是一定学科范围内的共同语，运用它们来进行教学，一说就懂，有利于交流。否则，不但语言不严密，甚至可能出现错误。“每一学科都在自己的发展过程中积累了大量的知识素材，并在此基础上总结出自己的理论、范畴系列，并通过它所构成的理论体系来揭示客观规律。教师在课堂上传授学科专业知识，必须使用该学科的专业术语，一般不能用生活用语来代替。”[③]试想，一个物理教师向学生解释“电”这一概念时，不是说“有电荷存在和电荷变化的现象”，

①刘显国.语言艺术[M].北京：中国林业出版社，2001.

②郭友，杨善禄，白蓝.教师教学技能[M].北京：首都师范大学出版社，1993.

③郭友，杨善禄，白蓝.教师教学技能[M].北京：首都师范大学出版社，1993.

而是说“摸起来麻手，甚至要打死人的东西”；一个数学教师解释“什么是数”这一概念时，不是说“数学上最基本的概念之一”“表示事物的基本数学概念”，而是把“1，2，3，4，5，6……”自然数说成是数；再如文科中望文生义地说，“语法就是语言的法则”“法人就是负有法律责任的人”，这些都是不准确甚至是错误的解释，是不利于学生对于知识点的把握的。教学语言的科学性，还要求推理富于逻辑性，教师语言给学生的逻辑感受有两大范畴：一是语言本身要准确，意义完整，不能含糊其辞；二是语言链条要清晰，不能前言不搭后语、似是而非、模棱两可，要条理清楚、前后连贯、层次分明、结构紧凑。系统性要求教学语言层次清楚，具有条理，抓住精华，突出重点，取舍有致，而不是挂一漏万，以点带面。“可以说逻辑性和系统性是教学语言的深层结构力量，好比是建筑物里的钢筋。”①只有教师的语言做到逻辑性和系统性，教师所教授的知识才能成为一个整体，形成一个知识结构网。例如，血液循环中有关动脉、静脉、动脉血、静脉血等术语的运用。教材中指出：“动脉是把血液从心脏输送到身体各部分去的血管”，“静脉是把血液从身体各部分送回心脏的血管”，“动脉血是血红蛋白与氧结合后形成的富含氧气、颜色鲜红的血”，“静脉血是血红蛋白与氧分离后形成的缺少氧气、颜色暗红的血”。因此，就不能讲在动脉里流动的是动脉血，静脉里流动的是静脉血，或者把动脉血说成是新鲜的血，静脉血说成是脏血等。

二、审美育情性

于漪老师说过，将教学语言的科学性和教育性，用艺术化的优美形式和方法诉诸学生的感官，使之入耳入脑入心灵，既准确、明晰、自信、沉着、雄辩，闪耀着理性的光辉，又风趣、生动、形象、亲切、自然，充满诗情画意，令人赏心悦目。事实上，美的语言一般都能引起学生情感上的共鸣，下面将分别从教师语言的审美性和育情性这两方面加以介绍。

（一）审美性

教师语言的审美性是指教师的语言有比一般人的语言更高的美学价

①刘显国.语言艺术[M].北京：中国林业出版社，2001.

值，主要表现在言之有韵、言之有物、言之有体等方面，也即内容美和形式美。古人说："言之无文，行而不远。"语言是应当有文采的，教师的语言尤应如此。"教师的语言美，仔细分析起来，应包括两个方面：一个是内容美，一个是形式美。内容美要求教师的语言思想深刻，富于哲理，充实而又含蓄，常常具有令人豁然开朗的启迪性；形式美则要求教师在遣词造句和修辞上显示出高超的艺术，不能只满足于一般的规范化语言，要锦上添花，努力做到具有'建筑美，色彩美和音乐美'。"①

教师的语言是一切艺术语言中最美的语言，而内容美又是这种语言区别于其他语言的显著标志。构成教师语言内容美的要素主要有以下两个方面：教学内容和教师个人。从教学内容的角度看，教师语言承担着三项最基本的职责：一是真，即传授古今中外迄今为止创造的一切物质和精神文化，同时鼓励学生追求真理；二是善，即教导学生怎样认识自我、认识社会以及认识自然，同时还要教导他们养成高尚的道德情操；三是美，即在教学过程中，要有意识地培养学生欣赏美和创造美的能力，同时要引导他们用一颗爱美的心去追求真理、热爱生活。从教师个人的角度看，教师本身是教学语言的主体，教师能否说出内容美的语言，关键在于教师个人的素质，它主要包括三方面的要素：一是知，即教师教育学生，必须自身要有丰富广博的知识，同时在本学科的专业知识上要更加扎实和精深，这可以说是教师语言的源头活水；二是意，即教师自身要有高尚的道德情操以及良好的心理素质，要热爱生活、热爱工作、善良正直、积极进取、自制自强；三是情，即教师每天的工作对象是一大群活泼可爱、性情各异的学生，教师若想对学生产生积极的效应，那么其本人就该热情真诚，要善于用尊重学生、爱护学生、理解学生的严父慈母的情感去感化教育学生。教学内容的真善美和教师个人的知意情两大系列的互相渗透支撑起了教师语言内容美的大厦。那么，怎样才能做到教师语言的内容美呢？从教师本身看，应该做到"三热爱"：热爱真理、热爱事业以及热爱学生；从教学内容看，应突出"三美好"：拥有美好的理想、美好的情感以及美好的智慧。

教师语言的内容美，只有通过相应的语言表达形式，才能体现出来，从而产生一定的客观效应。在教师语言艺术的构成要素中，内容无疑是

①刘显国.语言艺术[M].北京：中国林业出版社，2001.

第一位的,没有语言的内容,形式则成了无本之木。相应的,有了美的内容,却没有相应的形式表达,尤其是没有美的表达形式,不但影响内容的表达,还可能造成歧义的现象。在现实生活中,我们往往会听到一些老师抱怨学生不能理解自己的意思、哀叹好心没好报,有时还会听到老师训斥学生“你的耳朵是做什么用的”……在这些话语中,我们不难发现一些老师在教育教学过程中其语言的表达没有做到形式美,甚至还打击了学生的自尊心和自信心。叶圣陶先生曾说过,凡是当教师的人绝无例外的要学好语言。准确、鲜明、生动是教师语言形式美的标准。准确性要求教师语言要恰如其分地反映客观事实、事物之间的外在联系和内在联系,从而使得学生对事物形成科学正确的认识;鲜明性要求教师反映社会现实时要清楚明白,表达自己的观点和感情时要态度鲜明,黑就是黑,白就是白,是非明确。在讲自然科学类课时,鲜明就是明白,例如生物课讲蛋白质,先通过大量的生物现象进行分析,再归纳为它是生物体的主要组成物质之一,是一切生命活动的基础,最后点明“这是一种由多种氨基酸结合而成的高分子化合物”。生动性要求教师在讲课时要做到生动形象、绘声绘色,使学生如见其人,如闻其声,如经其事。如一位物理老师这样导入他的《向心力》一课:“在杂技表演中,有一种十分惊心动魄的节目,叫飞车走壁。表演者驾驶着摩托车在圆台形木桶的内壁上上下下盘旋,疾行如飞,观众的心都提到嗓子眼儿,生怕车手摔下来。为什么‘飞车走壁’的飞车不会掉下来呢?因为飞车手都是物理学家,他们懂得向心力。”这短短的导语中有生动的飞车动作描述,吸引了学生的注意力。那么教师如何才能做到使语言具有形式美呢?需要做到以下三点:一是讲究词语的推敲。二是选择适当的句式,最关键的是对句子的组织和调配。事实证明,有了准确的词语不一定就能表达出完整的意思,而没有完整意义的句子是不能构成语言的形式美的,所以选择恰当的句式就显得尤为重要。教师在组织语言时,要做到层次清楚、上下衔接、前后连贯,同时还要注意各个句式之间的搭配使用,如长短句之间、主动句和被动句之间以及陈述句、感叹句和疑问句之间,这就要求教师要拥有扎实的语法知识。如一位教师在讲《美丽的小兴安岭》一课时,是这样导入的:“同学们到过东北的小兴安岭吗?那可是一个令人神往的地方啊!你看,它春天生机勃勃,夏天草木繁茂，秋天硕果累累，冬天雪景壮丽。你听，松涛澎湃，泉水叮咚，更有伐木工人的欢歌笑语和林间小火车的汽笛长鸣。现在就让我们到美丽的小兴安岭畅游一番吧!”三是运用常见的修辞格。各种修辞手法是构成语言美的重要手段，具有良好语言艺术修养的教师几乎都是能运用修辞格来美化自己语言的高手，因为他们深知比喻的形象具体、借代的意味深长、拟人的生机盎然、排比的气势酣畅以及对偶的整齐工整。如曾有一位著名数学家在讲解哥德巴赫猜想、数学、自然科学的关系时说道：“自然科学的皇后是数学，数学的皇后是数论，哥德巴赫猜想则是皇冠上的明珠。”这样一席生动形象的话语激起了陈景润对于数学的浓厚兴趣，从而最终使其摘得了皇冠上的那颗明珠。

(二)育情性

心理学研究已经揭示，认识活动与意向活动交融一体，而其中的情感是一个重要因素。人的思维一开始就与情感有密切联系，而且这种联系从未完全消失。就像苏霍姆林斯基所言：用形象的话来说，就是在知识的活的身体里要有情感的血液在畅流。在课堂教学中，教师情感可以表露在多方面，渗透在教学的全过程与全部教学内容中，但主要还是渗透在教学语言中。教学语言是最重要的表露和渗透教师情感的载体。

古人说：“感人心者，莫先乎情”。富有艺术性的教学口语，应当是发声于情，意寓于情，理融于情的。富有情感的教师语言在一定程度上能够激发学生学习的情绪，使他们带着强烈的求知欲望去学习。当教师带着对事业、对孩子的热爱精神饱满地登上讲台，学生就会立即受到教师情绪的感染，这叫“以情夺人”。特级教师于漪在教朱自清的《春》时，她的语言是那么富有激情：“我们一提到春呵，眼前就仿佛展现阳光明媚、东风浩荡、绿满天下的美丽景色；一提到春，我们就会感到无限生机，有无穷的力量……”这种注入丰富感情的教学语言，会立即引起学生的共鸣。教师要想使自己的语言产生强烈的感染力，就要把自己对教育、对教学、对学科、对所讲内容以及对学生的一腔深情熔铸于言语中。于漪在总结自己的教学经验时，深有体会地说：教学语言要做到优美生动，除了知识素养、语言技巧之外，还必须倾注充沛的精力和真挚的感情。情动于衷而溢于言表，只有对所教学科、所教对象倾注满腔深情，教学语言才能充分显示其生命力，熠熠放光彩，打动学生的心，使学生产生强烈的共鸣，受到强烈的感染。也就是说，如果教师在教学时，心中充满深情，教学语言就会饱含深情。但是，并不是所有的教师都能够做到这一点的。在实际教学中，有些教师感情冷漠，不苟言笑，缺乏情感的“冷冰冰”的教学语言屡见不鲜；有的教师带着烦躁不安的情绪走进课堂，使学生感到紧张茫然、不知所谓；有的教师则像一台“留声机”，一成不变地照本宣科，整个教学课堂犹如一潭死水，没有一丝涟漪。有些教材本身具有强烈的情感感染力，但是在经过教师了无生气的冷漠讲解后，反而使得教材的情感感染力消失殆尽，既无感人的力量，也无令学生感兴趣的力量。教育家巴班斯基提到一个例子：一个十年级的莫斯科中学生对他说，教师讲述《苏联抗击希特勒德国的伟大卫国战争》那几节课令她十分失望，她说：“我原以为这一定是几堂不平凡的兴高采烈的课，我事先看过教科书，期待着这个不同寻常的课的到来。但结果是那么枯燥无味。我设想教师这天会跟我们一起去参加伟大的卫国战争，可是看来他更关心的是讲述事实，以使我们记住这些事实，并且能够准确的转述这些事实。”①教师语言所包含的情感性是其内心情感的真实反射，任何一种以言语技巧来装饰情感的企图都是失败的。苏霍姆林斯基说：“真正的教育能手必有真正丰富的情感。那种对教材的知识很肤浅的教师，往往在课堂上造成一种虚张的声势，人为地夸夸其谈，企图借此来加强对学生意识的影响，但是这样做的结果却是可悲的：虚张声势会使人空话连篇，爱说漂亮词语，所有这些都会腐化学生的灵魂，使他们内心空虚。”②所以教师的语言一定要是富有真实情感的，这样才会打动学生，打开学生的心灵之门。

三、启发针对性

启发思想由来已久，孔子在《论语·述而》中说：“不愤不启，不悱不发。举一隅不以三隅反，则不复也。”这是传统教育理论的有关启发性的

①巴班斯基.教学过程最优化[M]. 吴文侃，等译.北京：教育科学出版社，1982.

②苏霍姆林斯基.给教师的建议[M]. 杜殿坤，译.北京：教育科学出版社，1984.

精粹内容，为历代教育家所重视。而在教育心理学中，各国教育家们都强调教学要注意因材施教，有针对性。下面将从启发性和针对性两个方面进行论述。

（一）启发性

教师言语的启发性，是指教师的语言对学生能起到调动自觉性和积极性的作用，能诱发学生思考并让他们有所领悟。叶圣陶先生说过，教师之为教，不在全盘授予，而在相机诱导，必令学生运其才智，勤其练习，领悟之源广开，纯熟之功弥深，乃为善教也。又说，教师所务惟在启发导引，俾学生逐步增益其知能。教师富有启发性的语言，是调动学生学习主动性、积极性，发展学生智力的有效手段。它能把学生引进一种力所能及的、向他们预示着并使他们获得成功的脑力劳动中去，从而达到预期的教学效果。

教师的言语是否具有启发性，在某种意义上来说，就是看教师的语言在一定程度上有无拨动学生的心弦，是否对学生产生了激励作用。“启发性有三重意义，启发学生对学习目的意义的认识，激发他们的学习兴趣、热情和求知欲；启发学生联想、想象、分析、对比、归纳、演绎；启发学生的情感和审美情趣。”[①]启发性语言在一定程度上是相对于注入式而言的，它不是一种具体的教学方法，教师运用启发性的教学语言，不断引导学生“举一反三”“触类旁通”，充分调动学生学习的主动性，不断激发他们的求知欲和探索精神。教师语言的启发性具体表现在以下几个方面：一是启发性语言“能启迪学生心智、启发学生思考，具有正确的人文伦理、高尚情操和道德观念，具有正确的思想内容和健康的思想情感倾向”；二是启发性语言“可以启发教育学生树立正确的学习目的、态度、方法，可以启发学生思考，启发学生各种智力因素”；三是启发性语言“可以启发学生引导教育学生培养和谐的人格、培养各种非智力因素上”[②]。教师语言的启发性应该体现在教学全过程中，应该体现在教学语言各种类型之中，应该表现在教育言语上，也应该表现在各种讲授言语中。如一位教师正在讲《游园

①郭友，杨善禄，白蓝.教师教学技能[M].北京：首都师范大学出版社，1993.

②宋其蕤，汤显灿.教学言语学[M].广州：广东教育出版社，1999.

不值》这首诗，“砰”的一声，一个迟到的学生推门而入，径直坐到自己的座位上。老师看了他一眼，接着就诗中一句发问：“大家想想，诗人去拜访朋友为什么‘小扣’柴扉，而不是‘猛扣’呢？”大家回答：“因为猛扣不礼貌。”老师接着说：“‘猛扣’尚且不礼貌，假如‘不扣’而‘砰’的一声撞开门而入是不是更不礼貌呢？”同学们都笑了，迟到的同学不好意思地低下头去。

威廉说过，平庸的教师只是叙述，好教师讲解，优异的教师示范，伟大的教师启发。教学语言的启发性，就是在教学时“用语言把人们的心灵点亮”。广大教师在教学实践中创造了丰富多样的启发艺术方法。归结起来主要由以下几种：①设疑激疑，问题启发。古希腊哲学家亚里士多德就认为“思维自惊奇和疑问开始”。疑问是思维的“启发剂”，可以有力地调动学生思维的积极性和主动性。优秀教师善于用启发性的语言来启发学生，如张放红老师在教《社戏》时，先不板书课题，却突然发问：“《社戏》这篇文章，题目讲的是戏，可开头和不少段落写的是其他事，这叫文不对题。我想题目是否应改一下。”这一问“激起千层浪”，学生们的思维立刻变得异常活跃，纷纷表达出自己的观点。②说古道今，故事启发。用故事来启发可以引起学生的注意力和兴趣。如一位生物老师在讲昆虫的趋食性这一节时，说了这样一个故事：“在楚汉相争中，项羽被刘邦击败，星夜逃跑，当天亮到达乌江岸边时，突然发现，江边有几个黑色大字：‘项羽必亡’。他走近细看，黑字全是蚂蚁拼成的。顿时军中一片混乱，他们认为这是天公要灭项羽。项羽无奈拔剑自刎了。”这时同学们开始交头接耳，纷纷猜测其中的道理。最后在教师的帮助下揭开了这个谜。原来是刘邦的军师张良利用昆虫趋食性的道理，黑夜派人用食油和米糖在江边写下了那几个字，招来无数蚂蚁，造成项羽军心动乱。③形象抽象，比喻启发。许多特级教师都善于运用这一方法，他们针对具体的教学内容，灵活运用形象生动的比喻，将教学内容化深为浅、化难为易。特级教师陈甫林在物理教学中，善于把抽象的概念原理形象化。如在实验得出楞次定律之后，他把线圈比喻为具有“冷酷”和“多情”双重性格的“特殊任务”。当磁极来时，线圈的近端产生同性磁，对原磁极产生排斥，以抗拒侵入者——磁极的接近，表现为“冷酷无情”；但一旦磁极走时，近端又立即产生异性磁极，对原磁极产生吸引，以留住远方来客——磁极的远离，表现为“柔情依依”。最后老师归纳成“来之抗之,走之拉之”八个字。学生既领悟了物理概念原理,记忆也深刻了。

(二)针对性

所谓针对性,是指面对不同的教育对象运用不同的语言,即因材施教的意思。育人之道,应因人而异。教育对象不同,实际情况也不同,对教育语言的形式理解和接受能力亦不同。因此,教师应该针对不同的学生,施以不同的语言,而不能千篇一律。马卡连柯说过,同样的教学方法,因为语言不同,效果可能相差二十倍。所以,对于不同的教育对象,教师的教育语言也要量体裁衣,不能超过他们的能力范围。

不同的年龄、不同的认知水平、不同的性别特征都具有各自不同的特点,这要求教师在教学中要从学生的实际情况出发,根据不同对象的具体情况采用不同的语言,教师在语言表达的过程中,从语言内容到语言形式的选择都要考虑到学生是否能够接受和理解。下面从三个方面分别展开论述:

一是教师言语要适应学生的年龄特点。年龄不同,对于语言的接受情况也会存在着差异。一般情况下,小学生和初中生由于年龄尚浅,知识积累和经验积累不够丰富,认知水平不高,抽象思维的能力较低,所以他们对于各种语言的理解受到一定的制约。对于那些比较抽象繁琐、概括深奥的语言理解起来就会很困难,但是他们的形象思维能力要优于抽象思维能力。所以,如果教师呈现的是生动、形象、直观的语言,那么则易于被他们接受。有位数学教师在为没有学过英文字母的小学生讲“未知数x”这一概念时,就不是抽象笼统地说“英文字母x表示未知数”,而先引入x,他先在黑板上写了几道填空题,一边用手指着括号对学生说:“面对面的是括号,背靠背的是什么?”说着便把x写在黑板上,然后说:“它叫x,x与()都表示我们要求的未知数。”这位数学教师的语言浅显易懂,但是这段教学语言并不适合初中生,因为初中生早就认识了x,相应的这段语言更不适合高中生。

二是教师言语要适合学生的认知水平。不同年龄段的学生有不同的认知水平,有时候即使年龄相同,由于每个人的成长背景不同,他们的认知水平也会存在着差异。教师在面对这一情况时,要适时适当地选择不同的语言。年级低的学生对生动、形象的语言容易接受,教学应该具体、明确、亲切,高年级的学生抽象思维能力不断提高,追求对事物的理性把握,教学语言应该深刻、隽永、灵活,具有哲理性。大教育家孔子深谙教学语言需做到针对性。《论语·颜渊》中记载:"颜渊问仁。子曰:'克己复礼为仁。一日克己复礼,天下归仁焉。为仁由己,而由人乎哉?'仲弓问仁。子曰:'出门如见大宾,使民如承大祭。己所不欲,勿施于人。在邦无怨,在家无怨。'司马牛问仁。子曰:'仁者,其言也讱。'"由此可见,三个学生问同一个问题,孔子都能针对不同学生的特点以及不同的理解能力给予不同的回答。

三是教师言语要适应不同的教学语言环境。教学语言环境是指教学时所处的时间、地点、场合等因素,在教学过程中教师要因时因地因事来组织不同的语言。在实际教学中,教师会针对不同的教学时间和场所来设计导语。例如,一位语文教师在讲《背影》时,学生们刚刚看完《妈妈,再爱我一次》这部电影,于是教师灵机一动说:"同学们刚刚看过《妈妈,再爱我一次》,大家对于母爱的体会很深。可是,父爱也同样是伟大而深沉的。今天就让我们一起来学习一篇脍炙人口的关于父爱的散文——《背影》。"当然,教师也可以根据自己的实际教学需要设计教学语言,比如联系当时当地的天气情况讲解相关的地理问题,联系环境污染讲解化学反应和生态生物等。

四、生动幽默性

所谓生动幽默性,是指教学语言生动形象,富于理趣情趣,将生动幽默的教师语言运用于教学并以其独特的艺术魅力在学生会心的微笑中提高教学艺术效果和水平的活动。教育家斯维特洛夫说过,教育家最主要的,也是第一位的助手是幽默。生动幽默的语言是情感、思想、学识、灵感的结晶,是课堂教学的催化剂。生动幽默、风趣高雅的语言可以密切关系、拉近距离、活跃气氛、点燃激情、加深理解、强化记忆,可以化深奥为浅显、化抽象为形象,使教学内容通俗易懂、妙趣横生。

生动幽默的教学语言的功能到底有哪些呢?概括起来,主要有如下几个方面:第一,调节课堂气氛。教师运用生动幽默的语言可以打破沉闷的课堂气氛,让笑声驱走沉闷,使得严肃紧张的课堂气氛变得活跃起来,从而消除师生间的不和谐,使学生积极地参与教学中的思维创造活动,与教师一起思考学习,共同创造出良好的教学效果。心理学研究表明,严肃使人紧张,幽默令人愉快放松,一张一弛有机交错,能使人神经得到合理调节,心态能较长时间保持正常,从而有利于发挥大脑的潜力,使学生思维活跃开阔,大大提高了学生的接受能力和理解能力。第二,发展学生智力。幽默生动的教师语言可以使教学内容趣味横生,促进学生思维的活跃,启发学生思考,发展学生的智力。它是教师智慧和自信心的集中体现,具有创造性,因此教学生动幽默常常会寓有启发性,学生需要通过积极的思考和想象才能体会,在轻松的笑声之后能使其思考、体会语言的意蕴。第三,和谐师生关系。著名教育家苏霍姆林斯基认为,如果教师缺乏幽默感,就会筑起一道师生互不理解的高墙,教师不理解儿童,儿童也不理解教师。教育研究表明,生动幽默的教师语言在一定程度上可以缓解与学生之间的紧张关系,能够十分自然巧妙地冰释误会,和缓气氛,淡化矛盾,使师生关系变得亲切友好,达到心灵相融的境界。如特级教师钱梦龙在讲《故乡》这一课时就有这么一个幽默插曲。

> 教师:"我先检查一下大家自读课文以后,有些东西是不是理解了。同学在回答问题的时候尽量不要看书。如果实在忘了,怎么办呢?"学生:"(小声地)偷看一下!"教师:"偷看一下?说得好啊!(学生大笑)别笑,偷看也是一种能力呀!(学生大笑)很快地在书上一眼扫过,就马上找到自己所要找的那个词、那个句子,不也是一种能力培养吗?不过,请注意,考试的时候可不要培养这种能力啊!"(学生大笑)①

这种生动幽默的教学语言能够使得教师与学生的心理距离拉近,有助于教师的教学。

教师要想在自己的教学中运用生动幽默的语言,使自己的讲课风趣

① 张奎,等.中学优秀语文教师课堂教学实录评点[M].武汉:湖北教育出版社,1983.

诙谐、幽默睿智、富有魅力,就有必要学习并掌握幽默艺术的一些方法和技巧。一般说来,其方法主要有以下几种:第一,巧用修辞法。修辞活动以充分利用各种语言材料为前提,它着眼于圆满地、富有成效地实现言语活动的目的。主要的修辞方式有比喻、引用、夸张、反语、影射、讽喻、双关等。如一位老师在上实验课时,要求学生在使用显微镜时睁开双眼观察,但是有的学生总是用单眼观察。看到这种情况,教师就一语双关地说,同学们,对待科学知识要认真,可不能马虎,睁一只眼闭一只眼可不行啊。这种幽默的语言,既是富有哲理的提醒,又是温和友善的批评;既纠正了学生的动作,又沟通了师生感情。再如一位老师在讲“蜘蛛”时,设计了这样一个小谜语:“一位黑大将,坐在中军帐,巧布八卦阵,专捉飞来将。”言语形象生动幽默,充分调动起学生的兴趣。第二,有意曲解法。有意曲解法是指在教学中对某些词语的意思有意进行歪曲的解释,或故意设置一些错误,让学生参与找错纠错。这种方法常常能妙趣横生,使学生眼前一亮。如有位教师讲第一次世界大战,学生问意大利当时为什么不立马参战,老师幽默的回答他说,意大利,意大利,意在大利,当时它要观望,哪里有利可图就站在哪一边。该老师把意大利有意曲解为“意在大利”,既说清了故事的来龙去脉,又说明了一战的战争性质,具有生动幽默的语言特性。第三,自我调侃法。有人说,最好最高级的幽默是自嘲,是在嘲笑自己的过程中,让旁人和自己一起获得某种精神的愉悦、心理上的放松,使师生双方情感得以交流,并在会心一笑中获得启迪。如有位身材矮小的老师到新班上课,刚进教室就有学生失口而笑,还有的在下面窃窃私语。教师见状不急不躁,微笑着说:同学们,我曾经因身材矮小摔碎过几面镜子。今天我能够博得大家一笑,这证明我们之间的感情交流已迈出了可喜的一步。在今后的教学中,我一定取同学们之“长”来补自己之“短”,使自己更上一层楼。一席生动幽默的话语,既道出了教师的宽阔心胸,也使得课堂气氛甚为和谐。

生动幽默是教师语言修养的重要方面,是教师个性倾向的一种折光,要想成为优秀的教师就一定要努力地培养自己的幽默感,学会使用生动幽默的语言,从而提高自己的教学水平,不断优化现代教学。

第二节　优秀教师语言艺术运用的原则

语言是交流思想的工具，是知识信息的载体，它对教师职业尤为重要。语言，是打开知识宝库的钥匙，是接通师生心灵的桥梁，是教师完成历史使命、履行神圣职责的重要条件和基本手段。无论时代怎样的向前发展，教学手段怎样的现代化，只要有教师出现，就有教师语言的存在。海涅曾说过："言语之力，大到可以从坟墓唤醒死人，可以把生者活埋，把侏儒变成巨无霸，把巨无霸彻底打垮。"苏霍姆林斯基在谈到教师的素养时也指出："教师的语言修养，在很大程度上决定着学生在课堂上的脑力劳动的效率。"教师在使用教学语言时到底应当尊重哪些原则才能有效地促进教学信息之间的交流，是教学语言艺术在实际运用中必须认真加以解决的大问题。为了确保教学信息输出与教学信息接收的畅通无阻，使得学生可以更好地理解知识、掌握知识、获得知识，在教学语言艺术的实际运用中，必须遵循善意尊重原则、可接受原则、协调一致原则、得体性原则以及回避性原则。

一、善意尊重原则

在教学语言艺术运用过程中，善意尊重原则是对教学语言运用者提出的最基本原则。善意尊重原则包括两个构成层次：一是善意原则，二是尊重原则。

(一)善意原则

善意原则是指教学信息的输出者对教学信息的接收者必须抱以善良美好的目的，是在关心爱护学生的前提下让学生掌握一定的科学知识、增长一定的技能才干。善意原则是教学语言艺术的目的性原则，其在一定程度上规定着教学信息接收者的切实感受，可使学生感受到教师美好善良的主观愿望，从而心甘情愿、心悦诚服地接受来自老师所传出的教学信息。

实践证明，儿童有一种"爱抚期望心理"，这是稚嫩、幼弱者的本能心态。他们对有善良感情负载的语言和寡淡冷漠的语言，是能敏感地加以区别的。甚至你无意中流露的一个眼神，隐藏于嘴角的细小表情，也逃不过他们的眼睛。有学者做过这样的实验：把一些智力落后的孤儿，交给一个富于温情的妇女收养，孩子聆听她信任善意的话语，得到了悉心的关怀和爱护，智力水平很快得到提高，后来都成为有用人才。所以，如果把对儿童真诚的爱与感情充分表达，那么，即使是脱口而出的话，也能“淡语皆有味，浅语皆有致”(《人间词话》)，饱含着慈爱之心的儿童化语言，会引起孩子强烈持久的内心体验，收到意想不到的教育效果。

由此可见，教师在教学过程中是否以善意原则作为教学活动的起点在一定程度上决定着教学活动的效果。如果教师在教学时能够保有一颗善良的心来对待每一个学生，那么他所传授的知识必定是健康的、有益的，同时学生也会感受到教师的心灵美，这更有利于促进学生掌握知识、理解知识。正如鲁迅先生所说：从喷泉里出来的都是水，从血管里出来的都是血。教师从关心爱护学生的角度出发，则会选择有利于学生发展的科学知识内容和言语表达方式；相对而言，如果教师从一开始就厌恶学生，那他就会选择伤害学生的教学语言内容和言语表达方式。俗语说：“良言一句三冬暖，恶语伤人六月寒。”从善良美好的目的和动机出发，所传达的教学信息，会被教学信息接收者所接受并引起思想感情上的起伏与共鸣；相反，从恶意伤害的目的和动机出发所使用的教学语言，则会引起教学信息接收者的反感、思想感情上的拒斥态度以及逆反心理。所以，在教学语言的实际运用中一定要坚持善意原则，如果失去了善意原则，教学语言艺术犹如沙滩上的高层建筑或空中楼阁，就失去了坚固的基石。要做到善意原则，首先教师自身要有良好的素质，拥有一颗善良的心；其次，教师要做好准备工作，了解学生的实际情况，适时适当地关心爱护学生。只有遵循这一原则，教学语言艺术才不会成为花言巧语，教学才会获得良好的效果。

(二)尊重原则

尊重原则是指教学信息输出者对教学信息接收者持尊重的态度。它是教学信息交流中的态度原则，教师必须在遵循这一原则的前提下向学生传递一定的知识，从而增长学生的才干，提高学生的素质，使学生德智体美劳得到全面发展。虽然在现实社会中，教师“问道”在前，但是教师和学生作为人的社会地位是平等的，这就要求教师必须尊重学生的人格，只有尊重了学生的人格，两者间的信息交流才会畅通无阻。

苏霍姆林斯说过，生命既是一种强大的生命力，同时也是一种脆弱的记忆损伤的珍品，有时只一句冷酷无情的话就足以扯断一根纤细的生命线。青少年的心是敏感稚弱的，教师如果在与学生交流时不注意适当的语言艺术，不尊重其人格，那么就极易伤害他们的自尊心和自信心，以至影响他们的一生。在教学活动中，运用教学语言艺术进行教学信息交流，教师对学生的尊重体现在诸多方面：①心理状态良好。教师在教学活动展开之前必须具备良好的心理状态，保持安静平和的心态，只有这样才能对学生持以尊重的态度。但是我们都知道，在教学中不可能事事顺心，总会有那么一些事让你烦躁不安、无可奈何，如学生上课思想开小差，同学之间相互聊天，回答问题前言不搭后语等。遇到这样的情况，教师首先要善于调节自已的心理情绪，保持头脑清醒，认真分析现状，找出症结所在，采取有效措施，或许有时只需要教师一个温柔的问候、一句幽默的话语即可。如果教师性急心燥，对学生采取不尊重、粗暴威逼的态度，那么可能会适得其反，引发学生的抵抗情绪，从而影响教学效果。因此，教师一定要从心眼里尊重学生。②言语礼貌得体。教学语言的风格可以说多种多样、精彩纷呈，或轻快、或凝重、或低沉、或高亢、或舒缓、或激动等。而教师在教学中采用何种语言以及语言所体现出的教师的态度，不管是何年龄层的学生，他们都能够敏感地加以区别，所以礼貌得体的教师语言就显得尤为重要。我们提倡鼓励教师经常使用“请”字，如“请坐”“请背诵全文”“请再思考一下”等。要想让我们的每一句话都能“粘”住孩子的心，那么抱以真切、慈爱、尊重的态度则是必需的。切不可在教学中使用“暴力语言”，对学生使用谩骂、诋毁、藐视、嘲笑等侮辱歧视性的语言。陶行知先生的话值得每位教师牢记：你的教鞭下有瓦特，你的冷眼里有牛顿，你的讥笑中有爱迪生。③语调亲切和蔼。赛门斯说过，在教师的许多特性中，声调占着一个重要的地位。从根本上讲，声调并不是教师的技能和设备中的一个重要部分，但是一种不好听的或低沉的声调很可能阻碍教师事业成功。有时教师的失败，是由于他的声调太弱，学生听不清他的话，而他也不能用他的声调来控制学生的注意。另一方面，有些教师的声调如粗糙的晨号声，听着就非常刺耳。因此，教师在讲话时必须注意语调的变化，适时做到亲切和蔼，并以此来控制学生的注意。亲切和蔼的语调并不是花前柳下的温言细语，也不是故作娇柔的甜言蜜语，它要求教师充满爱心和尊重，能够放松学生的心理，保持和谐课堂的气氛，努力做到激动时不大喊大叫、愤怒时不声嘶力竭、批评时不阴阳怪气，始终保持良好的心绪，做到和蔼而亲切、大方而自然。

二、可接受原则

“教学信息的交流中，善意尊重原则是从施教者角度提出的要求，可接受性原则是从受教者角度对教学语言提出的要求。可接受性原则是指教学语言必须使受教者能够接受。”[①]教学语言是教师和学生之间信息交流的途径，教学语言只有被学生所接受，教学信息的交流目的才能实现。如果教师语言无法被学生所接受，那么即使教师所说的是“天籁之音”也不起作用。由此可见，可接受性原则是教师语言艺术的一个基本原则。为此，教师在教学时必须努力做到以下几点。

首先，教师语言必须符合学生的特点。教师在选择教学语言时，要考虑到学生的年龄、性别、心理等特点，这样其教学语言才易于被学生所接受。儿童化教学语言是符合少年儿童心理特征的教学语言，它的基本特征是：直观形象，明快生动，富于启发性；词语浅显易懂，句式结构简单；语气亲切温和，语调富于变化，表情丰富等。对于成年以后的高中生和大学生而言，教学语言应清楚明白、深刻精辟，具有一定的启发性。同时，心理学家认为，男女生理不同，心理需求也不同，男性说话交际重地位权威感，女性重感情交流的亲切性；男性习惯于发命令也习惯于接受命令，而女性则喜欢老师的亲切询问与商讨；男性可以接受较为严厉的批评指责，而女性则受不得指责与委屈……教师在教学中也应该根据这些性别差异考虑语言使用的对象性。当然，不同学科不同专业有不同的教学词汇。不论面对什么样的教学对象，教师都要选择并组织贴切的语言来与其进行

① 刘显国.语言艺术[M].北京：中国林业出版社，2001.

交流。

其次，教学语言要规范标准。为了使教学顺利进行，教师必须使用规范的语言。所谓规范的语言是指国内法定的语言及具体语音、文字、词汇和语法标准。语言的规范性是影响可接受性以及教学效果的一个重要因素。《中华人民共和国教育法》规定："少数民族学生为主的学校……可以使用本民族或当地民族通用的语言文字进行教学。"教学语言的规范，还应当遵守现代汉语所规范的语音、文字、词汇和语法系统，不读错字，不读错音，不写错别字，不用错句式等。在教学时要切记不使用方言，也不夹杂方言语音。如有些广州教师把"扩"大读作"kuang"大，把"会"计读作"hui"计等。再如：知多点的"点"，写成"D"；婴儿写成"BB"等。这些都是不规范的。教学语言一定要使用合乎汉语语法的句式句子和语段。目前社会上流行一些不合汉语语法规范的语言，如"很中国""很男人""荣誉出品""友情演出"之类，教师在教学时要切忌选择这些社会语言，以免污染教学语言①。

再次，教学语言必须通俗易懂。所谓通俗是指教学语言能够与人民群众的常用语言接近或沟通，能为广大人民群众的常用词汇所译解或消化。这样的教学语言才能为广大学生普遍理解和接受。易懂是指教学语言为教学对象易于理解。通俗是易懂的前提和手段。在教学实践中，教师要力求把深奥的东西通俗化，把理论的东西实际化，把抽象的东西形象化，要做到寓理于事，深入浅出，举例得当，生动有趣，要善于应用联想、比喻、比拟、对偶、对照等修辞手法与科学语言结合起来，不断提高综合运用口头语言和书面语言的能力。教师语言的通俗和易懂往往和直观性相联系，所谓"直观性"就是应当形象、逼真，必要时辅以手势、表情和姿态，使学生有身临其境、如见其人、如闻其声的感觉。如讲"前俯后仰"时，教师可用动作逼真地表现出来，使学生易于接受，便于理解和记忆，从而能提高讲授效果。再如在学习二十四节气"立春、雨水、惊蛰、春分、清明、谷雨、立夏、小满、芒种、夏至、小暑、大暑、立秋、处暑、白露、秋分、寒露、霜降、立冬、小雪、大雪、冬至、小寒、大寒"时，教师可以选择较简单的语言把它整理成："春雨惊春清明雨，夏满芒夏暑相连。秋处露秋寒霜降，冬雪雪冬小大寒。"教师要避免选择文辞过雅、组织过严、概念太多、只抽象不具

① 宋其蕤，汤显灿.教学言语学[M].广州：广东教育出版社，1999.

体、只深入不浅出的语言，要善于调控教学语言的表达内容及其表达形式，使其易于被学生接受。

最后，教师要善于调控教学内容的深度和难度。教学语言要想使教学对象欣然接受，则要把握好教学内容的难易度。怎样才能使教学内容深浅适宜、难易得当呢？这就需要教师深入钻研文本内容，根据学生的实际情况确定相关的教学内容。教师要准确地理解把握教材，确定出教材的重难点，并结合学生的知识背景分析出学生的接受理解程度，据此灵活地选择教学语言：或陈述、或议论、或点评、或质疑、或分析、或综合，因材施教。此外，在教学过程中，教师要恰当地运用好导语、提问语、阐释语、应变语、结语等教学语言，以提高教学效果。例如，导语要吸人眼球、引人入胜，最忌千篇一律、平淡无奇。一位教师在教《荔枝蜜》时，开讲那一刻就先提出启发性问题：作者赞美蜜蜂，为什么先写自己不喜欢蜜蜂？接着引导学生从教材本身去思考和寻找答案。这样就可以促使学生思考，加深对所学知识的印象。再如教学结语要简明扼要、提纲挈领，并且要耐人寻味、意味绵长，如橄榄在口，如余音绕梁。一位教师在教“除数是小数的除法”时以儿歌来结尾：“除数是小数，移位要记住：移除数小数点，使它变整数；除数移几位，被除数同样移；数位若不够，添零来补位。”这有利于学生概括，揭示规律，简化思维，强化记忆。

三、协调一致原则

教学是教师和学生的双边活动。要想使教学活动正常进行并取得最佳的教学效果，则需要教学双方协调一致。怎样才能使教学双方协调一致呢？通常的手段是运用教学语言来传递教学信息，从而使教学双方做到认识一致、思想同步、行为一致。因此，教学语言艺术有一个重要原则就是协调一致原则。“如果说，善意尊重原则是从教学语言的传达者角度提出的，可接受性原则是从教学语言的接受者角度提出的，那么可以说，教学语言艺术的协调一致原则实际是从教学语言的表达效果角度提出的。”[1]

教师在教学中运用协调一致原则时，要注意以下几个问题。

---

①刘显国.语言艺术[M].北京：中国林业出版社，2001.

首先，教学双方的心理动机要相契。在教学过程中，选择什么样的教学内容，以什么样的教学方式呈现教学内容都是由教师决定的，接受哪些教学信息，排斥哪些教学信息，是由学生的心理需要所决定的，要想使教学语言起到沟通教学双方心灵从而使双方行为协调一致的作用，就需要教学双方有共同的心理基础。教学语言要提供学生需要的信息。学生需要信息，需要有用的信息，教师要根据学生的需要来组织自己的教学语言，避免提供与教学关系不大或不相干的“垃圾信息”和“无用信息”。有的教师课上大讲逸事趣闻，海阔天空，课讲得似乎很生动有趣，信息量也很丰富，但是他们没有考虑到学生的实际需求，这是因为教学双方的心理动机没有达到一定的默契度。要想使教学双方的心理动机相契，除了教师和学生之间要相互了解之外，更重要的是双方要有相互交流的欲望和共同的心理动机。事实上，教学目的规范着教学双方的心理动机。因此，教师在选择组织语言时一定要围绕教学目的来进行。以教学目的来协调师生之间的心理动机并使之相契合，是教学语言艺术实施协调一致原则的重要途径。例如一位小学教师在讲解“渴求”一词时，先用常规语言作了解释，考虑到这种解释往往比较抽象，而小学生的抽象思维能力较弱，所以该教师灵机一动，模仿了一则冰箱广告中的解说词：“每当我看见天边的绿洲，就会想起东方——齐洛瓦”，并接着指出，那个沙漠中干渴难耐的人当时的情感和欲望就是“渴求”。

其次，教学信息输出要与学生认识规律相符合。在教学过程中，教师所传递的教学信息要与学生的认知水平和认知规律相切合。为使教学信息的输出与学生的认识规律相契合，教学语言艺术应注意以下几点：①对教学全过程要通盘考虑和精心设计。教师在备课时要思考好本节课共由几个环节组成。导语以什么样的方式组成，是问句式导语、歌谣式导语、对比式导语、关切式导语还是设疑式导语等。结语又要怎样设计，是选择画龙点睛式结尾、扩展式结尾、抒情式结尾、撞钟式结尾还是想象式结尾等。除此之外还要考虑每个环节之间该以什么样的语言进行衔接和过渡，从而使得整个教学过程都井井有条、有序发展，生动活泼、波澜起伏。②教师的“教”与学生的“学”协调进行。教师在教学中的一言一行、一举一动都要依据学生的表现，做到“讲”与“练”有机结合，此起彼伏，有张有弛，交替进行。这样的“教”与“学”的方式，符合人的神经系统的兴奋与抑制的转换规律；从教学的节奏上切合学生的认知规律。③对不同的构成部分采用不同的处理方式。在教学过程中一般都会有教学重点和教学难点以及一般的教学内容。对教学重点要突出——反复地讲，教师可以适时适当地选择一定的语言来突出它，以此来提醒学生要区别对待、重点学习，对于这部分知识点的教学，教师要有耐心，可提高讲述的频率和次数；对教学难点，则要分散——缓慢地讲，将每个知识点分成几个区块逐一攻破，这有利于学生的理解和记忆；对一般内容要交代——简明地讲，学生在理解这部分知识点时一般不存在障碍，教师只要点到即可。如一位教师在备课《烛之武退秦师》时，就将教学重点确定为体会写作特点及烛之武说秦的语言艺术，教学难点确定为体会人物对话的语气及特点，至于一般性内容则确定为掌握文章中出现的古汉语常识，注意多义词在不同语境中的不同意义和用法。这样的设计使得整个教学过程重点突出，学生学习起来有明确的目标，充分符合学生的认知规律。

最后，教学信息的多种传递媒体相结合。在教学过程中，教师向学生传递教学信息的方式是多种多样的，可分为言语方式和非言语方式。言语方式可以是口头语言的形式，也可以是书面语言的形式，而非言语方式可以由教师自身的仪表服饰、动作体态、面部表情等生动直观的传媒来传递信息，也可以是各种教学媒体，如视觉媒体（挂图、标本、幻灯等）、听觉媒体（录音、唱片、无线广播等）、视听媒体（电影、电视等）。这些不同的传递媒体分别作用于学生的不同感官，有的作用于听觉，有的作用于视觉，有的作用于触觉。它们之间相互协调、分工合作、有机配合，使学生从各个方面全面地感知信息。相对于仅仅使用有声语言而言扩大了接触面的广度，更加适应学生的个别差异以及更加的立体化和全方位。“据研究表明，学生在学习时利用纯视觉和纯听觉的注意比率是不同的，视觉为81.7%，听觉为54.6%，视觉的注意比率高于听觉。挂图、标本、幻灯、电影、电视等可以直观形象地再现客观事物，它们的生动性、趣味性本身就能引起学生的注意，调动学习的积极性。”[①]如，挂图、幻灯中的色彩对比，黑白反差；电影中的字幕闪动或箭头指示；电视中的镜头变换、物体运动

① 郭友，杨善禄.教师教学技能[M].北京：首都师范大学出版社，1993.

以及特技效果等。这些都是利用对比关系和艺术效果作用于学生的感官,充分引起了学生的注意。

四、得体性原则

所谓得体,就是指教师要根据不同的教材运用不同的语言,根据不同的课型运用不同的语言,根据不同的学生运用不同的语言。教学语言是师生之间进行信息交流、知识传播和品德影响的桥梁,是开启学生智能的钥匙。所以,教学语言是一种师生间的交际语言。既然是一种交际语言,那么要想达到理想的交际效果,实现传道、受业、解惑的目的,就需要重视教学语言得体的艺术,这种得体性直接关涉教育的效果、教学的效率,值得我们深入探讨。

下面我们分别从四个世界语境的得体性角度加以分析:第一,语言世界语境的得体性。教学语言要符合语言世界语境的得体性,这是指要适应语体和风格语境的语言范式,要遵循语言材料语境的语音规范、语义搭配关系和语法模式。这是教学语言的最基本的要求,也是教师同学生之间良好沟通的最重要的基础。教师的教学语言要做到三个基本标准,即说好普通话,吐字清晰准确;教师语言准确简明,富有教育性、启迪性;教师语调抑扬顿挫,富有节奏感。只有这样才能在教学中顺利地实现师生间双向交流,达到教学目的和教学要求。第二,物理世界语境的得体性。教学语言要符合物理世界语境的得体性,就是要求教学语言符合交际的时间、交际的地点和交际现场的各种环境、气氛等。教学语言的最大特征是它的直接性,它的直接性是由于发话者和听话者同处在一个时空结构中,教师运用语言与学生交流思想感情,总是在一定的语境中进行的。教学是个动态的流程,师生的信息交流处在不断变动的过程中,充满了变量因素。因此,教学时要注意根据当时、当地的某些因素和条件来组织语言,要根据不同内容、不同文体、不同的学生来设计语言,从而达到较好的教学效果。同时,教师的言语要富有幽默感,幽默的言语能增加讲授内容的形象性和鲜明性,容易使人的大脑皮层处于兴奋状态,有助于学生的学习。如春日的课堂,和煦的春风吹得一些学生睡意蒙眬。老师见状,也佯装打瞌睡,并絮絮呓语:“暖风吹得师生醉,直把教师当卧室……春眠不觉晓,还是睡觉好。”语调抑扬顿挫,充满幽默风趣的情味。学生立即被逗乐了。教室里一片笑声,驱散了大家的睡意。第三,文化世界语境的得体性。文化世界包括地域、时代、民族、阶层、性别、年龄等。从接受者角度来说,教学语言应适应接受主体(学生)的地域、民族、性别、年龄等特点。比如有一个例子,一名小学低年级的学生问老师:“老师,为什么孙悟空会腾云驾雾啊?”而他的老师回答:“孙悟空是神话里的人物,他是虚构的,腾云驾雾只不过是古人渴望飞上天空而想象的!”这是一个失败的回答,这么小的孩子在一定程度上是听不懂他的意思的,他不是要得到一个标准的答案,而是要抒发他对飞上天空的渴望。老师可以这样回答:“啊! 孙悟空真了不起,你好好学习本领,长大了开飞机,也能腾云驾雾!”这样的回答有利于激发孩子的进取心,符合低年级小学生的年龄特点。教师要了解每一个学生,对每一个学生的家庭、爱好、优缺点都较为熟悉,这样老师才能走进学生的心灵世界。有一位教师在教《二六七号牢房》时,为了活跃课堂气氛,他问学生:“你们见过绞刑架吗?”学生回答:“没有”。于是他便讲起了在旅顺参观监狱时看到的绞刑架,还绘声绘色地描述了一番。讲完后,当他带着得意的神情扫视全班时,他发现有一个女生深深地低下了头。顿时,他懵了,心里像坠了铅块一样沉重,因为他知道这个女生的爸爸就是上吊自杀的。他虽然很后悔自己所说的话,但是已造成的后果并不是他愧疚就可以解决的,他的话深深地刺痛了这个女生的心。由此可见,教师在教学时一定要针对不同学生的情况选择合适的教学语言,在考虑到语言是否得体的情况下,还要适时地遵循回避性原则,不该说的话坚决不说。“同时还要注意学生在外貌和性别上的差异,男生对小事不太在意;女生则很敏感,对胖瘦、俊丑特别注意。有位教师用猪作比喻,给学生讲解明喻、暗喻、借喻的区别,有位长得很胖的女生明显很不自然。有些课文不适合女生读,教师就不要女生读。”[①]例如,《猎户》中有一句“打狗日的”,女生就会陷入尴尬的境地。此外,教师还要考虑到学生所属民族的生活习惯,如班上有回族学生,就不要把“猪”或“猪肉”挂在嘴边,应该有意识地回避,适时地回避会起到意想不到的效果,既照顾到了学生的感受又会使教学能够顺利地进行。第四,心理世界语境的得体

① 程翔.语文课堂教学的研究与实践[M].北京:语文出版社,1999.

性。心理世界因素是非常复杂的,教学语言要能符合学生的认识规律,语言难易适度,学生易于接受。举个例子来说,教师要教育的对象是青少年学生,他们较习惯于形象思维。此外,他们的注意力、观察力、想象力也在不断地发展中,因此教师运用生动形象的言语,并且适当地使用幽默的言语,就能吸引学生的注意力,调动学生的学习兴趣,使学生容易入耳、入心、入脑,从而大大提高教学的效率。特别是高中阶段的学生已具有丰富的情感与想象力,个人思想比较成熟,对事物的看法已有自己的独立意见和角度,因此教师的语言如何能"标新立异""与众不同",同时又具有一定的启发性,能激发学生的情感共鸣,调动学生自己的人生体验,就显得尤为重要。

"得体性"是修辞的最高原则,同时也是教学语言所要达到的最高境界。那么教师在教学中如何才能遵循得体性原则呢,主要有以下几点:第一,教师语言得体之前提——礼貌。教师给学生上课在一定程度上可以说是运用语言进行交际,为了取得交际的最佳效果,推进教与学的顺利进行,教师要注意言说策略以显示对学生的礼貌。教师对学生提问或发出指令尤其要注意礼貌,因为提问和指令言语形式本身意味着要求学生执行某种言外行为。例如要求学生回答问题可以说:"请这位同学起来回答这个问题,可以吗?"以一种商讨的语气,不仅体现出了教师的礼貌以及对学生足够的尊重,同时学生也会作出相应的礼貌反应,配合老师回答问题。可见礼貌能保持人与人之间关系的融洽与和谐,消除抵触,促成合作。此外,运用礼貌时要注意,礼貌的程度和语言的间接程度是一致的,也就是语言手段越间接,话语就显得越礼貌。如"能把你的想法和大家分享一下吗?"教师使用语言要多采用虚拟语气、条件句、插入语等语言形式,策略性地增强礼貌的程度。教师在批评学生或做出不利于学生的反应前,用停顿、填充词语造成的延缓和间歇,可避免学生因期待受挫及心理上的不满而出现窘迫局面。第二,教师语言得体之手段——赞誉。心理学家威廉·詹姆士说过:"人类本质中最殷切的需求是渴望被肯定。"学生学习的动力很大程度上来源于学生的自我价值和成就感。在课堂上,这种成就感主要来自于教师对学生的赞誉,因为学生把自己在学习过程中经历的情感或感受当作评估自己的标准,一旦这种感受经过老师的称赞得到印证后,便成为一种鼓舞学习的动力。教师的一句表扬语，常会激发起荣誉感和进取心。语用学中赞誉原则的基本点是：在表态和断言中尽量减少表达对他人的贬损，更多地表明对他人的赞赏。例如，“对，回答得很正确。”“这位同学反应很快，能抓住问题的关键点，很善于思考问题。”教师在课堂教学中要将赞誉作为一种推进教学的手段，用睿智的眼光发现学生身上的闪光点，多给予肯定。同时，教师要经常对学生(尤其是后进生)说：“你行的！”“你很聪明！”“你会有所作为的！”这样充满热情的话语，能给学生以鼓励，使学生树立起自信，走出自卑的阴影。但要注意，赞誉往往有度的限制，有点过分但又不太过分的赞誉才显得得体。过度的、拔高的、不恰当的赞扬容易导致赞扬的贬值，形成一种廉价表扬，反而达不到提高学习积极性的目的。第三，教师语言得体之根本——宽容。宽容是在学生说错话或回答错问题时，教师以一种宽容的态度来接纳，并用宽容的语言给予鼓励，使学生最大限度地保留自尊，从而树立学习的信心。宽容的语言策略是基于对学生自尊心的呵护。教师在评价学生时要注意把握分寸，做到既能抓住学生的错误，又不伤害学生的自尊。如学生处于紧张状态、无法回答问题时，教师可用亲切的话语鼓励学生，例如“不要紧，老师相信你能学好”“想到一点说一点，错了也不要紧”。即使在学生犯了错误进行批评、警告时，也要策略地处理，表达否定意思时要含蓄，这种方式不仅能达到否定的目的，而且还可以使否定变得礼貌得体，从而把给学生的伤害降到最低限度。教师抱着宽容的态度与学生交流，引导学生思考反省，自我批评，这样就能使师生关系融洽，达到以“教”促“学”的目的。

小 结

语言是人类敞开心扉的交流形式，是人类搭架心灵桥梁的快捷方式；语言是人类情感交集的抒发模式，是人类释放悲喜的表达公式。如何淋漓尽致、唯美完善地运用语言这门深奥的学科，是一种深内涵、高层次的学问。综上所述，本书所论述的重点为：优秀教师的语言一定要具有规范科学性、审美育情性、启发针对性以及生动幽默性，与此同时在运用教学语言艺术时还要遵循善意尊重原则、可接受性原则、协调一致原则以及得体性原则。

思考题

[1]优秀教师语言艺术的特征有哪些？请举例说明。

[2]优秀教师在运用教学语言艺术时要遵循哪些原则？请举例说明。

[3]优秀教师在遵循协调一致原则时要注意哪些问题？请举例说明。

[4]优秀教师语言的得体性可从哪几个世界语境进行分析，且如何遵循得体性原则？请展开论述。

参考文献

[1]巴班斯基.论教学过程最优化[M].吴文侃，等译.北京：教育科学出版社，1982.

[2]黄俊.课堂教学语言运用要得体[J].教学与管理，2010(26).

[3]李卫中.论语文课堂教学语言的得体性艺术[J].教学与管理，2007(30).

[4]李兆群.论语文教师的语言艺术[J].常德师范学院学报：社会科学版，2000(5).

[5]聂焱.三一语言学导论[M].银川：宁夏人民教育出版社，2008.

[6]苏霍姆林斯基.给教师的建议[M].杜殿坤，译.北京：教育科学出版社，1984.

[7]王萍.浅谈中小学语文教学言语中“得体性原则”的运用[J].语文学刊，2011(16).

[8]夏焱.四个世界十面观[J].平顶山学院学报，2008(6).

进一步阅读文献

[1]卢家楣.情感教学心理学[M].上海：上海教育出版社，2000.

[2]孙春成.语文课堂教学艺术漫谈[M].北京：语文出版社，1998.

[3]索振雨.语用学教程[M].北京：北京大学出版社，2000.

第三章　优秀教师语言艺术的类型与风格

优秀教师的语言艺术有着多种不同的表现形式，构成一个琳琅满目的美的世界。为便于学习和推广优秀教师的语言艺术，促进教育教学质量的提高和全体教师的专业发展，我们有必要对他们所表现出的语言艺术的类型与风格作出区分和归类。

第一节　优秀教师语言艺术的类型

要对教师语言艺术的类型进行归纳划分，我们可以从教师的语言这一角度入手，只有明确了教师语言的类型，才可以进一步对教师语言艺术的类型作出相应的区分。

一、语言与教师语言

教师语言的内涵十分丰富，因为语言这一概念本身就有着丰富的意义，学术界也一直存在着不同的看法。关于语言的定义，《辞海》是这样界定的：语言是人类最重要的交际工具，它同思维有着密切的联系，是人类形成和表达思想的手段，也是人类社会基本的信息载体。《现代汉语词典》则是这样界定语言概念的：语言是人类所特有的用来表达意思、交流思想的工具，是一种特殊的社会现象，由语音、词汇和语法构成一定的系统。美国人类语言学家萨丕尔在《语言》中把语言定义为：用任意创造出来的符号系统交流思想、情感和愿望的非本能的方法。应用语言学家汉默莱在《语言教学导论》中给语言下了如下定义：语言是一个完整的、复杂的、有变化的、任意的符号系统。它首先是口头符号，用于（或通过学习后用于）一个语言社团的交际和文化框架之中。由此我们可以明确，从广义上讲，只要是能够作为人类交际工具，能够表达意思、交流思想、传递信息的手段和方式方法，都可以作为语言。可见，语言并不一定是仅限于口头交际所使用的口语，或者用于书面表达的书面语，也并不仅限于我们通常狭义理解的由语音、词汇和语法构成的一定符号系统。我们日常生活中已被使用的手语，用手势比量动作，根据手势的变化模拟形象或者音节以构成的一定意思，它是有听力障碍和口语表达障碍的人互相交际和交流思想的一种语言，它是“有声语言的重要辅助工具”，而对于有听力和表达障碍的人来说，它则是主要的交际工具，因此，从广义上讲，手语也是语言的一种类型。另外，众所周知，在古代是一种主要通讯方式的旗语，现在是世界各国海军通用的语言。它通过不同的旗子表达着不同的意思。旗语作为海上船只之间相互交流、表达意思、传递信息的一种方式和手段，也可以理解为语言的一种类型。同时，一些能够传递信息，表达特定含义的身体动作、表情、神态等，也可以被纳入语言的范畴。如日常交际中点头表示同意、摇头表示不同意，竖起大拇指表达赞美、敬佩、认同等意思，还有用手指的不同动作表示数字，以及在与人交流说话时有意识无意识作出的一些习惯性的动作等都是体态语，也都属于语言。

既然语言的内涵如此丰富，作为语言一个部分的教师语言，自然也就包含着广泛的内容，根据以上对语言这一概念的界定和明确，我们可以认为，教师在实施教育教学的过程中，所使用的口头语、书面语、体态语等都可以称作教师语言。这里有一个概念适用的范围必须注意，那就是教师语言并不是说教师的所有语言，工作中的、生活中的、学校中的、家庭中的，不论什么情况、什么场合、针对什么对象、为达到什么目的使用的都是教师语言。我们所定义的、所讨论的和所研究的教师语言，必须是教师在从事和进行教育教学工作中所使用的语言，所针对的对象是学生、家长、同事等与教育教学工作有关的特定人员或群体，所使用的语言尽管有着种种不同之处，但最终目的都是一样即完成教育工作，都是出于提高教学质量，促进学生发展。在理清这一点的前提下，我们才可以进一步探索教师语言的具体定义和内涵，并对其作出更细致的归类和划分。对于教师语言这一概念的确切定义，学术界虽然没有完全达成统一，但结合目前学术界基本的共识和自身的理解，教师语言是在教育教学实践过程中，为实现教育目的而逐步形成的,应符合教育教学需要。

二、教师语言的分类

明确了教师语言的内涵和定义,我们就可以对教师语言类型作进一步的划分,以便指导教育实践。教师语言按照不同的标准可以进行多种分类。如,按照思维过程的呈现方式可分为内部语言和外部语言;按照信号接收和呈现的形式可分为口头语言、书面语言和体态语言;按照表述方式可分为叙述性语言、说明性语言、讨论性语言、抒情性语言等。还可按照语言环境和语言运用的目的,把教师语言分为教学语言、教育语言和交际语言。众多分类的方式,各有侧重,都有其合理之处,但也不免各有其局限性。按照思维过程的呈现,分为内部语言和外部语言,难以涵盖体态语。作为教师在教育教学中产生并使用的肢体语言,有些是在思维和意识的控制之下出于特定目的而作出的,有些却是教师出于习惯或者由于特定环境和教学的需要,出于本能或无意识而作出的,这些严格说来并不是思维过程外显的动作,也不能说是思维和意识的反映,但这些肢体动作又实实在在的属于教师语言中的体态语。可见,仅仅按照思维过程来区分并不严密。同样,"按照表述方式和语言环境与语言运用的目的,同样难以将体态语包含在内,可见这两种分类方式同样有瑕疵。而按照信号接收和呈现的形式,可分为口头语言、书面语言和体态语言这种区分的方式虽然比较全面,但又相对比较笼统、粗糙,不够细致具体"[①]。对于语言运用的环境和目的缺乏足够的考虑,也不利于进一步区分教师语言艺术的类型。综合考量以上分类方式的优缺点,我们从语用环境和形式两方面着眼,把教师语言划分为教学语言、教育语言、交际语言和体态语言四种类型。

三、教师语言艺术类型

前面我们已经明确了教师语言的内涵,也对其类型进行了划分,这就为语言艺术的分类打好了基础,对优秀教师在运用语言时所表现出的艺术化的高超能力和特殊魅力进行细致的分类研究,无疑有着重大意义。

①刘显国.语言艺术[M].北京:中国林业出版社,2001.

对于这种特殊的艺术进行划分，当然也会有不同的方法和结论，从艺术表现形式、艺术表现对象等不同的角度入手，进行的区分必然会得出不同结果。由于这种艺术是教师在教育教学中所表现出的语言艺术，可见，这种艺术形式应以教师的语言为载体、为依托，与教师语言密切相关，由教师语言的运用所决定和制约。所以，我们可直接根据教师语言的类型，将其所表现出的艺术进行划分，进而得出教师语言艺术的类型有四大类：教学语言艺术、教育语言艺术、交际语言艺术和体态语言艺术。

（一）教学语言艺术

教学语言艺术因其运用于与教师职业最密切相关的教学工作中，所以其重要性自然不言而喻。

1. 教学语言艺术内涵

要准确阐述教学语言艺术内涵，我们首先必须明确教学语言这一概念。这里讲的教学语言，特指用于对学生进行专业知识教学的教师语言，一般是在课堂上用。教学语言，并不是泛指教育教学中教师运用的所有语言，而是特指其中为完成所要传授的专业知识、专业技能技巧，所进行的讲解、阐释以及与之相关的引导、启发等。而其他教师语言即使是在教育教学过程中所运用的，即使其目的在于完成教学任务，只要不是专业知识教学用语，就不能称之为教学语言，如在课堂中为更好地完成教学而对学生进行管理或者纪律约束所运用的语言，虽然属于教师语言，但并不能作为教学语言。教学语言艺术，也就只能特指在教学过程中进行专业知识教学时使用的语言艺术。

教学语言按照其在教学过程中的不同作用和不同方式，又可分为导语、讲授语、提问语、板书和结语等几种。导语即某篇课文或某章节内容正式讲授之前教师所讲的导入语。导入语或把新旧知识有机地联系起来，或介绍有关的背景材料，或摘要本课所讲的内容，或渲染一种气氛，或引发一种情绪，总之，设计好导语能调动学生学习的积极性以帮助其对新知识的理解。讲授语，也叫阐释语，是教学语言中运用最为普遍和广泛的。它主要是对所讲知识的解释、分析和阐发，以简明、准确、条理清晰为要，以便学生能够更好地理解、接受所学知识。提问语也是教学中比较常用的,它对于引导启发学生起着至关重要的作用。好的提问语可以唤醒学生思维,调动学生思考,使学生的学习变得积极主动,并容易把问题引向纵深。而板书是有别于其他教学语言的书面语,可以简洁概括地将知识教学中的重点以及整个教学流程直观地呈现给学生,并很好地引导学生思路,帮助学生把握知识教学的主线。而结语是课文或章节讲完后的结束语或总结性的话,好的结语不仅可以及时有效地对知识教学的主要内容加以概括总结,帮助学生进行简单及时的梳理和回顾,还可以发人深省并给学生留下深刻的印象。这四种教学语言对于整个教学工作都是至关重要的,运用好这几种教学语言使之达到艺术化的境界也就实现了教学语言艺术,因此教学语言艺术也就是指导语艺术、讲授语艺术、提问艺术、板书艺术和结语艺术。

2. 教学语言艺术重要性

在我们的教育教学工作中,传授科学文化知识是最重要的任务,在学校教育中,特别是在课堂教学中,专业知识的讲授和学习也一直是主要的内容。因此,运用于、服务于专业知识传授的教学语言就自然而然成为教师语言中最重要的和最主要的类型,这是由知识教学在整个教育教学中的地位直接决定的。因此,教学语言的地位是教育语言、交际语言和体态语所无法取代的。高水准地运用教学语言达到艺术化的境界,对于教师、对于教学工作的重要性也是教育语言艺术、交际语言艺术和体态语艺术不能相提并论的。

(1)教学语言艺术是教师顺利进行课堂教学的主要手段和工具。课堂教学是一种师生共同参与的互动语言实践。在教学过程中,无论是教师的讲解、提问、概括、纠错,还是学生的听讲、回答、讨论、复述等,都是通过语言进行的。课堂“互动论者”的有关研究结果表明,在传统的课堂教学(相对于现代化多媒体教学而言)中,平均约有70%的时间是教师利用语言进行教学的。虽然在一些较为“进步”或“灵活”的课堂教学中,学生活动自由度相对较大,师生讲话的时间比例、谈话的结构等有所不同,但语言活动仍然是绝大多数这类课堂教学的组成部分。教师内在的意向和潜在的知识必须通过语言才能呈现给学生,而学生只有明晰教师的语言,才能理解和领悟教师讲授的内容并使自己得到提升。试想,如果一位教师学识渊博,但语言表达能力很差,教学效果又能如何呢？所以说,课堂教学语言艺术是教师从事课堂教学应具备的基本修养,是课堂教学取得圆满成功的重要保证。

(2)教学语言艺术能提高教学质量与效率。课堂教学无论是传播知识、开发智力、培养创造能力还是陶冶学生的品德,主要都是通过师生双方语言的表达和交流来实现的。所罗门和希勒等人1971年的有关研究表明:学生的知识学习同教师语言表达的清晰度显著相关。教师讲解得含糊不清则与学生学习成绩呈负相关。斯波尔丁的研究报告认为,教师课堂教学语言艺术的内在逻辑性,即所表达的内容的系统性、条理性可增强语言的说服力和论证性,与学生的学习成绩显然呈正相关。纽纳等人的研究结果证明,课堂教学语言艺术的新颖程度可有效地提高语言的动听度,唤起学生的注意。我国著名美学家朱光潜认为,教师课堂教学语言的动听程度,决定了教师语言感染力的大小和学生的语言接受程度,它与教师的课堂教学效果明显地呈正相关。我们自己多年的教学实践也表明,教师课堂教学语言表达准确、清晰、生动、有趣、简约、逻辑性强,学生就会乐听、爱听,就能有效地激发学生强烈的学习兴趣,集中学生的注意力,有利于学生智力的开发、创新能力的培养和对知识的理解与掌握;艺术化的课堂教学语言是开启学生智慧之门的钥匙。课堂是学生进行积极思维的重要场所,是学生展开适度紧张的智力活动的园地。而这种积极的智力活动是以教师的课堂教学语言艺术为基础的。正是依靠教学语言,教师步步设疑,循循善诱,疏通渠道,排除障碍,利用学生的心理冲突,唤起学生积极思考,使学生的智力不断提高。不言而喻,教师的教学语言艺术对教学效果和质量的影响是直接的、深刻的、不可忽视的。

(二)教育语言艺术

教育语言艺术的良好运用往往会在对学生的思想品德、情感态度、价值观的教育中起到不可替代的作用。

1. 教育语言艺术的内涵

教育语言艺术是指教师在教育教学过程中,为对学生进行必要的思想道德和行为习惯的教育,提高学生思想觉悟和道德水平,帮助他们养成良好生活、学习习惯，保证教学工作顺利进行而展现出来的一种语言艺术。这里所说的教育不同于通常所讲的教育，它并不是指所有的教育教学行为，而是特指思想道德、行为规范方面的教育行为。因此，这里所讲的教育语言艺术也就不能理解为教师在所有的教育工作和教育行为中所表现出的语言艺术，只有对学生和受教育者进行思想道德、情感态度、行为规范方面的教育时所运用的语言才能够被称为教育语言，也只有在这种教育行为中教师所展现出的语言艺术才能够称之为教育语言艺术。

教育语言和前面所讲的教学语言不同，教学语言几乎都运用在课堂上，而教育语言不仅广泛运用于课堂上，如对学生进行的纪律、行为规范的约束，以及由课堂中知识教学内容所延伸和附带而进行的思想教育，同时还有不少是在课堂之外使用的，如各种班级活动和各种校级集体活动包括主题班会，各种主题的比赛，劳动卫生实践活动，少先队、共青团、学生会等组织的集体活动，在这些活动中思想道德、行为规范的教育往往是主题，教师语言中也往往以教育语言为主，因此，教师的教育语言艺术在课堂内外的运用都是很广泛的。这种运用广泛的教育语言概括地讲可以分为说服、疏导、鼓动、表扬和批评等。说服侧重摆事实、讲道理的正面教育，内容一般较为完整和丰富。疏导则侧重对疑难问题的解答，特别是当学生在对某一事件、问题想不通时，教师一番话要使学生情通理顺，心悦诚服。说服和疏导是既有区别又有联系的。鼓动，一般是指教师为了让学生积极参加某项活动或者认同并采取某种行为方式而进行的动员性演说。这种语言往往感情激越，词语优美，激励性强。表扬语和批评语也是教师常用的语言，分别表达出肯定和否定的态度，从而对学生的思想和行为习惯产生导向作用。由对教育语言内涵的阐述，我们可以自然而然地明确教育语言艺术包含说服语言艺术、疏导语言艺术、鼓动语言艺术、表扬语言艺术和批评语言艺术。

2. 教育语言艺术重要性

教育语言艺术的重要性很大程度上是由思想道德和行为规范教育工作的重要性所决定的，运用好教育语言艺术的意义体现在多个方面，且其对整个教育工作特别是对学生影响的深刻程度是其他类型教师语言艺术所不能及的。

(1)教育语言艺术有助于学生的思想道德与行为规范教育效果的最优化。

学生接受学校教育的主要任务是学习各项科学文化知识,进行知识教学是教师的主要任务,但对学生思想以及行为规范的教育也一直是一项至关重要的任务。在当下社会不良道德风气有所上升、全社会道德标准和道德底线有所下滑的背景下,对于下一代、对于各级学生的相关教育就显得更加紧迫和不可或缺。这一问题也越来越受到各级教育主管部门和一线教师们的重视,新的课程改革和课程标准所倡导的教学目标确定的三个维度之一——情感态度与价值观更多的就是强调对学生思想状况的关注,从被确立为教学目标维度之一也可以看出这一问题的重要性。同时,对学生这一方面的教育要想取得预期的效果并非易事,改造学生的思想观念和长期以来形成的行为习惯是一项非常艰巨的任务。目前,我们所面对的学生大都是独生子女,他们中相当一部分人或者由于生活在过于溺爱的家庭环境中,或者由于缺乏与同龄人更多的接触和交往,在学校生活中,在与同学和老师的相处中,表现出一些比较明显的性格和行为习惯的缺陷,比如过于强调个性,以自我为中心,倔强、固执,不善于容忍、体谅他人等,这些都给我们的教育教学工作带来了挑战。再加上家庭和社会中一些不利因素的影响,使得学校教育的效果又打了折扣。因此,要想实现学校教育对学生的思想道德与行为规范教育效果的最优化,我们就必须注意方式方法,必须讲究策略。而教育语言艺术的应用无疑是一种值得借鉴的方法。

不管是说服、疏导、鼓动,还是表扬和批评,所有这一切都需要语言作媒介,教育语言达到艺术化有助于沟通教育客体的感情,情感成分又是态度改变的主要影响因素,而思想感情有很强的情景性、激动性和暂时性,表现在教育活动中,可利用各种手段与元素使客体产生一种优美的情调或制造一个肯定的情绪气氛,达到使客体改变态度的目的。语言艺术就是一种很好的手段和影响因素,教育语言艺术能够以其真诚性、形象性、生动性、灵活性、创新性和高情感附加值性以及风趣幽默等艺术特质以情感人,使客体在情感上引起共鸣,得到感情上的一种满足和慰藉,从而产生良好的情感体验,进而产生肯定的态度。同时,教育主体要善于根据人的原有需要，输出适当的、艺术的刺激信息，诱发出客体高尚的动机，使其按照主体提出的预定目标产生相应的行为，以求达到对整个教育系统运转的最佳控制。只有运用教育语言艺术，才能够以其畅通信息传播、调谐人际关系、影响客体态度的功效来达成激发产生预期行为的结果。可见，只有教师在对学生的思想道德和行为规范的教育中合理运用教育语言艺术，才能够"随风潜入夜"，才能够更容易得到学生发自内心的认同，最终实现教育目的，达到"润物细无声"的效果。

(2)教育语言艺术的运用有助于保障知识教学的顺利进行。

广大一线教师对于教育语言艺术的运用，不论是课内还是课外，都与知识教学有着密切关联。课堂教学之外的教育语言运用大多是对学生进行思想教育，目的主要在于帮助学生形成正确的思想道德观念，具备基本的道德认知和道德情意，培养良好的行为规范。但同时对学生进行这些方面的教育时，往往会有意无意地把着眼点回归到知识教学上。如在对学生进行爱国主义思想的教育时，不少教师教育学生要从自己做起，以实际行动表达爱国之情，又往往会进一步引导学生明确一点，即做好自己的事情，认真学习，就是最大的爱国，就是对于国家的贡献，也经常有教师会教育学生刻苦学习，以后才能更好地报效祖国等。再比如教育学生要团结同学，处理好同学关系，相互关心、相互帮助，往往又会要求学生在学习上能够做到共同进步。可见，即使是在课堂教学之外运用教育语言，也会对知识教学产生很大的影响，而教育语言艺术在课堂教学中的运用就与知识教学更加密不可分。课堂教学中无论是鼓动语言艺术，还是运用更加广泛的表扬和批评的语言艺术，都是为了能够更好地进行知识教学，能够维持课堂教学良好的秩序，形成更有利于教学工作进行的氛围。如教师对学生在课堂中表现出的不良的、影响正常学习的行为习惯进行批评和纠正，并运用高超的语言艺术帮助学生塑造行为，养成良好的学习习惯，以利于在课堂中始终保持较好的学习状态。这样做的最终目的既是为了让课堂知识教学能够顺利进行并取得较好的效果，也是为了每个学生都能够更好地完成知识学习任务。由此可见，教育语言艺术的运用不论是在课内还是在课外，都与知识教学密不可分。学生接受学校教育的主要任务是学习各方面的知识，教师的主要任务也是进行知识教学完成教学任务，这就决定了教师的教育语言艺术运用很大程度上也是服务于知识教学工作的，从教学实际和教育语言艺术运用的实践来看，也毋庸置疑地起到了保障知识教学更加顺利进行的作用和效果。

(三)交际语言艺术

交际语言艺术的运用可以最大限度地与直接的教育教学活动相配合，使教师的教育活动外延得到有效拓展。

1. 交际语言艺术内涵

教师的交际语言是指教师在直接的教学、教育活动以外的场合中使用的与教师职业有关的语言。它与前面所提到的专门的知识教学和思想道德等的教育不同，但是又与教育教学工作密切相关，它虽然是在直接的教学、教育以外的场合使用，但又不是教师个人生活中的私人语言和其他方面的生活用语，它的使用必须服务于教育教学，必须与教师职业要求相关。教师交际语言所面对的对象，可以是学生，也可以是家长、同事、领导以及社会上的其他人。从具体运用的场合和目的来进行划分，教师交际语言，可以分为家庭访问、工作交谈、座谈发言、专题对话、演讲等几类。家庭访问，也就是家访，是一种非常常见，被广大一线教师广泛使用的工作方式，它是增进教师对于学生以及学生家庭情况了解的最直接有效的方式，也是教师和学生家长交流接触的最便捷途径之一。这种方式可以使学校教育和家庭教育的联系和沟通得到加强，有利于教育影响的一致性。工作交谈、座谈发言和专题对话这几种教师交际形式也是非常普遍的，同事之间、同行之间以及与领导之间工作交谈是一种非常简单便捷的方式，受各方面条件的限制较少，具有很强的可操作性，如教师之间可随时在办公地点就工作中的某一问题交换看法、交流心得体会、相互学习方法和经验。座谈发言和专题对话可以在同校教师之间进行，也可以在多个不同地区、不同学校教师和相关专家学者之间进行，通过这种活动，可以最大限度地集思广益，交流新思想，了解新动态，对于教育教学工作有着极大的推动作用。而这里所指的演讲并非一般意义上的演讲，而是和教育教学活动密切相关的，服务于教师职业需要的演讲，属于教育活动的内容或者服务于教育内容。以上几种类型的教师交际语言都在广大教师的日常生活和工作中,有着广泛的运用。而在运用过程中表现出来的家庭访问语言艺术、工作交谈语言艺术和座谈发言语言艺术等就是我们所讲的教师交际语言艺术。

2. 交际语言艺术的地位和作用

人的社会属性决定了生活在社会中的每个人都必然会和其他社会成员有着密切的联系和交往,这也就决定了交际活动产生的交际语言是作为社会成员一分子的教师群体日常生活中不可或缺的一部分,只要教师从事教育教学工作,就必然会与其他同事和同行接触,教师交际活动就必然存在。而为了这种交际活动进行得更加顺利,更有效果,就必须适当地运用一些语言艺术。可见,交际语言艺术是教师语言艺术中必不可少的一部分。运用好交际语言艺术对于教师自己和教师所从事的工作都有着重要的意义。一方面,作为教师,对于自身所从事职业的一些相关问题必然会有很多的心得体会,也有很多的疑惑和不解,但是对学生的教育是一个非常复杂的系统工程,其中的教育问题不仅关系着每个学生的前途和命运,甚至关系到国家和整个社会,因此,教师肩负着重大的职责,不能有丝毫的松懈。由于责任重、事务繁杂,工作又具有长期性,很多教师对于本职工作产生了职业倦怠,由于教育教学事务而积压的负面情绪和消极心理也随之产生,几乎每位教师都有着通过关于教育问题而进行的交际活动抒发内心感受、宣泄各种情绪和情感态度的心理需要。另一方面,对于学习,我们经常倡导学生之间相互学习、相互帮助,以促进共同进步,“独学而无友,则孤陋而寡闻”。学生的学习如此,教师的工作也正是如此,教师在工作中不断总结改进方法,不断揣摩研究教学方法,其实也是一个不断学习的过程,只有不断地与其他教师和教育工作者进行交流和沟通,才能够更好地把本职工作做好。近些年,我国教育界组织的各种类型的交流合作的项目以及交流沟通的会议等数不胜数,其目的也正是为了促进各个地区、各个学校的广大教育工作者相互学习和帮助。以期将整个教育事业推向更高水平。从以上两点可以看出,无论是出于教师个人需要,还是出于教育工作的要求,对于广大教师来讲,同事或者同行之间的沟通和交流,都是必需的,各种形式的交际活动正是满足上述要求的很好的途径和方式。而在这种交际活动中运用一定的语言艺术,无疑将能够更好地促进交际活动的开展,更明确而清晰地传达每位参与者的观点和看法,还能够使每位教师的想法和意愿以一种更加容易为其他人所接受的方式被传达,从而收到更好的反馈效果,而这些最终又必然对教育教学工作产生重要的影响。可见,交际语言艺术的重要性是十分突出的。

(四)体态语言艺术

在教师语言中,体态语属于相对比较特殊的一种类型,在教师的教育教学行为中,体态语不仅大量被运用,而且也一直起着重要的作用,因此,对体态语言艺术的研究应必不可少。

1. 教师体态语言艺术内涵

教师体态语言是指在教学过程中,教师为了很好地提高教学效率而运用面部表情、身体姿势、肢体动作和身体不同的位置变化来表情达意的、非言语性的一种特定的姿态。在教学过程中,任何一个老师都在自觉或是不自觉地使用体态语言,它是人的情绪情感、心理状态的外在反映。心理学家布鲁克斯说过,教师对本学科的酷爱所表现出来的富于感染力的激情在很大程度上也要通过体态语言显示出来,专心致志、津津乐道的教师的体态总是向前倾,面部表情身材飞扬,语气热烈而富有激情。人类学专家伯德惠斯特尔说过,任何一种身体姿势和动作,不论其在身体上还是与身体有关,都没有一个准确的意义。体态语言和口头语言是互为依存的。光用口语不足以向我们传达出其人所说的话的全部意义,光用体态语言也不会向我们传达出全部意义。在教学过程中,要达到较好的教学效果,更准确地完成教学目标,教师体态语言始终是伴随着整个课堂的,始终为教学内容的表达起着辅助作用。缺乏了这种辅助手段,仅凭一支粉笔、一块黑板、一张嘴,语文课堂就会变得像一潭没有波涛和浪花的死水一样平静和沉闷,这样的课堂气氛很难调动学生的学习积极性,更不能开发学生的智力,很难达到预期的教学效果。教师体态语言艺术,即教师在教学活动中,在运用面部表情、身体姿势、肢体动作和身体不同的位置变化来表情达意、传递信息的过程中,表现出的一种高度熟练、具有较高技巧性、观赏性，接近艺术化的能力和状态。

2. 体态语言艺术的功能

体态语言艺术之所以一直被广大一线教师普遍使用，是因为其对于教学工作实实在在地起到了很大的促进作用，这种作用简单而言有以下几种：

(1)体态语言艺术能辅助传递信息。体态语是补偿言语交际中的不足所不可缺少的行为，是言语活动中具有特殊功能的组成部分，是表情达意的手段，是对有声语言的一种有效的补充说明。常规的教学是教师和学生输出信息与信息反馈的一个动态的过程。体态语言传递的信息是充满感情的，而感情则是维系师生之间和谐关系的纽带。值得注意的是体态语言不能脱离有声语言，它的主要功能是协助有声语言，一起完成传递知识、交流感情、深化意识、开发学生的智力、提升学生心灵境界的任务。在教学中，有时由于主客观因素的影响，教师要表达丰富的思想感情，却往往难以用有声语言充分、确切、完满地表达出来，有时“言不尽意”，使情感信息表达不充分；有时“词不达意”，使学生对知识信息的理解不完整。在这种情况下，教师的有声语言伴随着适当的体态语言，以姿势帮助说话、以眼神传递感情，用身体的动作、面部的表情来弥补言语表达的不足，使学生与老师产生情感上的共鸣，这样使教学内容更加生动、形象、可感，把教学由静向动转移，引起学生产生丰富的想象，克服了由单纯口授造成的课堂沉闷、单调的难题，从而使课堂气氛更加活跃，教学效果更加明显。

(2)体态语言艺术能够对学生产生暗示作用。人在孩提时期就有了接受暗示的能力。在课堂教学中，教师和学生的目光不时地发生碰撞，传递着极为丰富的教学信息，是教学信息交流的重要途径，师生之间丰富的内心感情都是用眼睛巧妙地传递和表达的，通过眼神可以缩短师生之间的心理距离。当需要对学生进行表扬和鼓励时，一束赞许目光，一个鼓励的手势，一种和蔼可亲的面部表情，一个轻拍肩膀、轻抚头部的动作，一个满意的微笑，会产生一种意想不到的激励作用，会让学生的学习激情迸发，体会到老师对他的关爱和关注。而当需要对学生进行必要的约束和批评时，体态语言艺术的运用同样会有很好的效果。尤其是针对青少年学生，这个年龄段的学生自制力和心理承受能力都很差，对学生的错误行为进行暗示要比有声语言有效得多。对于思想上开小差的学生，老师只要每隔一段时间走近他，目光和学生对视的时间长一些，在学生的心理上就会产生一种较强的暗示作用，使其认识到老师是在阻止他思想开小差，从而专心致志的学习，这种方法远比吼叫式的批评斥责有效得多。因为，如果老师对这类学生当众提出严厉的言语批评，这不仅会伤害学生的自信心和自尊心，时间长了，会使学生产生一种逆反心理，即使他知道自己是错误的，但也有可能由此产生抵触情绪。体态语言艺术的暗示性不仅保护了学生的自尊心，避免了直接的言语批评给学生带来的难堪，而且能够使学生形成自我控制、自我约束的能力，也就对维持课堂教学秩序产生了很好的功效。

第二节　优秀教师语言艺术的风格

考察所有的优秀教师，我们不难发现，他们的语言艺术都有着一些共性，如规范科学、审美启智、启发育情、生动幽默等，但如果进行更进一步的深入研究，就会发现不同教师的语言艺术又有着各自不同的风格。这里我们根据语言艺术的表现形式将其风格分为四类并一一进行介绍。

一、轻快幽默型

在教师语言艺术的所有风格中，轻快幽默型差不多是最受学生欢迎的一种类型，因此对这种类型的研究就具有很大的应用价值和现实意义。

（一）轻快幽默型语言艺术的表现及特征

轻快幽默型语言艺术，是指教师在教育教学工作中，在运用语言的过程中，能够通过高超的语言运用技巧，寓教于乐，以自己生动幽默、富于愉悦性的语言，营造出一种轻松和谐的氛围，使学生能够在一种放松的、快乐的情绪和状态下进行学习。这种风格的语言艺术最显著的特征就是语言幽默、富于喜感，给人带来一种轻松快乐的体验。我们可以先来看一段这种类型的英语课程教学实录：

怎么去背单词？我们来讨论一下这个问题。很多老师跟我讲过很多背单词的方法，对吧？比如说俞敏洪老师，这是新东方的创始人，俞敏洪老师会告诉我们很多背单词的方法，比如说“abacus”，“爱拨分子”是算盘，对吧？你们背过没有？“abscond”，“俺不死扛”是“潜逃”，对吧？这是俞老师说的，“adamant”，“亚当蚂蚁”比喻世界上坚硬的人或事物，这是第一种背单词的方法。第二种方法是，拿到一个单词说，哇，你看看，这个单词是伟大的古希腊神话。对吧？来，我跟大家说一下，从前有一个男的他每天站在那里洗澡，当他洗澡的时候天天看到水里还有一个男的，由于古代人比较土，没有镜子没有自拍，对不对啊，他就奇怪地说这个傻叉是谁啊？于是过了几天他就爱上了这个男人，对吧，虽然他自己也是个男人。然后完了以后呢，他就一天到晚站在那里，最后变成了一株水仙花。对吧，所以就是这个单词的含义，于是同学们都把这个记下来了，可是悲剧的是，你想想你记住一些什么啊？不，我们比较坦白的来讨论这个问题，你不接受无所谓，但是我们是出于学术的讨论啊，出于学术的讨论。当然还有一种背单词的方法，就是第三种背单词的方法，就是对面四级班上很流行的。来，我们来看一个单词，这个词很强很强的呀。告诉你，从前有一个词，这个词叫做“loom”啊，是一个四级陪考词，四级书上有，但从来没有考过，对吧，也就是说这个词不需要知道。“loom”这个词好“san”的（武汉方言：厉害），“loom”这个词就是100米啊，你看到没有，它织了100米的布啊，所以它是织布机啊。我们当时在，那个什么外地做讲座的时候，当地有一个老师就是这样讲的，跟我一起讲新托福的，对吧，其实东方是这样一个矛盾体啊，但是它现在对于我的生命就像加菲猫一样：“love me, feed me, but never leave me。”那个老师他抛出一个背单词的理论，就说这个“1oom”是100米，下面的学生，四级的学生，欢欣鼓舞，然后我们想象一下托福的学生对这欢欣鼓舞，你们会不会对这个欢欣鼓舞啊？如果你对这个欢欣鼓舞我建议你忍耐一下，不然我鄙视你。因为当时我就想起另外一个词叫做200米，“zoom”，大型织布机，6 100米，“bloom”，银河型巨型织布机，大家觉得这有意义吗？[①]

这是武汉新东方一位英语教师的一节词汇课，从教学实录中我们不难看出，这是一位有着高超语言技巧的教师，其风格正是轻快幽默型，从这段实录中我们可以对这种风格的语言艺术有一个很直观的感受和了解。

（二）轻快幽默型风格的效用及运用条件

轻快幽默型风格是教师语言艺术风格中最受学生欢迎的，那么这种风格除了能够博得学生的喜爱之外，对于教学工作而言究竟有什么价值和意义呢，这种风格的运用又应该注意哪些问题，这都需要我们作进一步的探讨。

1. 轻快幽默型风格的效用

（1）有利于改善师生关系。“严师出高徒”是传统师生关系的反映，在传统的中国文化中，教师的形象是严肃和不苟言笑的，虽然这种形象能使学生在学习中保持警醒的心态，却也能使学生在心理上对教师产生畏惧的情绪。轻快幽默型的教师在课堂上通过语言艺术的使用改善了师生关系，使得他们跟学生的关系比传统意义上的师生关系更亲密，这也是他们受到学生喜爱的重要原因之一。在这样的师生关系中，教师不会产生高高在上的想法，教师平等对待学生的思想得到普遍的认同，这对于构建新型民主、平等、和谐的师生关系有着重大意义。

（2）能够保持课堂注意力，创设活跃的课堂气氛。在教学中使用幽默语言，在最短期的效益层面上，就是尽可能地使学生的注意力集中于教师及其教学内容上。心理学研究表明，一个人注意力的时间是有限的，不同年龄层次的学习者的注意时间不一样;即使是同一年龄层次的学习者，根据个人生理和心理环境的差异也表现出能使意志集中的时间不一样。怎样吸引学生注意是教师的一项重要技能。心理学同样表明，有意注意和

① 潘薇.新东方英语教师教学语言特点研究[D].武汉：华中师范大学，2010.

无意注意需要交替进行。有些课程的时间长度远远超出了一个成年人能不间断保持有意注意的时间,因此需要在课堂上利用幽默进行有意注意和无意注意的转换。长时间的学习会导致人的疲劳,活跃轻松的心理环境却能够缓解这种生理疲劳。在教师讲笑话的时候,一直将注意力集中在课堂的同学能够得到一定的休息和放松,已经走神的同学的注意力也能被吸引,幽默语言艺术的作用是双方面的。

(3)能够激发学习兴趣和学习动机,提高教学质量。每个人的学习动机都是不相同的,有的人可能是纯粹地出于对学习的兴趣,但有的人却是出于一些现实的和短期的目的,例如,提高考试分数或者听从父母的指令。短期的目的虽然可以指导学习行为,却不能保持长期的良好学习心理环境,只有激发学习兴趣才是可行的。教师的幽默语言能够有效地激发学生的学习兴趣,在课堂上迸发的一次又一次的笑声会使学生留下美好的印象,在这种课堂环境的熏陶下会使一部分原来毫无兴趣的学生激发其学习兴趣和思维能力,间接地帮助教师提高课堂教学质量。

2. 轻快幽默型风格运用的条件

轻快幽默型风格的运用确实能够收到很好的效果,但它也并不是放之四海而皆准的万能教学风格。这种风格的运用必须满足一些基本的条件。首先,这一类教学风格强调教师的教学语言应该幽默诙谐,富有趣味,令人顿生亲近之感。这涉及教师的性格、人格特质问题,它往往要求教师具有热爱生活的乐观主义精神和机智风趣的性格特征。一个天性活泼、具有幽默感的教师可以不经过刻意的训练就能够很自然地表现出轻快幽默型的语言风格。而一个性格比较内向、抑郁、多愁善感的教师则很难适应这种风格。其次,我们还要考虑教学内容和所面临的教育情境的因素。所谓教无定法,其中一个重要的原因就是教师必须针对不同的教学内容采取与之相适应的不同教学方法,也必须针对不同的教学内容选择与之相协调的教学语言艺术风格。如果所学习的内容是涉及一些比较轻松的题材的,教师可以运用这种风格营造出一种快乐的氛围,但如果所学内容是比较沉重的,如语文、政治、历史中涉及侵略战争、杀戮等假恶丑的东西时,教师如果用一种很轻松看似调侃的方式进行教学,就是极为不妥的。另外,幽默技巧的运用要把握准其度,运用幽默技巧要精用勿滥。“在授课过程中运用幽默技巧一定要做到适度,且不可抛开所讲内容,使整堂课均沉溺于幽默之中,这样既达不到授课的效果,又在一定程度上影响了教师的形象。”①教师只有在准确领会认真备课的基础上,结合所讲的内容,视课堂具体情况,有针对性地运用幽默技巧,才能使其在整堂课中发挥画龙点睛之功效。

二、凝重低沉型

凝重低沉型语言艺术的运用在教育教学中也是必不可少的,虽然相对于轻快幽默型风格,它或许不受学生欢迎,但这种风格被广泛运用于各种教育场合却是教学实际的要求。

(一)凝重低沉型风格表现及特征

为对这种风格有一个比较直观的理解,我们可以先看一个教学片断:

师:四处寻找却未能如愿,你觉得诗歌哪里在集中表达对总理的想念哀悼之情?

生:第8节将这样的思念之情表达得最为深沉而强烈。

师:好,下面让我们跟着作者一起去抒发对总理的思念和哀悼之情。

师:听老师读一遍看谁读得更好一点,请大家做比较。“总理呵,我们的好总理,……在一起……”

生:老师读的更好一点。

师:能说说你感受吗?

生:几个“在这里”似乎让我们感觉到诗人不愿总理离去,但又不得不面对现实的沉痛心情。

生:老师读得抑扬顿挫,心情沉痛。

生:我觉得李辉同学读得也已经很不错了,如果再稍慢一点就好了,因为我们在悼念我们的亲人时是悲痛欲绝的。

①郭友,杨善禄,白蓝.教师教学技能[M].北京:首都师范大学出版社,1993.

师：是的，老师读的时候就是这样的心情。

生：第9节似乎更侧重于对总理的颂扬。

师：让我们一起读一下。

生(齐)：你永远居住在太阳升起的地方……

师：为什么说居住在太阳升的地方呢？为什么说居住在人民心里？请大家看图，或许你会有所感悟。

生：作者是在歌颂总理将于日月同辉，与天地共存，流芳百世，永垂不朽！

生：说总理活在人民心里，是说总理虽死犹生，人民将永远缅怀敬爱的周总理！

师：假如总理在天有灵，让我们面对上天为总理上一炷香吧，以表达我们的哀思，此时你想对总理说些什么呢？

生：我想说，总理啊，假如生命可以再来，那么我愿意把我生命的一部分给你！

师：你真的让大家很感动！

生：我要告诉总理，虽然你在世的时候一无所有，但正是你的无私给我们以无限的幸福……①

以上是一位教师在讲授《周总理，你在哪里》这篇课文时的课堂实录，这堂课中教师语言的风格就是典型的凝重低沉型。这种风格的运用往往会营造出一种悲凉、压抑的氛围，带给学生一种怅惘愁苦的情绪体验，这种效果看似"消极"，但却能够满足特定教育教学情境下的需要。

(二)凝重低沉型风格运用要求

凝重低沉型的风格，也许是教师语言艺术风格中一种相对而言让学生不愿接受，教师也并不是很愿意选择的类型，毕竟这种风格的使用营造出的是一种比较深刻、比较低沉甚至是比较压抑的气氛，这种气氛下往往学生的情绪和内心感受也会受到很大感染，会带给学生一种悲凉、惆怅的

①《周总理，你在哪里》教学实录[EB/OL].(2011-03-19)[2013-08-19].http://www.5156edu.com/page/11-03-19/64272.html.

情感体验。如果学生在课堂上经常会有这种感受,不仅会带给他们不良的心绪,更容易造成学生对教师乃至教学内容的极大反感。学习是一件需要克服很多困难的事情,获得知识的过程也需要学生付出很多艰苦的努力,但这并不意味着学习应该是痛苦的、是沉重而压抑的,我们不应该让学生在课堂中感受到的是太多凝重低沉的东西,不应该让学生在课堂中获得知识总是伴随一些看似“不良”的情绪体验。因此,对于这种风格的选择,对于这种风格的运用,必须针对特定的教育教学内容的要求,只有当教育教学的内容是一些比较沉重的问题或话题,或者内容中涉及一些需要营造出一种比较低沉、凝重的氛围时,教师才适宜选择这种风格。如前文中的教学片断内容,显然必须也只能以一种凝重低沉的风格进行,这样才能够更好地带领学生体会文中寄托的哀思,也才能更好地让学生领悟课文内容及其所传达的思想感情。再比如,当进行历史教学时,如果教学内容涉及的是近代史中的一系列屈辱的侵略战争,涉及的是人民饱受苦难等一些民族沧桑、沉重的经历,如果教师用一些轻松的、舒缓的语言风格进行讲授,以一种很平静、很淡定的态度来面对,毫无疑问是不合适的,也必然引起学生的不满,在这种情况下,凝重低沉型语言风格无疑是最佳的选择。

三、高亢激动型

高亢激动型风格被认为是最能够调动学生情感体验的一种类型。在教育教学活动中,高亢激动型语言艺术不仅被教师广泛运用,也为学生普遍接受。

(一)高亢激动型风格的特征

师:同学们,前面我们用7节课时间,一起学习了从1931年九一八到1945年中共七大召开这14年的历史!(激情澎湃)这14年,是中华民族惨遭日本军国主义铁蹄践踏与蹂躏的14年,是备受欺凌与奴役的14年!是灾难深重的14年!是黑暗无助的14年!是痛苦屈辱的14年!是血与泪交织的14年!这14年,有多少家庭被迫流离失所,妻离子散,家破人亡!这14年,有多少善良的手无寸铁的中华儿女被摧残、受折磨、遭杀害，仅南京一地就有30余万人遇难！但痛苦总有尽头，苦难终将过去，黑暗定会结束，正义必将胜利！1945年8月15日，对于中华民族来说，这是一个特殊的值得纪念的日子，半个世纪的屈辱，50年的痛苦，人们终于盼来了这一天！大江南北、长城内外、祖国上下、世界各地，人们沸腾了！……刚才大家看到的录像里反映的是什么场面？

生：庆祝的场面！

师：他们在庆祝什么？是什么事情让他们如此高兴？

生：他们在庆祝抗日战争的胜利！

师：对！人们在庆祝抗日战争的伟大胜利，经过八年艰苦抗战，终于迎来抗日战争的胜利，这节课我们就来学习这方面内容……苏联对日宣战，9日凌晨，从北、东、西三面出兵中国东北，出其不意，攻其不备，给日本关东军以致命一击！我们看一下双方兵力及装备对比。当时日本关东军70万，而苏联出动红军170万；日军有160辆坦克，苏联则出动5 500余辆坦克；日本拥有飞机五六百架，苏军出动5 000余架飞机；日军配备火炮5 000多门，而苏军则有大炮2万6 000门，另外苏联还有500余艘战舰，海陆空协同作战，所以无论在军队人数，还是在装备上，苏军都居于明显优势，所以在三天时间里，苏军就把日本关东军打得落花流水，溃不成军！20天里，歼灭日本70万关东军中的67万！（学生发出唏嘘之声）日本作最后抵抗的幻想被击碎了！

以上是一位历史教师的教学实录片段，从这段实录的文字中我们可以看出，使用最多的标点符号是感叹号，这说明这位教师的语气和所表达的感情是很强烈的，情绪是很激动的。在他的带动下，所有的学生情绪也比较激动，内心的感情体验很深刻，整个课堂教学活动在一种比较亢奋的氛围下进行，这就是高亢激动型语言风格的典型表现和重要的特征。

(二)高亢激动型风格的效用及运用要求

高亢激动型风格感情充沛、热烈,教学内容组织富有艺术性效果,教学中常表现为情绪高昂、激情洋溢,特别善于用言语或非言语行为表达情感。运用这一类型教学语言对学生具有很强的感染力,学生能够从教师饱满的激情中受到一种强烈的情绪感染,能够不自觉地被教师所吸引、所打动。这种风格的运用使教师的内心情绪体验得到淋漓尽致地挥洒和释放,也使学生很容易感受到这种强烈的感情体验所传递的信息,它能够使学生更快地进入教学活动所需要的情境中,通过这种风格营造出一种高亢、充满激情和活力的课堂氛围,能够更好地将学生的注意力吸引并保持在课堂教学活动中,从而更加高效地感受和领悟教学内容,更加高效地完成教学任务。

前文中我们已经提到,高亢激动的风格对于吸引学生、保持学生注意力、调动学生情绪体验和内心感受具有很好的效果。这种风格也比较受学生的青睐,但这并不意味着,我们应该尽可能多地使用这种风格的教学语言艺术。高亢激动型风格的运用,也受到很多因素的限制和影响。教学内容本身的特点往往决定了这种风格的运用是否恰当,一些比较容易引起学生较强的情绪体验,能够给学生内心带来较大的波动,同时又需要教师以一种比较高亢激动的状态进行教学,以引起学生较强烈的情感共鸣的教学内容才适合采用这种风格。如前面的教学实录片断中,教师讲授抗战胜利及其历史意义时,这部分内容可以让学生内心产生不小的波动,也需要教师运用语言艺术使学生产生较强烈的情绪体验,才会有助于学生更好地感受到抗战胜利的来之不易以及其巨大的历史意义,也能够更好地激起学生的民族自信心和自豪感,对于类似这样的内容,选择高亢激动的的方式就比较容易取得更好的教学效果。

四、宁静舒缓型

在教学实际中,宁静舒缓型风格也是运用最多的一种,因为大多数教学内容都是在一种比较平静的课堂氛围中完成的。

(一)宁静舒缓型风格表现

有教师在谈到教学风格时曾经这样作过一个比喻:"幽默型是欢快的小溪,高亢型是奔腾的江河,舒缓型则是波澜不惊的湖水。"通过这个比喻,我们可以对舒缓型风格有一个浅显的理解,下面我们通过一段教学案例来进一步体会。

> 秋天伴随着片片飘零的黄叶来临,萧瑟的秋风、西坠的斜阳、兼有梧桐的细雨共同铺成一张凄楚迷离的画卷,忧伤而令人神往。我在每一个季节仰望秋天,我在每一个秋天沉醉怀想,我总情不自禁地把李清照与秋天连在一起,与愁绪连在一起,或许她本来就是愁绪的化身吧,她的生命因有了愁绪和残缺而有了令人心悸的美。今天,就让我们走进《一剪梅》,穿越历史的尘烟陪同这位杰出的婉约派女词人一起咀嚼她的愁情……深秋荷花塘,荷叶渐渐凋零,会不会引发美人迟暮的感觉呢?也有可能坐在船上,想到自己心上人与自己同游荷花塘的快乐与温馨,可现在呢?自己孤独一人!一个"独"字值得品味啊:以前她和丈夫月夜泛舟、借酒啸歌的情景,那种甜美,那种依赖,那种轻松的感觉会从她内心缓缓流过;眼前寒风过去,偶尔听到几声水鸟的扑棱声,夜晚显得如此沉寂、清冷,一种对夫君的思念之情油然而生,而且会越来越浓,心也随之越来越冷,于是,她安慰自己:还是默默走开,回家休息吧……尽管夜已经很深了,她还是难耐心头的寂寞,走下高楼,来到庭院打发无聊时光,"花自飘零水自流",这种细微的声音都能够听出来,夜晚多么的静,试想,一个人在如此深的夜晚不睡觉却出来散步,女子当中也只有很浪漫的李清照有这种闲情逸致。也许,在如此安宁的夜晚,她更能听到自己心灵的声音,好像也只有在这种宁静中听到夫君的声音。所以说"一种相思,两处闲愁"。

以上是一位语文教师在讲授李清照作品时所说的话。通过分析我们不难发现，在这位教师的语言里既没有那些欢快幽默带给人愉悦的情绪体验的成分，又没有什么让学生思绪万千、心潮澎湃的内容。这位教师的语言清新自然，不加雕饰，既没有华丽的辞藻，又没有深刻的思想，语速的把握也恰到好处，通过营造一种舒缓的氛围，给学生一种清新自然、不做作、没有丝毫刻意成分的感觉，这就是宁静舒缓风格的特征，总是能够在一种很自然而然的教育情境下，让学生在不经意间更好地进入学习状态，并感受到一种自然纯朴的美感。

(二)宁静舒缓型风格运用要求

宁静舒缓型风格的运用可以使学生感受到一种自然的美感，可以营造出一种宁静安详的氛围，让学生享受到一种“随风潜入夜”的教育方式。这种风格的运用能够取得的良好效用就不必赘言了，但这种风格的运用同样是有要求的。首先，这涉及的是教师的性格气质问题，气质的天赋性虽然在后天生活条件的影响下会出现某些变化，但具有相对稳定的性质。不同气质类型的人在从事同一工作时表现出不同的风格特点。从教学风格来看，多血质的教师一般表现为热情乐观、感情充沛，与学生关系融洽，教学语言生动，富有文学味，教态具有艺术表演者的气质和风格等；胆汁质的教师一般表现为教学中思维敏捷，教学语言流畅顺达，而且语速快，对学生表现得热情豪爽，感情外露直接，不容易抑制，容易激动，上课时情绪起伏波动较大。因此，要求这两类老师也经常采用宁静舒缓型风格就具有相当的难度，必须考虑教师的性格气质特点采取因人而异的方式方法。以语文科目为例，如果课文中作者的语言风格是慷慨激昂、豪迈大气的，教师用一种比较舒缓的语气和语言风格就难以充分表达出蕴涵在文本中的思想情感。而如果教学内容是一些本身语言风格就比较清新自然、朴实无华、宁静祥和的课文，比如一些表达闲情逸致的或者描绘大好河山、田园美景的诗歌，用这种风格的教学语言就再合适不过了。最后，教师的性别也会对这种风格的选择产生一些影响，男教师性格多以豪放、爽朗为主，感情相对比较充沛，且容易冲动，而女教师性格往往比较内敛、含蓄，感情细腻，表达内心情感也倾向于一些比较平静、自然的方式。因此,对于宁静舒缓型教学语言风格的运用,女性教师可能更加得心应手,而男性教师可能会对这种风格很不习惯,难以自然而然地在教学活动中进行实践。因此,对于这种风格的选择和运用也必须综合考虑多种因素,而不应跟风模仿。

小 结

以上介绍的几种类型和风格的教师语言艺术,相互之间并不是孤立的,而是有着密切联系的,教师在教育教学活动中对于语言艺术类型与风格的选择也往往不是单一的。在具体的教学中,教师往往会同时使用两种甚至多种语言艺术,而对于每一位教师而言,他们的语言艺术也是多样的,只是可能会因为个人差异而以某一种为主,兼具其他类型,但无论如何,教师的语言艺术不是也不应该是单一的,每一位教师都应该根据教育教学的需要和教学情境的要求选择恰当的语言艺术。

思考题

[1]教学语言艺术的运用于什么场合?

[2]交际语言艺术的作用有哪些?

[3]轻快幽默型语言艺术风格的运用条件有哪些?

参考文献

[1]陈晓梅.教师的个性与教学风格[J].教育艺术,2005(4).

[2]贺雯.中学教师教学风格和工作满意度的研究[J].心理科学,2007(3).

[3]刘显国.语言艺术[M].北京:中国林业出版社,2001.

[4]N 恩特威斯特.教与学的风格[M].于禾,译.北京:春秋出版社,1989.

[5]彭聃龄.普通心理学[M].北京:北京师范大学出版社,1988.

进一步阅读文献

[1]李如密.教学艺术论[M].济南:山东教育出版社,1995.

[2]吴也显.教学论新编[M].北京:教育科学出版社,1991.

[3]魏正书.教学艺术论[M].沈阳：辽宁大学出版社，1991.
[4]于漪.于漪语文教育论集[M].北京：人民教育出版社，1996.
[5]于漪.现代教师学概论[M].上海：上海教育出版社，2001.

第四章　优秀教师教学语言艺术运用(一)

有人说过,语言不是蜜,但能粘住学生。就一节课而言,最先"粘"住学生的是导语,最长时间"粘"住学生的是讲授语。可见,艺术地运用导语和讲授语,对提升教师教学水平、提高课堂教学效果十分重要。鉴于此,本书将着重从导语、讲授语两个方面探讨优秀教师教学语言的艺术运用,力求对广大教师产生一定的指导、规范作用。

第一节　导　语

常言道:良好的开端是成功的一半。这无疑说明了做一件事拥有良好开端的重要性。而对于一节课来说,导入是进行课堂教学的第一步。因此,导语的巧妙设计与运用对成功地上好一节课起着至关重要的作用。换言之,我们无论上什么课,想要取得成功必须开好头,正确的使用导语,使其达到艺术化水平。

一、导语的作用

导语是开场白,是为了引导、启发所运用的语言。好的导语能把分散的思维聚拢起来;能给人以启迪,也能提高人们活动的积极性。就课堂教学而言,一节课的成功,关键在于是否调动了学生的学习积极性,而导语正是激发学生学习兴趣和求知欲望的一个重要环节。甚至可以这样说,好的导语可以让教师的教学活动达到事半功倍的效果。

(一)激发学生兴趣

教师设计的导语如能使用贴切、精炼且符合课文情境的语言则能激发学生的求知欲望,引发他们浓厚的学习兴趣。有位老师在上《项脊轩志》这一公开课时,为了缓解学生因听课老师多而紧张的情绪,设计了猜谜语导入新课的方法。他在黑板上写下"衣锦还乡"让学生猜明代一位作家的姓名。这一举动很好地调动了学生的兴趣,使他们纷纷投入到思考中。没多久就有学生猜到答案是归有光,没猜到的学生也在那一刻恍然大悟。教师的这一导语设计赢得了学生们一阵热烈的掌声,同时也为教师赢得了介绍作者的最佳契机。正是因为教师的这一设计使课堂教学在轻松自由的氛围下有效地进行了下去。这一设计也很好地印证了一句俗语,兴趣是最好的老师。学生只有对所学内容产生兴趣才能学有所得、学有所成。因此教师应根据教学的需要,采用适当的导语设计,或使用富于表情的言语,或叙述一件事,或展示图片、播放音乐等,以此来激发学生的兴趣,进而使学生在愉快而和谐的氛围下做到有效、深入的学习。

(二)开拓学生思维

"我们已经知道磁体或电流的周围有磁场,而磁场对放入其中的磁体有力的作用,既然电流能产生磁场,那磁场对电流有没有力的作用呢?今天我们要对此做一个探究。"优秀物理老师陈丽秋在上"磁场对电流的作用"时,设计了这样的导语。紧接着通过实验演示证实了磁场对电流有力的作用。"那我们不禁要问磁场对电流的作用力是怎样的?这个力的方向与哪些因素有关呢?"[①]陈老师提出问题后让学生分组讨论,这一举措不仅让学生巩固了已学知识,更重要的是开拓了学生的思维,让他们学会如何进行知识迁移与拓展。这个例子很好地证明了,好的导入能启发学生的思维,开拓其思维的广阔性和灵活性。思维是各种能力的核心,课堂教学对培养学生的思维能力应尤为重视。鉴于此,教师可以在导入过程中,采取多种形式,例如采用设问、讨论、质疑或制造悬念等,这些形式都能启发学生思维,开发学生智力。因此,我们说导入新课也是一种培养学生思维能力的创造性活动。它不仅能够启发学生从不同的角度来思考问题,还能培养学生思维的灵活性和广阔性,使学生在思维过程中体会到思维的乐趣,而且能保持高昂的学习情趣。

① 朱建国,张怡.培养学生理解力的课堂案例[M].上海:华东师范大学出版社,2009.

(三)集中学生注意力

优质的导语能集中学生的注意力,这一点可以说是人们有目共睹,或者说毋庸置疑的。导语是教师在一个新的教学内容或教学活动开始时,为引导学生进入学习所使用的一种教学手段。无疑,教师设计导语有一个很明确的目标,就是集中学生的注意力,让学生能很快进入教学行为。带着这一目的进入课堂的教师会根据课文的具体特点或当时具体的情景等设计适宜的导语,因为老师们都十分清楚,只有把学生的注意力集中到自己这里,他们才有可能学到知识;只有学生对导语产生兴趣,因导语集中注意,才能促进课堂教学的双向交流,为教学内容的有效讲授做铺垫。

(四)创造课堂活跃气氛

一堂优秀的课绝非教师一个人一讲到底,即使他的水平再高、知识再渊博。课堂需要的不仅仅是老师,更需要学生的参与和互动。好的导语能活跃课堂学习氛围,激发学生学习的积极性。一位物理老师在讲授圆周运动向心力公式的应用时,课堂一开始,便给大家做了一个魔术表演。他拿出自制的"水流星"装置(一个一次性透明塑料杯、一米左右长的细绳,在杯口处均匀打三个小洞,用细绳系好),往杯内倒半杯水,然后开始表演。"水流星"在竖直面上下运动而一滴水都没有流出。这一现象让学生的情绪立马高涨起来,随后老师让学生上台演示,并在表演结束后不失时机的抛出了问题,"水流星"在最高点时,杯口朝下,为什么水却没有流下来?毋庸置疑,在这类导语的引导下,学生们很乐意也很容易投入到思考与讨论中,课堂气氛也必然会活跃起来。其实在教学实践中,无论什么样的导语,只要用得规范,符合教学情境都会给学生创造出轻松、活跃的氛围。

(五)明确学习目的和要求

一堂课的开讲,犹如小提琴演奏,第一个音符就定下了乐曲的基调。这里,我们再次看到了导语在教学中的作用。有经验的老师非常重视导语的设计,他们不是哗众取宠般只为吸引学生注意,而是要让其所设计的导语在集中学生注意的同时揭示教材本质问题。他们用简洁的语言引导学生迅速了解一节课的教学目的、主要内容、学习重难点等。好的导语可以说对教学起到画龙点睛,使学生一开始就能明确学习任务的作用。“有研究表明,当教师花一点时间与学生讨论他们在这一节课要达到什么教学目标或这一节课的活动结构安排,或教师清楚地下达指令告知学生将要做什么时,学生的注意力会更加集中,也会试着合理地分配自己的注意力。”[①]而告诉学生教学目标及安排的最佳时机就是一节课的开始,所以,教师要在导语中把这些信息都传递给学生。因此有效的导入新课可以明确学生的学习目的和要求,为学好新知识营造良好的前提。

二、导语的类型

现实中我们经常看到,因为立场不同、角色不同,人们对待同一件事物会做出不同的反应,就像“一千个读者有一千个哈姆雷特”一样。导语设计也是如此,它没有固定的方法,即使是同一篇课文,不同的教师也会使用不同的方法。教师根据所教学生的整体特点,结合教学内容、教学情境,采用灵活多样的方法设计导语。而随着教学技能的日趋完善,教师所使用的导语类型也越来越多。按教师口述形式的不同可将导语分为单向表述式导语和双向交流式导语;而按导语表现方式的不同来分,则又可以把导语分为形象性导语、情感性导语、趣味性导语和知识性导语。导语分类的方式还有很多,这里主要从上述两个方面加以阐述。

(一)依据教师口述形式不同的分类

口头表述是教师进行课堂教学最基本的表述形式,而单项表述和双向交流又是教师口述的两个最主要的形式。然而,随着发挥学生主体性地位呼声的提高,双向交流的方式逐渐转为教师口述形式的重点。不过,不论哪一种形式,它都是不可或缺的,因为它们对教学行为有着不可取代的推动作用。

---

① 吕良环.外语课堂教学行为研究及案例[M].南昌:江西教育出版社,2009.

1.单项表述式导语

单项表述式导语,顾名思义是以教师一个人口述为主的导语。它主要包括演讲、朗诵、叙述等形式。这种导语主要适用于语文、历史、政治、英语等富于情感或意境的课堂教学。教师通过有感染力地演讲、有节奏地朗诵或者简单的平铺直叙向学生传递文章表达的情感、内容,为学生把握整篇文章的基调起到很好的指导作用。

王慧玲老师在教授《荷塘风起》时所使用的导语便是如此。"大自然,这个充满母性色彩的名字,包裹了多少美妙的感动!当我们走进大自然的怀抱,沐浴着自然的阳光,呼吸着清新的空气,聆听着潺潺的溪水,欣赏着醉人的绿色时,微风拂面,鸟儿欢唱,看万山红遍、层林尽染的景象是何等的心怡!今天就让我们走进大自然的怀抱,一起去探寻颜元叔笔下的那一汪荷塘。"①这一导语运用排比、拟人等修辞手法,语言细腻柔美,韵味十足,让学生很容易享受其中,体味大自然的美妙与醉人。毋庸置疑它也为学习《荷塘风起》奠定了感情基调。其实这样的例子在课堂教学中比比皆是,因为它能最简便、快捷的向学生传递文章表达的内涵与意蕴。

很多优秀的一线老师使用单项表述式导语之所以能取得很好的教学效果,是因为他们会视具体课文的需要、学生的特点而使用。如果教师面对的是一群年级较低、知识储备不足的学生,使用这种方法很可能会适得其反,让学生搞不清楚状况。这也就提醒教师们,在使用单项表述式导语时一定要选准课文、选对学生;口头表述时把握正确的节奏、语调。也只有这样才能让单项表述式导语充分体现它的效果。

2.双向交流式导语

双向交流式导语主要是指在导语中融合着师生之间的交流,多以对话的形式出现。我们在课堂上常见的提问、讨论、辩论等互动方式都是这类导语的表现形式。这类导语能加强师生之间的交流,使教师直观的感受学生的学习情况。与此同时它还能调动学生的兴趣,集中学生的注意力。教学中这类导语使用范围广,频率高,可以说被教师们熟练使用。鉴于此,下面就举个例子简要地说明一下:在一节生物课开始时,"教师让每一位学生用右手手指轻轻按在左手腕桡骨右侧,摸到脉搏后,教师向学生

① 济南市教学研究室.语文教学案例分析[M].济南:山东教育出版社,2005.

说明脉搏跳动与心脏跳动是一致的，然后要求每个学生数一下自己每分钟脉搏跳动的次数。半分钟后停止，分别统计每分钟脉搏跳动80次及80次以上的人数，70～79次的人数，60～69次的人数，60次以下的人数。统计完毕之后，教师问：'为什么大家都静静坐在教室里，而每个人的脉搏跳动次数却如此不相同呢？'同学们无言以对。教师说：'这就是我们本堂课的教学内容：心率和心动周期。'"[①]在互动中，学生自然而然地由最平常的脉搏转向对心率和心动周期的学习，这一深入浅出的方式，为教学赢得了轻松自由的氛围。

综观这两类导语，双向交流式明显比单项表述式导语适用范围广。不过，无论使用哪一类导语，教师都要视课文具体的类型、情境，学生的整体水平、心理素质等做设计。教师的巧妙设计、灵活运用是教学成功的必要条件。

(二)依据导语表现形式不同的分类

表现形式是事物表现出来、被人们感知的外部形式。针对多种多样的导语，我们根据教师使用时呈现出的外部特征主要将导语分为四类。

1.形象性导语

形象性导语是教师所使用的通过有形象感的方式导入教学的一类导语，比如做实验、呈现实物、展示挂图、播放视频以及使用能够引起学生头脑中形象活动的言语活动等。这类导语的最大的特点就是直观、明了、清晰，易于学生理解。童海云老师执教的《空气有重量吗》所设计的导语就是一个很好的例子。

师：今天请大家预测一件事，观察仔细可能会预测得更准确些。(教师做演示实验，用简易小天平来测量空气的重量。教师演示时用精练的语言对操作过程进行说明。)

师：挂木尺(将长木尺挂在铁架台上，长木尺中间和两端各拴有细线，这样组合成为一个简易小天平)，挂篮子(在长木尺的两端各挂上一个篮子，一个篮子里装有一瓶水，另一个篮子

① 严先元.走向有效的课堂教学[M].成都:四川大学出版社,2009.

里装有一只皮球),等静止(用手扶着长木尺,让它较快静止下来),竖直尺(在小天平挂皮球一端的桌面上竖立一把塑料直尺,塑料直尺贴有纸带),标刻度(在塑料直尺的纸带上用油性笔沿长木尺上沿画上一条较粗的标志线,用来标识小天平的皮球一端与桌面高度的初始位置),写上零(在纸带上所画刻度线旁写上数字“0”,并展示给学生看),打入空气(将皮球从小天平的篮子中取出,并用打气筒向皮球内打气。开始时,教师伸出手指表示打气的次数,学生就跟着教师打气的动作数打气的次数,最后教师在黑板上写下20筒空气),放回去(将皮球重新放回篮子里),抓住它(用手抓住小天平的长木尺)。老师要你们预测什么呢?①

这节课的导语设计让学生在情景中一下子捕捉到“平衡与不平衡”这一关键变量,自然激发和展开“空气有无重量分别会产生什么后果”的思维过程,形成“空气到底有没有重量”这样的中心问题。这一导语巧妙有效地解决了后续探究的方向、兴趣、思路等问题。

2.情感性导语

通过创设一些能够激发学生学习热情的情境,比如采用多媒体或教师使用极具激情的语言等,引发学生对教学内容产生激情的导语被称为情感性导语。这里,我们主要将它分为两类:情境式导语、情节描述式导语和悬念式导语。

(1)情境式导语。

学生情感的触发,往往与一定的情境有关。因此教师在设计导语时可以根据教材的具体特点,创设情境,让学生置身于特定的情境之中,深入体验教材内涵。著名语文特级教师李吉林在教授《卖火柴的小女孩》中设计了这样一段导语:“除夕之夜,天冷极了,小女孩又冷又饿又累,她孤零零地在雪地里走着,最后就坐在了墙角里。这样冷的天,坐在雪地里,那该多冷啊!于是,她擦着火柴来取暖,借着微弱的火柴的光亮,她展开

① 童海云,安之林,岳保健.概念调查、转化和理解的课堂实践(二)——《空气有重量吗》课堂实录与教学分析[J].探秘:科学课,2011.(3).

了美妙的幻想。”[①]教师富有情感的语言,在把学生带入课文悲惨情境的同时又让学生看到了一丝希望。它增强了课堂交流的艺术效果,又使学生的思想得到了升华。

(2)情节描述式导语。

教师运用生动的语言或者借用其他手段,创设情境,对课文的情节进行直接描述的导语被称为情节描述式导语。这类导语主要适用于情节性较强的课文。它能把学生的兴趣直接引到课文上来,使学生思想感情产生共鸣,有一种吸引学生亟待接触课文的诱惑力。有一位语文老师在上《海滨仲夏夜》时就采用了这样的导语。“教师走进课堂,面带微笑,对学生说:‘我很喜欢听《军港之夜》这首歌曲。学生如果愿意,和我一起唱,好不好?’学生高兴地答:‘好!’于是教师起音,师生一起唱歌。歌声甜润,旋律优美。大家沉浸在那静悄悄的大海美丽的夜色之中,回味着那甜美的微笑。随着歌声的停止,教师根据歌词的内容,对大海进行绘声绘色的描述,然后问学生:‘你们有谁见过大海吗?如果没有,那么,我们现在就跟随作家峻青一起去领略大海的壮观景象吧!’随之教师在黑板上写出《海滨仲夏夜》的课题。”[②]教师使用生动且富有情感的语言,描述并创设了与课文相似的情境导入新课,自然而然地把学生带入课文所描述的情境中。学生仿佛身临其境,从而能更好地把握课文的整体基调。

对情节描述式导语还需强调一点,教师对故事性较强的课文也多采用这种方式导入新课。他们把课文中描述的情节用自己的话概括总结出来,以故事的高潮或转折点为切入点,让学生带着兴趣走进课文,为学生把握课文内容创造条件。这类导语很常见,这里就不再举例说明了。

(3)悬念式导语。

悬念式导语通过疑问、矛盾、问题等形式,调动学生思维活动的积极性和主动性,进而激活学生的求知欲。这类导语很容易让师生之间产生思想共鸣,使得课堂教学趋于艺术化。

有个物理老师在讲“牛顿第三定律”时,一开始,他就向学生

① 教育部师范教育司.李吉林与情境教育[M].北京:北京师范大学出版社,2005.

② 蔡高才,袁光华.初中语文课堂教学研究[M].长沙:湖南师范大学出版社,1999.

提出这样一个问题:“同学们,咱们班最近参加了拔河比赛,你们说,两队拔河,从拉绳来看,赢方一端的拉力大,还是输方一端的拉力大?”学生们先是一愣,接着争先恐后地说:“赢方一端的拉力大!”教师却肯定地说:“不对! 拉绳上两端的拉力一样大!”“为什么? 为什么?”同学们睁大眼睛问。“这是牛顿第三定律所要说明的问题,我们今天就学习这个定律。”在这种情况下,教师的讲课就会像磁石一样牢牢地吸引住了学生的注意力。①

3.趣味性导语

兴趣是最好的老师! 学生只要对所学的内容感兴趣,自然而然地就会去听、去学、去思考。而一节课调动学生兴趣的最佳时机就是导入阶段。因此,现在越来越多的教师开始使用趣味性导语,即一种通过不同方式激发学生兴趣的导语,他们力求在传递知识的同时,也为课堂营造一个轻松自由的氛围。

何艾珊老师在教“*A Trip to the Zoo*”这篇课文时,利用多媒体播放了一首含有“哞哞,cow,cow;汪汪,dog,dog;喵喵,cat,cat;唧唧,bird,bird”等动物叫声的歌曲。学生的学习兴趣和热情一下子就被激发了出来,注意力也立刻被吸引过来。屏幕上呈现出的动物们在动物园里嬉戏玩耍的场景,再加上“Welcome to Beijing Zoo.”和“Have a good time!”等文字,都深深吸引了学生的注意力,激发了他们的学习热情和求知欲,为外语课堂教学的顺利组织与开展奠定了良好的基础。②

优秀数学教师吴正宪老师在“商不变性质”课上,一开始就给学生讲述了“猴王分桃”的故事:花果山上风景秀丽,气候宜人。一天,猴王给小猴们分桃子。猴王说:“给你6个桃子,平均分给3只小猴吃。”小猴听了连连摇头说:“太少了,太少了!”猴

① 李云会.教学技能修炼策略[M].长春:东北师范大学出版社,2010.

② 吕良环.外语课堂教学行为研究及案例[M].南昌:江西教育出版社,2009.

王又说:“好！给你60个桃子,平均分给30个小猴,怎么样?”小猴子还是得寸进尺,试探地说:“大王,再多给点行吗?”猴王一拍桌子,显得很慷慨大度的样子说:“那好吧！给你600个桃子,平均分给300只小猴,你总满足了吧”！小猴子高兴地笑了,猴王也笑了。此时此刻,吴正宪意味深长地问大家:“你们说,谁的笑是聪明的笑？为什么?”教师抓住契机,恰到好处地引导学生自己去发现“商不变性质”的奥秘。[①]

运用多媒体手段创设极具趣味的情境或通过讲故事的方式导入新课,在教学实践中颇受教师的喜爱和追捧。因为这类导语符合学生的接受心理,教师可以借此加强与学生之间的互动与交流,同时营造活跃的课堂氛围进而推动课堂教学的有效进行,所以,能熟练地运用这类导语便能达到一箭三雕。

4.知识性导语

知识性导语注重基本知识的传授,教师通过对教学知识的使用来改变学生的知识水平和认知能力,以直接提高学生对课文的感知与理解。教学中经常使用的知识性导语主要有三类。

(1)复习式导语。

温故而知新是人们坚信的一种观点。我们所学习到的新知识又有哪一样不是从旧知识那里发展而来的呢？复习式导语就是在导入新课时,组织学生复习以前学过的知识,并对那些对新课学习有帮助的旧知识加以概括,从新旧知识的联系中抓住他们的不同点,并适宜地提出即将研究的问题。下面让我们欣赏一下林颖老师对《二次函数的概念》的导语设计。

师:我们学习过哪些具体的函数?

生1:学习一次函数、正比例函数和反比例函数,正比例函数是特殊的一次函数。

师:出示问题1,存100元本金,月利率为0.225%,若存期为x个月,则本息和y与x的函数关系式是什么？要求说出函数关系

① 严先元.走向有效的课堂教学[M].成都:四川大学出版社,2009.

式，并指出自变量x的取值范围，简要说明理由。

生2：$y=100+100\times 0.225\%x$，即$y=100+0.225x$，x的取值范围是$x>0$。

师：出示问题2，点燃蜡烛，按照与时间成正比例关系变短，长为21cm的蜡烛，已知点燃6秒后，蜡烛变短3.6cm。设蜡烛点燃x秒后变短了$y$cm，用x表示函数y的解析式。

生3：根据已知蜡烛点燃6秒后，蜡烛变短了3.6cm，就可以知道蜡烛点燃每分钟会变短0.6cm，所以$y=0$。蜡烛一共长21cm，每分钟点燃0.6cm，蜡烛一共只能点燃35秒，所以$0\leqslant x\leqslant 35$。

师：出示问题3，三角形面积为3cm^2，求底边上的高$y$cm与底边$x$cm之间的函数关系式。

生4：根据三角形面积的公式，$S_{\triangle}=\frac{1}{2}xy=3$，得到$xy=6$，再得到$y=\frac{6}{x}$，又因为$x$，$y$都大于0，所以$x$取值范围为$x>0$。

师：刚才列出的三个函数关系式中，从形式上看，分别是以前学过的哪种具体函数，并指出这种函数的一般形式。

生5：问题1是一次函数$y=kx+b$（k，b为常数，且$k\neq 0$）。

师：此式中对b有没有限制？

全体学生：没有。

生6：问题2是正比例函数$y=kx$（k为常数，且$k\neq 0$）。

生7：问题3是反比例函数$y=\frac{k}{x}$（$x\neq 0$）。

师：反比例函数的图像是什么？它经不经过原点？

全：双曲线不经过原点。

师：所以限制了常数k也不能为0。

师：出示问题4，设正方体的棱长为a，表面积为S，请同学列出S与a的关系式。

生8：$S=6a^2$。

师：在此式中对a的每一个值，S都有一个对应值，那么就可以说S是a的函数。

师:出示问题5,多边形对角线d与边数n有什么的关系?

生9:$d=\frac{1}{2}n(n-3)$。

师:$n-3$是什么意思?

生9:从一个顶点引对角线的条数。

师:为什么乘以n呢?

生9:因为有n个顶点。

师:那为什么又要乘以12呢?

生9:因为每两个顶点连对角线会重复一条,所以除以2。

师:对于n每取一个值,d都有一个对应值,我们说d是n的函数,也可以写成$d=\frac{1}{2}n^2-\frac{3}{2}n$的形式。

师:出示问题6,某工厂一种产品现在的年产量为20万件,计划今后两年增加产量。如果每年都比上一年产量增加x倍,那么两年后这种产品的产量y将随计划所定的x的值而确定,y与x之间的关系应怎样表示?

生9:以万作为单位,$y=20(1+x)^2$,即$y=20+40x+20x^2$。

师:对于x的每一个值y都有一个对应值,所以y是x的函数,问题4,5,6这三个函数关系式从形式上看与以前学过的函数关系式的区别是什么?

生10:这些函数是用自变量的二次式表示的。

师:我们把这样的函数称之为二次函数。①

这一复习式导语,将学生从已知领域带到了未知领域,很容易激发他们获取新知识的兴趣。学生的求异心理,也会让他们对新课文产生新鲜感,愿意进一步学习。

(2)背景介绍式导语。

为了让学生对文章有更准确地把握,很多教师通过导语向学生介绍课文所反映时代的背景。因为他们认为文章是客观事物和社会生活的反映,教师开篇介绍背景,不仅可以反映当时的社会生活,表达作者思想,还

① 林颖.《二次函数的概念》课堂实录与评析[J].中学数学,2009(6).

能丰富学生的知识,扩大学生的视野。

济南第三十中学地理老师蘧茜在教授自然条件对聚落及交通线路的影响时就设计运用了这类导语:“青藏高原,一片充满神秘色彩的净土。文成公主入藏走的唐蕃古道,唐宋之后在西南边陲兴起的茶马古道,现在正蜿蜒前行的4大进藏公路,古往今来,虽历经艰难,但是,人们从未停止过踏上青藏高原的步伐。时至今日,青藏高原终于迎来了第一条铁路。青藏铁路是我国铁路建设史上的一座里程碑。下面,就以青藏铁路为例,共同探讨自然条件对交通线路的影响。”①教师从古至今介绍了青藏地区的自然和交通发展过程,对学生学习本课的中心问题做了很好的铺垫。

一位教师在教授“北朝黄河流域的各民族大融合”时也用了这种方法,“494年的一天,有个皇帝在洛阳街上看见一个鲜卑族的妇女坐在车上,仍然穿着夹领小袖的鲜卑服饰,大为发怒。于是就在朝会上责备这个地方的行政长官,说他奉行命令不力,督查不严。那位长官辩解说,那只是少数人的打扮。皇帝一听非常恼火反问道:难道要全部那样打扮才算上督查不严吗?这简直是一言丧邦!又转向史官说,应该把这件事记下来!这个皇帝就是北魏孝文帝。他为什么这样严厉禁止鲜卑妇女穿民族的服装呢?我们本节课就专门要讲这个问题。”②教师通过介绍背景,让学生对学习“为什么”有了一定的认识,对学习课文的有效进行有极大的推动作用。

(3)依文解题式导语。

依文解题式导语应该说是一种更为直接地通向课文内容的导语。教师不用什么特别的技巧进行设计,而是直接分析题目进入课文。语文老师翁君君的《师说》导语设计就是这类导语的代表:“说,是古代论说文的一种,是申说事理的文章,有的偏重叙事,如柳宗元的《捕蛇者说》;有的偏于抒情,如周敦颐的《爱莲说》;有的偏重说理,如韩愈的《马说》。今天我们这篇课文仍是偏重于说理的‘说’。”③这则导语从题目中的“说”切入,教师分析“说”的风格,让学生对这一文体有了更直接、明了的认识。

优秀英语教师汪涤瑕在教“*Suffering for the Beauty*”一文时,也用了

① 济南市教学研究室.语文教学案例分析[M].济南:山东教育出版社,2005.

② 宋其蕤,冯显灿.教学言语学[M].广州:广东教育出版社,1999.

③ 何更生,吴红耕.语文学习与教学设计[M].上海:上海教育出版社,2004.

这类导语。汪老师根据课文的题眼"beauty"以及课文的主体内容"become more beauty"进行了此类导语的设计。他先设计了两个问题:"①Do you love beauty?②What are more and more people doing in order to become more beauty?...Buy expensive cosmetics.Eat nutritious food.Get their body tattooed.Do aerobic exercises to lose weight...在回答上述两个问题的基础上,汪老师又提出了一个问题:Besides these,what are they doing?以此导入了课文教学,引导学生有目的地开展阅读课文。"[①]这类导语在教师日常的课堂教学中运用十分广泛,因为它与文章内容有着最直接的联系,学生通过这种导语也能对所要学习的内容有清晰的掌握。

三、导语艺术运用方法

前面我们已经强调了导语的作用,知道好的导语设计有激发学生兴趣,活跃课堂氛围,集中学生注意力,开拓学生思维,明确教学目的和要求等的功能。但是不是每一个导语都能起到这样的效果呢?很明显答案是否定的。教师要想充分发挥导语的作用,必须在设计与运用导语时做到以下几个方面。

(一)贴近生活联系实际

导语与生活实际相联系,从心理学的角度来说,这种方式能激发学生大脑中存在的先行组织者,让学生由已知的、熟悉的事物自然而然地过渡到未知的、新颖的领域。这样设计导语,能为学生营造一种自由轻松的氛围,使学生更愿意融入课堂,融入教学实际,这样设计导语也更容易把学生的注意力集中到教师身上,从而有效的开展教学。

宁波二中任燕红老师执教的"化学反应的方向"课所设计的导语很好的证明了这一点。

教师:汽车让我们尽享城市生活的快捷便利,然而你是否意识到这一份享受、便利的背后要付出多大的代价!

PPT展示:洛杉矶的光化学烟雾事件。

① 吕良环.外语课堂教学行为研究及案例[M].南昌:江西教育出版社,2009.

教师：汽车排放的尾气其主要成分是什么？

学生：NO以及燃烧不完全所产生的CO。

教师：科学家致力于研究如何减少汽车尾气的排放。当时就有人大胆地提出，如果NO和CO能在一定条件下转化为无污染的N_2和CO_2，不就减轻污染了么？这个反应能否自动进行呢？这就是今天我们所要研究的课题。①

这节课一开始，教师就向学生提起日常生活中我们随处可见、随时可感的便利交通。的确，它为我们的生活创造了优越的条件，但我们又有谁注意或者真正认识到便利背后的危害呢？紧接着教师把学生的思维从日常熟悉的事物中拉回到课堂，有可能让有害气体自动转化为无害气体吗？教师抛出问题为随后的教学活动做了很好的铺垫。试想想，如果教师用的不是贴近生活的内容导入，而是直接描述洛杉矶光化学烟雾事件，会收到这样的效果吗？答案是否定的。因为人们对自己身边的或熟悉事物的关注度永远大于陌生事物，所以，我们说教师要想让自己设计的导语收到很好的效果必须密切联系生活实际。

（二）紧扣题意激发兴趣

曾经有位语文教师在导入《爱莲说》时，用PPT展示很多花的图片，并问学生最喜欢什么花？这一导入，让学生兴致盎然，他们看着图片互相交流着。学生的积极发言也让老师很是欣慰，只是让他没想到的是，学生们说了好一会就是没人说喜欢莲花。让他的导入变得很尴尬。其实在现实教学中，这种本末倒置的教学案例有很多。一些教师一味想着如何吸引学生注意力、调动学生兴趣，而完全忽略了课本内容。其实，那些导语真的能吸引学生的注意力吗？恐怕不一定吧。当然我们必须承认在导入的时候，学生十分关注，但这种偏离了主体的导语能有什么效果呢？应该是更多的转移学生的注意，把学生的注意力转移到导语中所强调的兴趣点。

① 任燕红，于淑儿.新增内容“化学反应的方向”课堂实录与反思[J].中学化学教学参考，2011(5).

(三)形式多样新颖别致

“师:同学们,鲁迅先生一生共写了三本小说集:《呐喊》《彷徨》《故事新编》。鲁迅先生的每一篇小说都称得上是经典作品,在世界上享有很高的声誉。但是,也有人否定鲁迅先生的小说。1919年12月,鲁迅先生写的一篇短篇小说在《晨报》上发表了,立刻引来两种截然相反的观点:一位大学教授说,这篇小说实在不能算是小说,即便称之随笔都是很拙劣的。另一位学者也说,这篇作品坏到了不可原谅的地步。但是,也有人充分肯定这篇小说。著名作家茅盾先生撰文予以高度评价。有的同学会问了,鲁迅先生写的这篇小说是什么题目呢?这篇小说就是今天我们要学习的《一件小事》。”①这位语文老师设计的导语内容十分新颖,很容易让学生产生读下去的欲望。的确,一直被我们视为大文学家的鲁迅到底写了怎样的文章让后人产生如此大的分歧?

鉴于此,我们说导语的设计一定要新颖别致,这样才能吸引学生的注意力。与此同时,教师也要注意运用多种形式的导语,因为人的生理基础决定了他们的大脑皮层会对多变的、新奇的事物产生较强烈的反应,所以教师的导语应根据具体的教学情境、教学内容、学生素质等做多样的转变。

(四)运用对比开拓思维

对比的最佳效果就是让学生清晰地看到被比较事物之间的反差。正确与错误,历史与现实,喜剧和悲剧……学生看到不同,自然而然地就会在心里发出疑问,到底是什么原因让他们不同?从而很好的引导他们进行思考。下面举一个数学案例来说明。

李师傅用4天时间完成了原来5天才能完成的工作。他要小明、李红、张华三个同学帮他算一算他的工作效率提高了百分之几?不一会儿三个同学都说出了自己的答案:

小明:$(5-4)\div 5=0.2=20\%$

---

① 程翔.语文课堂教学的研究与实践[M].北京:语文出版社,1999.

李红：$\frac{1}{4}-\frac{1}{5}=\frac{1}{20}$=0.05=5%

张华：$(\frac{1}{4}-\frac{1}{5})\div\frac{1}{5}$=25%

李师傅一看傻了眼，到底谁的对呢？请同学们辨析辨析。[①]

是呀，到底谁的才是对的呢？同学们看到三个截然不同的答案，他们的好奇心被激发，想一探究竟。这也让我们清楚地意识到对比的方式在激起人们刨根问底心理上产生的无法取代的作用。这一方式也让学生的思维在很自然的寻根过程中被开拓。所以说教师在设计导语时应该有所借鉴，以启迪学生。

（五）适度时间适当语言

导语只是新课教授的一个前奏，因此时间要短，一般是3到5分钟。如果时间过长，就会导致喧宾夺主，不利于学生把握学习重点，也不利于教师完成教学任务。因此教师在设计导语时，一定要把握好时间这一维度，做到在有限的时间内有效的导入课文。

在注意时间的同时，还要注意使用适当的语言。语言的使用是一门艺术，它具有一定的适用性，因此，不同课文的导入要使用有不同特点的语言。就情感性导语而言，教师的语言一定要富有感染力；而对于形象性导语，教师的语言则应该通俗易懂、清楚明白……当然，这都是以语言的准确性、科学性和思想性为前提的。

任何事物都是有规律可循的，导语的设计也是如此。人们只有遵循它的规律和方法，才能收到事半功倍的效果。

第二节 讲 授

"讲授"在《现代汉语词典》中被解释为"讲解传授"。它是指教师以语言为载体，向学生传输知识信息、表达思想感情、启迪学生心志、指导学生学习和调控课堂活动的一类教学行为。简言之，就是教师在课堂教学中

① 刘显国.语言艺术[M].北京：中国林业出版社，2001.

以全班学生为对象系统讲解和传授科学文化知识的教学行为。

一、讲授的作用

讲授曾一度被认为是教师根据主观愿望向学生单方面灌输知识的行为,也因此有段时间让教师上公开课的时候"谈讲色变",没有人敢使用,也没有人愿意使用。讲授真的就一文不值吗?答案必然是否定的。随着人们对教学过程认识的加深,人们发现讲授的作用愈发不可取代。它用精练的语言准确地提示教学内容的重点、本质特征和知识间的内在联系,在潜移默化中使学生学会运用已有的知识同化新知识,并逐步掌握认识问题和解决问题的方法。

(一)充分发挥教师的教育功能

言语讲授是教师最常用的一种教学行为方式。"三分之二律"对于很多教师是不陌生的。美国教学研究专家弗兰德斯在大量的课堂观察研究基础上提出:课堂时间三分之二用于讲话,讲话时间三分之二是教师讲话,教师讲话时间的三分之二是向学生讲话而不是与学生对话。这一理论也被我国的专家证实,也就是说,讲授平均占课堂时间的65%。教师借助讲授向学生传授课文知识以及在潜移默化中影响学生的人生观、价值观。"学生在教师的讲授中,不仅接受了知识,还可以感受到清新的学术见解,深邃的思辨哲理,丰富的情感意念和独特的气度风范,潜移默化地受到感染和熏陶,吸取智慧和力量,使智商和情商都得到开发。讲课的效应甚至可以影响到他们未来的事业和整个人生。"①很明显,讲授不仅是对学生进行智育,也在一定程度上完成了德育。因此我们说,讲授充分发挥了教师的教育功能。

(二)快速大量地传授系统知识

教师都是经过专业训练、拥有相对丰富和扎实基本功的人。他们往往能站在本学科的前沿来理解课程的教学内容;懂得抓住学生的基本特点进行教学活动,对于较难理解的文章,教师讲课能结合实际做深入浅出的讲授。因此,在同等的时间里,学生从讲授中获得的信息量远远大于通

① 吴守一.提高课堂讲授效果的探讨[J].江苏大学学报:高教研究版,2004(1).

过自己阅读所得。讲授除了传递信息量大以外，它的传递速度也非常快。教师通过近距离的单向信息传播，能在干扰较少的状态下将信息快速地教授给学生，使学生对教学内容的理解与接受有最直接的感触，从而推动他们更深入的学习。

上海徐汇中学黄晨敏老师在教授“巴黎公社”的内容时，有一段这样的概述。

> 巴黎公社是法国无产阶级在1871年建立的政权组织。它存在的时间很短，只是72天，整个过程也并不复杂：普法战争期间，法国首都的无产阶级目睹统治阶级在普鲁士侵略面前的叛变行为，毅然夺取政权以挽救危亡；接着成立了公社，越出保卫祖国的范围，为劳动人民的经济、政治解放，实行了一系列革命措施；最后，逃离到凡尔赛的资产阶级发动内战，将公社淹没在血泊中。但是，时间短，过程不复杂，决不等于说不重要，巴黎公社具有重大的历史意义，无产阶级革命导师马克思认为它是一个划时代的事件。[①]

这短短200来字的讲解，把国家、地点、时间、背景、过程、意义等交代得十分清楚。让学生在很短的时间内，接受了大量的信息。这是其他任何教学方式无法达到的效果，也是学生在同样时间内不可能通过自己阅读查阅清楚的。

（三）及时提出、解决课堂问题

言语讲授之所以成为教师偏爱的教学方式，除了上述两个优势外，它还能让教师方便及时地向学生提出问题，指出解决问题的途径。有问有答，教学才能有序地进行。除了教师提问，学生也可以很自如地在教师的讲授过程中提出自己的疑问。在很多名师访谈录中，经常会看到一些老师说，“学生的回答让我出乎意料”，“我备课时完全没有注意到这个问题”，“学生这一新奇的观点让我突然有了新的想法”……讲授可以让教师

① 冷伟.历史课堂教学行为研究及案例[M].南昌：江西教育出版社，2009.

在发现问题后当机立断,随机应变,对内容、方法、进程等作出相应调整。因为,它不需要太多的形式束缚。

二、讲授的类型

讲授在教学实践中可以说是一种最基本、最常用的课堂教学方式。几乎所有教学活动都离不开它。也正因为如此,讲授形式变得灵活多样。多样的表现形式究其根本其实主要有四类:讲述、讲解、讲读与讲评,下面将一一介绍。

(一)讲 述

讲述是指教师在向学生叙述教材内容、叙述事实材料或描述所讲对象时所采用的一种方式。更是教学中传播知识的首要方式。教学中,需要把知识产生的经过即学科中所涉及的自然界和人类社会中的现象发生发展变化的过程讲给学生听,需要把人物的经历讲给学生听,需要把某种方法、技巧教给学生,需要把使用方法传给学生,所有这些,都离不开教师的讲述。

上海沪新中学孙文卿老师在执教“唐朝的对外关系”时,对“玄奘西游”做了如下讲述:

同学们!《西游记》大家都知道吧?孙悟空、猪八戒和沙和尚护送唐僧到西天去取经,一路上的经历多艰难曲折。这虽是中国古典四大名著之一,但却是神话小说。而我们今天讲的玄奘西游,确是历史上真实的事情。神话可以夸张,历史却不能夸张。

玄奘,他在627年离开长安,抱着如不至天竺就不东归一步的决心,到印度去了。前后在印度待了15年,他勤奋学习印度佛教的经典。他于645年,背着经书回到长安,一路之上是很艰辛的。当时他带回了657部经书,并花了20年时间,和助手一起译出佛经1 335卷。这些佛经的原本,在印度半岛上大多已经失传了,所以玄奘的译本就成为研究印度半岛各国古代文化的重要史料。

玄奘还写了一部书,叫做《大唐西域记》,这是一本历史巨著、地理巨著,也是一本文学巨著。它记载了印度等国,东南亚地区的风土、人情、历史、地貌。这本书很有历史价值,举例说,在印度孟买有一个石窟,被掩埋千年了,找不到。1819年印度学者就是根据这本书记载的石窟位置,才找到了石窟。历史证实了玄奘取经的功绩。玄奘去印度取经,是向印度学习,而今却以他的著书来研究当地的历史文化,可见文化的发展总是互相交流与联系的。①

教师的这段讲述基本上将玄奘西游的大致过程以及对后世的影响交代清楚了。通过几组数据反映出玄奘取经的艰辛和历史价值。此外,教师特意强调了历史与神话的区别,在讲述知识的同时也启发学生科学地掌握历史知识。

(二)讲　解

讲解是向学生解释和论证原理、公式概念和定理规则等。讲析和解说合在一起,称为讲解。教师可以通过口头讲解阐释概念的内涵外延,分析现象或解释事物成因。

讲解在教学中出现的频率很高。教师通过这种方式可以教授任何学生未知的事物。因为讲解的内容基本上都是必然成立的事情,它是传递知识的一种很快捷的方式。

这种类型的例子很多,下面就简单举一个数学例子说明一下。

教师:我们学习函数的概念,请同学用定义判断以下各式中,y是否为x的函数。

(1)$y=2x$　(2)$y=x^2$　(3)$y=x^2(x\geqslant 0)$

(4)$y=x^3$　(5)$y=\frac{1}{x}$　(6)$y=|x|$

(7)$x+y=1$　(8)$x^2+y=0$　(9)$x-|y|=0$

① 冷伟.历史课堂教学行为研究及案例[M].南昌:江西教育出版社,2009.

教师巡视课堂,并检查预习情况,学生分小组讨论,请学生代表回答讨论的结果:

学生在(7)(8)(9)是否为函数产生疑惑。

教师:你认为它们不是函数的原因是什么?

学生:它们是方程,不是函数,函数是$y=f(x)$的形式。

教师:噢,$y=\pm\sqrt{x}$是函数吗?你能说出函数的定义吗?

引导学生抓住定义中的关键词:对于任意的一个x,总能找到唯一确定的y值与之对应。从具体例子剖析出唯一确定的真正含义是:与x对应y的值"没有不行,多于一个也不行"。①

教师通过例题总结函数的定义,让学生对函数有了更清晰的认识与把握。讲解能准确快速地传递知识,是课堂讲授中一个有效的形式。

(三)讲　读

讲读是把读、讲、练等一系列活动结合起来,达到对某一材料的理解。这种方法的主要特点是讲与读交叉进行,既有教师的讲与读,也有学生的讲与读,关键是"讲读结合"。这就要求教材和资料的可读性要强,教师必须重视并认真指导学生进行有效的阅读。

下面以某教师在教朱自清的《背影》时运用的讲读为例说明。

对父亲更感人的描写在《背影》的第六段。作者用文字摄影机摄下了父亲"下车买橘""下车离去"的两个特写镜头——背影,那真挚灼热的感情达到了最高点。

请大家把这一段仔细读一读,把写父亲背影的有关词句圈点下来。

(学生边轻声朗读,边在书上圈圈点点;教师巡视指导)

这一段,几个地方写了父亲的"背影"?

(学生齐答:两个)

第一个特写镜头的"背影",谁能复述出来?

① 朱建国,张怡.培养学生理解力的课堂案例[M].上海:华东师范大学出版社,2009.

（学生答：我看见他戴着黑布小帽……穿着……蹒跚着……探着……穿过……爬上……攀着……向上缩……向左微倾，显示努力的样子）

作者通过一连串的动词，勾勒出父亲的背影。这一背影的形象，在我们心里唤起一种什么感觉呢？

（学生回答：这一连串的动作，连同他的背影，表现了父亲行动的艰难，而他又硬要亲自去买橘子，正表现了父亲爱子这一中心）

是的，我们从父亲的穿着、蹒跚走路的神态，以及过铁路爬上爬下的艰难动作中，看到父亲是一个上了年纪的人，又是一个胖子，加之穿着臃肿，行动是多么困难啊！然而父亲在这蹒跚、艰难的努力之中，像做一件重大的事件那样认真而虔诚地完成他力难胜任的事。你们看，作者看到他父亲的背影，泪很快流下来了。他以前不是暗笑父亲的"迂"吗？为什么现在却很快地流泪呢？

（学生回答：没有看到这衰老、艰难的"背影"之前，只想到父亲太唠叨，暗笑他的"迂"。现在父亲那衰老、艰难的背影映入自己的眼帘，一下子醒悟过来了，深深感到父亲的处境艰难，深深想到父亲的慈爱，所以眼泪就情不自禁地很快地流下来）

回答得很对，这是父子思想感情相通的泪啊！我们把这"特写镜头"齐读一遍。

（师生活动略）①

讲读方式主要运用于文科教学中。因为讲读要求讲与读的结合，强调对情感的把握。这也就使得其使用范围有了限制——主要针对情感性较强的文章。正如上例《背影》中包含着深厚的父子之情，教师通过讲读可以让学生有自己的把握并对文章进行更深入的体味。所以说讲读可以加深学生对这类文章的理解。

（四）讲　评

教师采用口述方式评价判断好坏美丑、成败得失，称为讲评。讲评在

① 李云会.教学技能修炼策略[M].长春：东北师范大学出版社，2010.

讲授的过程中经常使用。讲评最能体现教师的个人意见和观点,具有较强的教师主观色彩。

教学中教师讲评的例子很多,下面举上海嘉定安亭中学朱光明老师执教的一篇课文片段说明这一点。

师:这湖湘子弟是左宗棠的主力军。左宗棠曾率领湘军一部镇压过太平天国等农民起义军;他也曾主张办洋务以维护清王朝统治。我们怎样来评价这个历史人物?

生:(讨论)用历史唯物主义观点,一分为二,客观地评价。

师:评评看。

生:左宗棠功大于过,他收复新疆,保住了祖国的领土,是民族英雄。

生:他镇压过太平军,杀了很多起义军,效忠朝廷,维护地主阶级的统治。他办洋务有利于引进西方先进技术,有利于中国民族资本主义的产生。

生:左宗棠是个军事家,很能干,战略决策很高明;他善于利用英俄矛盾,大胆指挥,打败阿古柏;还注意开发建设新疆,贡献很大。

……

师:同学们运用两分法对左宗棠作了比较全面又客观地评价,对于他的功劳应该加以肯定,对于他的过错应该从时代和阶级的局限性方面进行分析。课后还可以继续评议。①

这节课教师在与学生交流沟通的基础上,让大家自由地讲述对左宗棠的看法。这种讲评方式加深了学生对所评事件的认识与理解。对于讲评我们须明确,真实、典型的材料,具体中肯的分析是其关键,当然,讲评中如果能发动学生一起参与,收效会更好。

三、讲授艺术运用方法

讲授虽然是教学中最常用、最普通的教学方式,但这并不意味着怎么说

① 冷伟.历史课堂教学行为研究及案例[M].南昌:江西教育出版社,2009.

都行。教师要想吸引学生的注意力,出色地完成教学任务,学会艺术的运用讲授方法是不可或缺的,下面将从六个方面谈谈讲授艺术的运用方法。

(一)语言生动简练

语言是思维的外衣,交流的工具。课堂讲授主要是凭借语言传授知识的。因此,教师必须重视讲授语言艺术。它要求教师除了要达到最基本的清晰、流畅、准确、通俗易懂及速度适中等标准外,还要注重达到精炼生动的美感享受。这也就要求教师在讲话时句子尽量要短,一句一句地把意思说清,但又不能琐碎,使人抓不住要领,更不能带口头语,老是"啊""是吗""懂不懂"等,让人听得厌烦。除此之外,教师还要注意使用抑扬顿挫的语言,避免使用平庸呆板的话语,让人产生形同嚼蜡的感觉,这样不利于教学的有效进行。

语言生动简练是对教师有效教学最基本的要求,也是教师随着阅历经验的积累以及练习次数的增多所能完善的,这里就不再举例说明了。

(二)讲授清晰确切

一堂课45分钟,教授哪些知识,怎样安排教学顺序等,教师都必须心中有数。否则,想到哪说到哪,学生会理不清线索,抓不住要点,这也必然导致教学目的难以实现。因此,教师要把自己精心设计的教学过程清晰确切地讲授出来。只有这样才能使学生在学习中真真切切、透透彻彻地把握教师所教知识。下面以胡孔国老师的化学课堂教学片段为例来说明。

[教师]通过前面的实验探究和问题探究,对于物质在空气或氧气中燃烧能否产生火焰现象的问题,我们可以进一步得到什么样的结论?

[学生交流与合作]液体和固体可燃物燃烧能否产生火焰现象与物质的沸点高低有关。

[课件展示]交流与讨论结果。

表1　交流与讨论结果

实验组别	实验操作	实验现象	有无火焰现象	产生现象的原因	探究结论
1	钠在空气中燃烧	剧烈燃烧,产生耀眼黄色火焰。	有	钠的沸点低,燃烧放热,可使钠变成钠蒸气燃烧。	液体和固体可燃物燃烧能否产生火焰现象与物质的沸点高低有关。
2	铁丝在氧气中燃烧	剧烈燃烧,火星四射。	无	铁的沸点高,燃烧放热,但无法使铁气化。	
3	酒精在空气中燃烧	燃烧,产生淡蓝色火焰。	有	酒精沸点低,燃烧放热,使酒精变成蒸气燃烧而产生火焰。	
4	铁水在空气中燃烧	表面红热。	无	铁的沸点高,燃烧放热,但无法使铁气化。	

[教师]请同学们总结一下,通过前面对于液体、固体可燃物燃烧能否产生火焰现象的探究,我们能够得出哪些结论?

[学生交流与合作]液体、固体可燃物燃烧时,只有转变成气体燃烧才能产生火焰现象。沸点高低是可燃物燃烧能否产生火焰现象的关键性因素。①

教师在课堂上做了一系列的实验,让学生在猜测与观察中了解什么样的物体在怎样的条件下才能在氧气中燃烧。实验是一个对精准度要求很高的教学活动,如果教师不能清晰确切地传达实验结果,这节课就会毫无意义。这也告诫教师在讲授前一定要做好精准的设计,只有这样,才能保证讲授的清晰确切,使课堂教学有序进行。

(三)设疑激发兴趣

讲授的吸引力主要来源于讲授时的设疑激趣,只有设好疑,才能促使学生去解疑;唯有激准趣,才能吸引学生去听讲。设疑与激发兴趣,是一个问题的两个方面,要相互结合才能使课堂教学更具吸引力。下面举一节课的两次执教方式来说明这个问题。

下面是一位教师科学课《磁铁》的两次执教过程。

(1)第一次的教法。

①胡孔国,张尤俊."木炭在氧气中的燃烧"课堂实录及评析[J].化学教学,2011(5).

“磁铁能吸铁，是不是磁铁的每一处都能吸铁呢？”教师设问后，拿一根铁钉放在磁铁的正中间，学生惊奇地发现磁铁竟没有吸住铁钉。

“这说明什么？”

学生答：“说明磁铁有些地方磁性强，有些地方磁性弱。”

“到底磁铁的什么地方磁性最强呢？”

教师把条形磁铁平放进一堆铁钉里，拿起来，“你看到了什么？”

学生答：“钉子都集中在磁铁的两端。”

“这说明什么？”

于是毫不费力地得出“磁铁两端的磁性最强”的结论。之后，教师再拿出两根一模一样的磁铁，两只小车，按照刚才“一步一个脚印”的方法按部就班地进入磁铁的另一个性质的教学。

(2)第二次的教法。

准备的材料与上次一样：两根条形磁铁，铁钉若干，一盒装在透明塑料盒里的铁末，塑料片，铜钥匙，两只小车，等等。

记得当时学生的表现非常兴奋，老师的话刚一说完，一个男生就迫不及待地动起了手，拿起一根磁铁到处碰，嘴里念叨着：“能吸。”“不能吸。”当他把一根磁铁接近另一根磁铁时，他似乎有了一些什么发现，激动地拉着旁边的同学：“快来看，快来看。”一个女生默默地坐在那里，拿着装有铁末的透明塑料盒，把一根磁铁放在盒子下面，用手指轻轻地敲击盒子，看她的眼睛有光彩突地一闪，又马上摇摇头，重新试了一次。另外一个男生用手直拍头，“这两个小车有什么用呢？”自言自语。学生的表现可谓是十人百面，点子很多，一有新发现，立刻就有别的学生照着试。

活动了一定的时间后，教师让学生停下，汇报各自的发现。磁铁的“本领”学生逐一汇报出来，而且都能用自己的语言表述，就是对“同极相斥，异极相吸”这个性质，学生表述得不那么精确、明白，有点含糊。教师就指导学生利用小车子再做一次实

验,虽也有一些小争论,但意见很快就统一了。[①]

第一次执教,教师只是一味地说,根本不在意学生听了什么或是学到了什么,整节课枯燥无味,学生也无精打采。第二次执教则不同,教师给学生设置疑问让他们自己去寻找答案,面对一堆材料的学生,带着问题就会去思考去研究,最终达到教师追求的教学效果——让学生在学会基本知识的同时学会自主探究式的学习。

(四)内容直观生动

重庆市江北区和济小学的周园老师,在执教物理课《声音是怎样产生的》时候,首先通过猜声音的方式导入中心问题“声音是怎么产生的”,然后通过对橡皮筋、三角铁、直尺、鼓等做发声实验,最后总结实验原理。

师:我们进行了一系列观察和实验,现在你们明白声音是怎么产生的? 为什么一开始同学们会认为声音是敲击、碰撞产生的? 通过这节课的学习,老师非常想知道你们有什么体会?

生:声音是由振动产生的。

生:一开始我们认为声音是由敲击、碰撞产生的,只看到了表面现象。

师(总结):第一,通过对发声物体的仔细观察,我们找到了声音产生的秘密——由物体振动产生。第二,学到了观察的方法,可以直接观察,可以用我们的身体去感觉,还可以借助其他物品帮助我们观察,同时注意观察的时候不能只看表面现象,要深入细致的研究。[②]

这节课教师通过生动的教学实验进行讲授,它让学生直接接触到要学习的知识。学生一节课的注意力被老师的教学实验所吸引,这节课让

---

① 严先元.走向有效的课堂教学[M].成都:四川大学出版社,2009.

② 周园,文德英.让探究在科学课堂中“落地生根”——《声音是怎样产生的》课堂实录及点评[J].今日教育,2008(1).

学生在与教师的互动中既学到了物理知识又学会了观察的方法。因此我们说,教学内容的直观生动可以推动教师教学任务的完成,为讲授增光添彩,起到画龙点睛的作用,很值得教学借鉴与使用。

(五)恰当使用留白

在中国绘画语言中有一个概念叫"留白",就是说在绘画作品中留下相应的空白,使方寸之地亦显天地之宽。人们常说"不着一字,而形神俱备","无声胜有声",也是这个道理。把这个概念借用到课堂教学上来,就是要求教师在课堂的讲授中一定要留给学生适当的思考时间。如果课堂充满的只是教师的讲授,即使讲得再好恐怕也不能说是精彩。那么,怎样才能留出时间让学生自己思考呢?首要问题就是必须弄清在课堂上什么该讲,什么不该讲以及什么时候该讲,什么时候不该讲。这除了受教师自身水平的影响外,更重要的还是要吃透教材和吃透学生。

有一位数学教师在教授"可靠数字与不可靠数字"时,就充分做到了这一点:

教师:我用最小刻度是分米的直尺测量出讲桌的长度是9.8分米。请一位同学到前面来,在黑板上将这一数据分别用千米、米、厘米和毫米表示出来。

学生:9.8分米=0.00098千米=0.98米=98厘米=980毫米。

教师:他做的对不对?你们也是这样做的吗?

学生异口同声地说:对。

这时教师在前面三个等号处画"√",在最后一个等号980毫米处画"×"。全班哗然。

教师启发学生悟出其中的道理:9.8分米中的8是最后一位数字,这说明它是一位估计值。而980毫米中的8却是百分位的精确值,末尾的0才是估计值。这种使8从不可靠数字变成了可靠数字的推导,错误地表现了这把尺子的准确度。怎样才能既正确地反映测量仪器的准确度,又正确地表示测量数据的量值呢?学生在讨论中逐渐明白:用有效数字就能正确地处理这一矛盾。正确的写法是：

9.8分米=9.8×102厘米。[①]

这位教师没有直接向学生讲授可靠数字与不可靠数字，而是让学生发现错误后，自己去思考与总结。无疑，这样的留白会引导学生学会思考，学会学习。所以，为了让课堂讲授的效果更好，教师要吃透课本，吃透学生，给他们提供适当的留白。

(六)情感交融充沛

讲授不是照本宣科，平铺直叙。艺术的讲授更注重教师的以情感人。因为人是感情动物，很容易被周围的情绪感染带动。一个死气沉沉的课堂真的只是学生的问题吗？这恐怕与教师脱不了关系。所以为了调动学生的激情，教师更应该在讲授中投入自己的感情，只有教师投入了，才有可能带动学生投入。不然，想营造活跃课堂只能成为一个设想。

有一位语文教师在上《十里长街送总理》时，设计了如下教学环节：

黑板正中挂着周总理的遗像，上面披着黑纱，下面配上一条白花，两边挂满了1976年清明前后人们在天安门广场悼念周总理的图片。教师一改往日的着装，身穿白衬衫、黑色西服。录音机里播放着低沉、凝重的背景音乐。教师双眼噙满泪水，用震颤并且略带沙哑的声音说："1976年1月8日，是亿万人民永生难忘的日子。这一天，一位伟人的心脏永远停止了跳动，东方天空中一颗巨星陨落了。噩耗传遍全国，神州悲歌恸地。1月11日，人民群众涌向天安门，涌上十里长街。同学们，让我们再一次感受一下一辆灵车开过，数十里泪水洒，亿万颗心拽住车轮那感人的场面吧！"[②]

教师所设计的这一场景以及带着感情的讲授，使同学们仿佛置身于

① 严先元.走向有效的课堂教学[M].成都：四川大学出版社，2009.
② 严先元.走向有效的课堂教学[M].成都：四川大学出版社，2009.

当时的十里长街,个个悲痛万分,潸然泪下。感情是会传染、会传递的。教师讲授时感情充沛,学生则会在潜移默化中受到影响,随着教师走入他所设计的情感氛围中。毋庸置疑,带着情感的讲授会领着学生走进课堂,走入文本。

艺术的讲授除了运用以上方法,还应适当结合一些体态语。教师自然的面部表情、适度的走动以及舒适的服装搭配都能使课堂氛围变得自然轻松,为教师的讲授创造良好的条件,从而提高讲授效果。

小　结

本章主要分两节,从导语和讲授两个方面阐述优秀教师教学语言的艺术运用。每一节又从作用、类型和运用方法三个方面展开。导语是教师进行教学的首要环节,有效的导语起着激发学生兴趣,开拓学生思维,集中学生注意力以及活跃课堂气氛,明确教学要求和目的的作用。鉴于此,教师应根据不同的课文选择适当的导语进行教学,无论是单项表述式还是双向交流式或者是情感性、知识性、趣味性、形象性导语,只有导语选对了才能使有效教学成为可能。当然,要使教学达到艺术的效果,最重要的还是教师选择适当的教学方法。是选择贴近生活联系实际的例子用平白朴实的语言导入,是设置疑问采用情感性的语言导入,还是运用列举对比材料、运用分析的语言等方式导入,都要根据具体课文进行有针对性的设计。也只有具备了针对性,才能有效地解决课堂中出现的问题,使教学有效进行。对于讲授,其重要性是毋庸置疑的。教师通过讲述、讲解、讲读、讲评四种形式,使用简练生动的语言、清晰确切的讲解、交融充沛的情感,通过设疑激趣、适当留白的方法将内容直观生动地展现在学生面前。总之,无论是导语还是讲授,教师都要视具体课文进行有针对性地设计,也只有这样才能使教学达到艺术效果。此外,本章用了大量篇幅介绍了很多优秀教师进行有效导入和讲授的例子,力求给有需要的教师以指导,从而规范他们的教学。

思考题

[1]请举例说明导语在教学中的作用及类型。

[2]讲授主要有几种形式？请举例说明。

[3]如何艺术地运用导语和讲授？请简要说明。

参考文献

[1]蔡高才，袁光华.初中语文课堂教学研究[M].长沙：湖南师范大学出版社，1999.

[2]程翔.语文课堂教学的研究与实践[M].北京：语文出版社，1999.

[3]代蕊华.课堂设计与教学策略[M].北京：北京师范大学出版社，2005.

[4]何更生，吴红耕.语文学习与教学设计[M].上海：上海教育出版社，2004.

[5]济南市教学研究室.语文教学案例分析[M].济南：山东教育出版社，2005.

[6]教育部师范教育司.李吉林与情境教育[M].北京：北京师范大学出版社，2005.

[7]冷伟.历史课堂教学行为研究及案例[M].南昌：江西教育出版社，2009.

[8]林颖.《二次函数的概念》课堂实录与评析[J].中学数学，2009(3).

[9]吕良环.外语课堂教学行为研究及案例[M].南昌：江西教育出版社，2009.

[10]任辉.课堂讲授的艺术境界及其实现方法[J].十堰职业技术学校学报，2007(8).

[11]任燕红，于淑儿.新增内容“化学反应的方向”课堂实录与反思[J].中学化学教学参考，2011(5).

[12]沈海驯，姜水根，褚树荣.新课程名师创新教学访谈录[M].北京：人民教育出版社，2005.

[13]宋广芹.语文课导语语言艺术初探[J].吉林省教育学院学报，2012(4).

[14]童海云，安之林，岳保健.概念调查、转化和理解的课堂实践（二）——《空气有重量吗》课堂实录与教学分析[J].探秘：科学课，2011.（3）.

[15]吴守一.提高课堂讲授效果的探讨[J].江苏大学学报：高教研究版，2004（1）.

[16]严先元.走向有效的课堂教学[M].成都：四川大学出版社，2009.

[17]于漪.于漪与教育教学求索[M].北京：北京师范大学出版社，2005.

[18]朱建国，张怡.培养学生理解力的课堂案例[M].上海：华东师范大学出版社，2009.

[19]周园，文德英.让探究在科学课堂中"落地生根"——《声音是怎样产生的》课堂实录及点评[J].今日教育，2008（1）.

进一步阅读文献

[1]白学勇.再谈课堂讲授艺术[J].纵横教育，2010（9）.

[2]教育部师范教育司.钱梦龙与导读艺术[M].北京：北京师范大学出版社，2005.

[3]王一枝.导语类型例说[J].学语文，2002（2）.

[4]严莉.导语设计的几种类型[J].语文建设，2004（6）.

[5]卫月琴.教学中的讲授艺术[J].太原教育学院学报，2000（增刊）.

第五章 优秀教师教学语言艺术运用(二)

本书第四章涉及优秀教师教学语言艺术的两个方面即导语艺术与讲授艺术。本章则就提问、板书和结语三个方面,阐发它们作为教学语言艺术的作用和类型,进一步领略优秀教师在这三方面所展示的教学语言风采。

第一节 提 问

一、提问的作用

提问,是一种教学艺术,是教学语言中的重要组成部分,是启发学生思维的重要方式。孔子的教学是“循循然善诱人”。叶圣陶先生也说:“教师之为教,不在全盘授予,而在相机诱导。”而好的提问,“必令学生运其才智,勤其练习,领悟之源广开,纯熟之功弥深。”要做到这一点,教师“宜揣摩何处为学生所不易领会,即于其处提出”。好的课堂提问不仅可以启发学生领会教学内容,检查学生掌握知识情况,还能培养学生的创造性思维,调动学生的积极性。提问的具体作用如下:

(一)激发学生的兴趣

兴趣、动机等非智力因素,虽不属于人的认知系统,但它对认知活动却有着指导、调节和强化的作用,是学习过程顺利而有效进行的心理条件。在一定意义上说,“兴趣在教学中起着决定性的作用”。未知的世界对学生有很大的吸引力,这种好奇心正是学生对知识学习的一种内在的心里需要。但是由于学生不能根据自己现实思维愿望和需要来选择学习内容,因此学生对知识的需求常处于一种潜伏状态。如何将这种潜伏状态转化为对学习起实际促进作用的活动状态,这就需要教师不断采取措施进行激发,课堂提问就是这种有效的措施之一。教师在正式讲述教学内容之前,可以设计一些恰当的与课文内容有关的问题,这些问题可以不要求学生去回答,其目的只是在于让学生认识到自己的不足,产生学习的欲望。这种欲望实际上就是学生学习的动力。

(二)促进学生思维的发展

问题是思维的表现形式。问题就是个体在进行满足其需要的认知和实践活动过程中,由于主客观要素的缺损和障碍而使活动中断时所派生的一种需要。这种需要使人力图觅取有关要素使缺损得以弥补,障碍得以排除,从而使活动的过程及其所涉及的要素完整化,以达到需要的满足。教师可以根据教学内容的需要,结合学生原来掌握的知识,在教学过程中设置一系列需要学生思考才能解答的问题,学生在解决教师提出的问题时,就要进行思考。学生解决问题的过程就是思维的过程,因为思维总是指向于解决某个问题,思维的过程主要体现在解决问题的过程中。教师提问的方向性、目标性、指导性,可以控制与调整学生思维发展的速度;根据教学目标的需要,不断调整问题的难易程度,以加速或延缓学生思维发展的进程。因此,教师提问是学生思维发展的动因。

(三)调控教学过程

教学过程是一个影响因素众多,处于动态变化之中的系统。要想引导这样一个复杂的不断变化的系统,实现既定的教学目标,教师就必须不断地依靠反馈信息来调节教学。课堂提问就是教师获取这种反馈信息的有效手段之一。通过课堂提问可以获得学生学习情况的反馈,但这种反馈必须是实质性的反馈。比如为了了解学生对干洁空气这部分知识掌握的情况,教师就可以直接提问学生:“干洁空气中的主要成分各有什么性质?”回答这样的问题学生可以直接对着课本念,但是究竟理解到怎么样就无法知道,所以这只是一种形式上的反馈。但是如果把提问改成:“假若大气中分别缺少了氧气、氮气、二氧化碳、臭氧,那么将会出现什么情况?”回答这样的问题学生就不能对着书念了,学生必须在理解的基础上才能解决这个问题,这样的反馈才是一种实质性的反馈,才可以作为教师对教学过程调控的依据。学生对问题的回答是教师获得反馈信息的重要途径,这样的反馈信息通常情况下可以收到意想不到的教学效果。通过学生的回答,教师得到了反馈信息,及时调整教学进程,学生之间也得到了信息的交流。

(四)引入功能

这种提问一般是在开展新课的时候提出的,能够起到复习旧课、引入新课的作用,使新旧知识能够紧密联系。一位物理老师在讲"声音的产生和传播"时,一上课就提出了这样一个问题:"同学们听过器乐合奏吗?舞台上的乐器有长的、圆的、有金属的、有竹子的,有吹的、拉的、打的,他们构造各异,但是都能发出美妙的声音。同学们注意过没有:为什么这些乐器都能发出声音?乐器的发声方式不一样,但是却有一个共同的现象,这种现象是什么呢?"同学们争先恐后地回答:"振动"。那么这一课要讲述的主要定理:物体在振动时发出声音,就自然地归纳出来了。

(五)引起无意注意

如果教师的提问巧妙、新奇,或者与学生的兴趣爱好相符,就容易引起学生的无意注意。当学生解决了教师提出的问题后,如果教师不继续提出问题,学生就会感到任务完成,无所事事,也就容易分心。这一点在小学低年级的学生中尤其突出。课堂提问还能引导全体学生集中注意力,强化有意注意。教师不断地提出新的要求,学生的有意注意也就容易保持了。即使个别不注意的学生,在宁静的气氛中也会有所发现。或者,教师对不注意的学生发出"重复式"提问,以"提问"进行组织教学比点名批评的方式更艺术、更和谐,更有利于教学活动的进行。

二、提问的类型

课堂提问的类型多种多样,可从不同的角度进行划分。综合优秀教师提问艺术运用实践,这里我们从三个方面对课堂提问进行分类,目的在于通过对课堂提问类型的分析，更好地根据不同的教学内容、教学目标和不同层次的学生，精心设计课堂提问，提高课堂提问的艺术，发挥提问在培养学生思维能力方面的积极作用。

(一)根据问题的思维层次思考水平的高低，可以把问题分为三类

1. 记忆性问题

这是一类学生凭记忆能够回答的问题。通常以是什么或怎么样的形式出现。例如，立体几何中直线和平面有关的一系列判定定理和性质定理，学生如果不能熟记，这一章的证明和计算将难以掌握。教师不时在课堂上进行提问并要求学生复述，是促使学生熟记的有力手段。这种提问主要是引起学生回忆再现所学知识，起到防止遗忘的作用。但是这类问题的思维层次低，思考水平不高，只是在了解检查学生基础知识掌握的情况方面有积极的作用。

2. 思考性问题

这类问题是要学生通过对已有的知识进行加工，通过比较、归纳、分析、综合才能回答的问题。通常以为什么、有什么异同的形式出现。例如，当学生分别学习了约分和通分的知识后理解往往分割地停留在“两种过程”“两种方法”的浅层认识上，教师如果能适时地提出问题：“比较一下，约分和通分有什么异同点？”让学生悟出尽管约分与通分过程不同、方法不同，但都是分数基本性质的运用，只不过所取的角度不同……这样的问题能把学生的思维引向深层，引向概括。这些问题在没有解答过以前，单凭记忆性的知识一般是不能回答的。解答此类问题，要求的思维层次较高，要经过分析、综合、比较、分类、抽象、概括等才能回答，这对思维能力的培养能起到较大的促进作用。

3. 探索性问题

这是一类要求学生在原有知识经验的基础上，根据所给条件进行创造性思维才能回答的问题。答案往往具有多元性，问题的句式也是多种多样的，没有固定的模式，可以给学生以广阔的思维空间。例如，当学生学习了有关圆面积的知识后，教师可以向学生提问“你能从圆面积公式的

推导方法想出圆柱体的体积推导方法吗?"当学生认识了有限小数后,为了引导学生从"有限"联想到"无限",教师可以追问学生这样一个问题:"从有限小数的意义里,你能反过来理解无限小数的意义吗?"这种向相反方向的试探可以使学生产生新的思维角度。再如这样一道应用题:甲乙两个工人生产同样的零件,原计划一天一共生产350个。由于改进技术,甲的产量提高了40%,乙比原计划多生产50个,这样两人一天实际共生产480个。甲乙两人原计划各生产多少个?教师可以在学生准确感知题意以后发问:"这道题有四个条件,两个问题,你们看,哪些条件之间紧密联系着?哪些条件与问题之间紧密联系着?看谁找得快?找得准?"学生就能迅速地在题目的数量关系之中作各种探索、权衡和沟通,通过条件问题之间自由往返的反馈调节,发现各种联系,形成解题思路。这类问题思维层次较高,对于培养学生的思维能力有很好的作用,特别是发散性思维和创造性思维。课堂教学中,应当设计一定比例的探索性问题,培养学生思维的发散性、灵活性、变通性、独创性。

(二)按课堂提问的目的,可以把问题分为四类

1. 用于导入新课的提问

导入新课的方法有很多种,提问法是常用的一种方法。根据教学内容设计一个或几个问题,能够引起学生的注意,激发学生的求知欲望,启发学生的思维,使学生进入良好的学习状态。这类问题应具有新颖性,并要与新课内容紧密关联。问题可来源于新课内容,也可来源于新旧知识的迁移点和联系点。例如,《社戏》的导入:

师:上学期,我们学过鲁迅写的哪篇文章?这篇文章主要表现了什么主题?

生:上学期学过鲁迅的《从百草园到三味书屋》。这篇文章写了百草园中生活的趣味、欢乐和在三味书屋读书的枯燥,通过鲜明的对比,表达了对大自然、对自由生活的热爱,对束缚儿童思想的封建教育的批判。

师:《从百草园到三味书屋》是鲁迅回忆童年时代生活的文

章。今天学习的课文，虽然也是写童年生活的，不过这是一篇小说，是作者在生活基础上的艺术概括，它的题目叫《社戏》。①

这个导入是以提问的方式展开的，教师通过提问既让学生复习了旧课，同时又使他们对新课产生好奇心、新鲜感。

2. 用于反馈信息的提问

教学活动是师生的双边活动，教师的教是为学生的学服务的。教师的教学活动必须根据学生的实际情况进行，及时从学生处得到信息反馈，这样的教学才是有效的教学。教师常用提问的方法从学生的回答中得到信息反馈。这类问题有两种功能：一方面，了解学生对原有知识的理解掌握情况，为学习新知识做必要的准备。另一方面，了解学生对新知识的理解掌握情况，检查本节课的教学效果。不管哪种情况的提问，问题的设计都要有明确的针对性，针对哪些知识内容提问，请哪一层次的学生回答，使得到的信息更准确有效，更能指导教学过程的有效进行，教师应该做到心中有数。

3. 用于课堂调控的提问

尽管上课之前教师做了充分的准备，但是课堂上常常会发生一些意外的情况，如学生情绪的变化，外界突发事件的出现，教师本身偶然的失误等。出现这种情况时，就需要教师及时地进行课堂调控。针对课堂的实际情况，提出一个相应的问题是调控课堂教学的一种有效手段。这类问题事先是无法准备的，要靠教师平时的经验积累和当时的应变能力。例如，正在讲课的过程中，突然有一位学生的家长来找孩子，打断了教学过程，等家长走了之后，可以提出这样一个问题："刚才咱们讨论的问题是什么？"把学生的注意力重新吸引到课堂中来。

4. 用于新课结束的提问

良好的开端是成功的一半。新课的引入固然重要，但也不能忽视课的结束。一堂成功的课，应当首尾并举，精彩纷呈。用问题法来结束新课，可以制造悬念，使学生产生欲知后事如何的好奇心，并引发他们期待下一节课的心理。例如，特级教师钱昆男执教《面积的认识》的课堂收尾，让学生带着疑问离开课堂，为后续学习埋下了伏笔。

① 纪微.教师课堂提问艺术与技巧[M].长春：东北师范大学出版社，2010.

师：同学们，通过这一课，我们学到了什么？

生1：我知道了什么叫做面积。面积就是物体表面或围成的平面图形的大小。

生2：我知道用各种方法进行面积的大小比较，主要有重叠法、观察法、剪拼法。

生3：还有数格子的方法。

师：最后，我们来做一个游戏。男生看的时候，女生不能看；女生看的时候，男生不能看。现在开始，女生先看，(出示一个长方形的硬纸板正面)这个图形有多少格？(男生全部闭眼)

女生：(齐说)6格！

师：(女生闭眼，老师出示一个同一个长方形硬纸板的反面)男生来看，这时有多少格子？

男生：(齐说)24格！

师：(把这张长方形硬纸板正反交替慢慢翻转)请男生和女生同时看，现在请大家想想，谁看到的图形大？

生：一样大。

师：那么，为什么用数格子的方法不能比较大小呢？看来我们需要学习更多的方法和知识才能解决这个问题。今天的课就学到这里，下课！[①]

观察法、重叠法、数格子等方法形成于学生经历探究且获得巨大的成功感之后，而这一环节的安排无疑是给兴奋的学生浇了一盆“冷水”，使学生能认识到所学知识的不足。这一提问既总结了所学知识，又为认识《面积单位》的学习打下伏笔。

(三)根据提问的形式来分

1. 设　问

就是教师精心设计问题提问学生，其特点是教师将问题提出后，并不要求学生回答，由教师自己来回答，目的在于引起学生的回忆和思考。设

① 纪微.教师课堂提问艺术与技巧[M].长春：东北师范大学出版社，2010.

问常用于复习课，着眼于培养学生的多向思维的能力，起到巩固知识的作用。设问也常用于引入新课，其作用是设置悬念，以激发学生的学习热情和求知欲。这种设问，通常是把一节课的重点设计与日常生活密切相关，与学生有强烈愿望的问题联系起来。比如在讲授《光合作用》这一部分内容时，与其直接问学生“光合作用的场所在绿色植物的哪一部位？”或“光反应的场所在叶绿体的哪一个部位？”不如先问学生“进行光合作用需要哪些条件？”或“光反应的顺利进行需要哪些条件”，在学生回答出“光”后再通过“光靠什么物质来吸收？”“色素分布在哪里？在叶绿体的什么部位？”“所以，光反应的部位在哪儿？”一系列问题引导出正确答案。教师可以通过问题串进行设问，既告诉学生应该怎样提出和分析问题，又教会学生思考和解决问题的方法。

2. 疑　问

疑问是由教师设置疑点，提出问题，让学生通过一定时间的自主思考，或通过学生之间的相互讨论，再由学生回答问题的过程。由于教学过程受诸多因素的限制，学生在学习过后可能会有一些疑点。每一节课留一点时间让学生及时把问题提出来，教师进行有针对性的释疑，能使所教的知识更为完善。教师在回答学生问题时，可根据问题是否带有普遍性，考虑个别或当众作答。如果学生的提问是已经讲授过的，或者是很简单的问题，教师也应该营造一种亲切和谐的气氛并进行耐心地讲解，使学生有疑敢问，进而把疑难问题解决掉。

3. 追　问

教师把要传授的知识或要解决的问题，分解成一个个小问题，一环扣一环系统地提出来。教师提问时的语气较急促，问题与问题之间的间隙时间较短，能创设紧张的气氛，训练学生的敏捷、灵活的思维品质。追问能使学生持续集中注意力，刺激他们积极思考，有利于学生全面掌握知识的内在联系。这样的问题还有利于培养学生思维的灵活性、敏捷性等良好品质。例如，特级教师魏洁的《认识平行》。

师：说说你是怎样摆的？

生：我用两根小棒摆成一组平行线。

(实物投影显示)

师:你们认为他摆的怎么样?

(放手让学生自评)

生1:我认为他摆的有点弯。

生2:如果借助于直尺就可以使其摆得更准确。

师:还有其他方法吗?

生:我用两只铅笔摆成一组平行线。

师:你的方法其实跟第一位同学的摆法是一样的,不过你也可以用第二位同学的摆法使你的平行线更准确。同学们想想有不同的方法吗?[①]

在这个过程中,魏老师巧用提问,引导学生思考并自己动手,从而动态地达到了平行的认识这一教学目标。

4. 比　较

就是教师在所提的问题中,综合讲一些能够进行比较的内容,进行比较性提问,引导学生在比较中得出合适的结论。例如,教学《泊船瓜洲》这首诗,为了让学生体会王安石精心选词炼字的好处,教师可提出这样的比较性问题:"要把江南冬去春来的情景表达得生动形象,是用'春风又绿江南岸'好,还是用'春风又过江南岸'好?"这样在问题中引进一个与原诗大意相近的句子,就为学生提供了一个进行比较的条件,学生通过对"绿"与"过"加以比较认识,便能体会出王安石精心选词炼字的绝妙。又如契诃夫的《装在套子里的人》,这篇小说最精彩最成功的地方就是塑造了"套中人"别里科夫这个典型形象。因此,讲授这篇课文一定要让学生明白别里科夫这个"套中人"形象的典型意义是什么。所以,在引入新课时,让学生有一个"典型"的印象。我们可以借助"阿Q"这个人物形象,向全班同学提出一个问题"同学们,你们知道阿Q这个人物吗?",这个问题会引起学生的兴趣,学生对于阿Q都有很深的印象,因此都可以说出自己印象中的阿Q。这时再转入正题,讲述苏联社会里有一个极力使自己与世隔绝,不求进取的人,我们称之为"套中人"。从"阿Q"引

① 纪微.教师课堂提问艺术与技巧[M].长春:东北师范大学出版社,2010.

出“套中人”,这样开头突出了重点,学生印象比较深刻,从而可以引起他们的学习兴趣。比较提问的基本特点,是为要求学生理解的对象提供可作比较的事物,借以打开学生的思路,帮助学生在比较异同中认识事物,理解问题。

三、提问艺术运用方法

课堂提问是教学的有效手段之一,也是教学过程的重要环节。它不但可以用来组织教学,反馈教学信息,而且对于培养学生的思维能力、创造能力都有很大的好处,因此课堂提问有着不言而喻的重要性。但是如何提问才会使学生乐于思考、积极回答呢?教师在设计问题时应该注意到以下几个方面。

(一)提问语言要清楚简洁,目的要明确

教师在提问时语言要表达清楚,问题的指向要明确,问题的范围要适当,概念要清楚,不要产生歧义。避免那些似是而非、模棱两可、冗长啰唆容易引起学生误解的问题。如果概念、指向不明确,就会使人无所适从,让学生有“丈二和尚摸不着头脑”的感觉,不知如何回答是好。只有问答双方都了解了问题的意思,才能使提问教学活动有效地进行。比如,问:“哪一个词用得好?”不如问:“哪一个动词用得好?”问:“本文分几段?”不如问:“本文分为哪三段?”因此,教师的设问要简洁,使学生听后,能够快速、清楚地了解其意,能够把问题记在心里。

(二)提问语言要有启发性,要能唤起学生的思维

课堂提问首先要吸引学生的注意力,激发学生的学习兴趣和学习欲望,唤起学生的思维。因此教师的提问语言要富有启发性,要能促进学生思考,不要问简单的对不对。要能够调动学生学习的主动性,集中学生的注意力,引导他们积极地学习。例如,有位老师上《在马克思墓前的讲话》的提问。

师:上文写马克思在理论上的巨大贡献,接下来一句是:“但

是这在他身上远不是主要的。”这句话是否说马克思在理论上的贡献不重要呢?

生:不是。

师:为什么? 讨论一下。

(生讨论)

生:因为马克思首先是一个革命者,他在科学理论上的发现如果不能在实践中发挥作用,那就成了空洞的说教,是无用的理论。马克思在科学理论上的贡献之所以是伟大的,就在于这些理论对革命实践具有指导作用。

师:分析得好。既然如此,为什么不先写马克思在实践上的贡献,后写他理论上的贡献呢?

生:那样写就不能突出马克思实践的重要性,形不成起伏的波澜。

师:很正确。[①]

(三)提问语言要具有鼓励性,要能够鼓励学生积极主动地发问

教师不仅要教学生知识,更重要的是教会学生学习。在课堂提问中,教师不仅要设计出精巧的问题,更要鼓励学生提出问题,从学生的提问中了解学生的学习情况,以便于教师调整教学进度,改变教学内容,提高教学效率。例如:有个老师讲文言小段《偶烛》时,教师让学生概括一下短文的中心。一连站起来四个学生,说出的答案都不够准确,第五个学生高兴地坐下了,而前面四个学生却茫然若失地站在那里。老师见状马上又补充说:“没有前烛已经照明的基础,后烛也不能益明,第五个同学答对了,是在前面四个同学基础上形成的,前四个同学对大家得出正确结论也有贡献,如果第五个同学是后烛,那么前面四个同学是什么呢?”同学们都齐声回答:“是前烛”。大家都笑了,随着老师的手势,前四个同学都高兴地坐下了。从这个例子中,我们可以看出,教师对学生回答问题时恰当的评

① 程翔.语文课堂教学的研究与实践[M].北京:语文出版社,1999.

价语言，在课堂教学中具有重要的作用。

（四）提问语言要具有引导性，要能够引导学生自己解决问题

学生是教学的主体，是教学的最终目的，在课堂提问中，教师提出问题，就是在帮助学生发现问题，然后通过点拨、启发等各种手段来引导学生自己解决问题，使学生真正受益。课文教学中遇到生词，老师问学生："这是什么意思呢？请大家自己在字典中查一查。"学生纷纷查字典，不一会儿，有人大喊没有这个词儿。这时，老师仍然不教查字典的方法，突然，一个同学大声说道："我找到了！"这个同学拿起字典介绍了页数，并自信地把注释完整地读了一遍。到这里并没有结束，老师接着让他告诉其他同学自己是怎样解决问题的。那位同学详细地介绍了他查找的经过，介绍中带着喜悦和自豪。这位老师的可贵之处，不是教给学生现成的知识，而是通过提问重在引导学生自己去解决问题，给学生一个动手、思考的时间和空间。

（五）提问语言要有趣味性，拉近与学生的距离

提问设计要富有情趣和吸引力，使学生感到有趣而愉快，在愉悦中接受教学。如"问题链"的内部联系，或并列，或递进，或归纳，或演绎，或众星捧月，或追本溯源，都应该具有严格的逻辑联系。这种"问题链"都具有较大的容量。大至举纲提要，统率全篇；小者也能解决某个段落或课文某个方面的阅读要求。

古人云：学起于思，思源于疑。可见，设疑是多么的重要。课堂提问是组织课堂教学的中心环节，在课堂教学过程中教师创造性地设计提问，有意识地为学生发现疑难问题、解决疑难问题提供桥梁和阶梯，将有助于点燃学生思维的火花，激发他们的求知欲望，使课堂提问真正成为培养学生创造能力的桥梁、火种与催化剂，让学生在思维情境中学会思维，在探究问题中学会探究，在提出问题中学会思考。

第二节　板　书

一、板书的作用

板书是教师在课堂教学中,为配合讲述或其他教学行为,用粉笔在黑板上书写的文字或描绘的图表,是课堂教学的有机组成部分。当今社会,随着计算机和软件技术的发展,幻灯、动画、图片、音像等多种媒体,以及各种仿真软件全面进入到课堂。不少教师在信息技术与学科教学的整合过程中,过多地依赖现代信息技术,忽视了板书在教学中的运用。然而,课堂教学毕竟不是学术讲座,课堂教学是教与学之间的互动交流的过程,是知识物化的过程,在这个过程中,板书所起到的作用是任何现代教学技术都无法替代的。

(一)直观地展示课文内容,揭示教学重点

一节课的板书,从知识的引入(发生)—发展—概括总结—实践实用均体现了教师对教材的深刻理解和准确把握。学生从板书中不仅能了解知识的全部内容,而且能清楚看到各部分知识间的相互联系,能明确哪部分知识是重点以及应用这些知识要注意什么问题等,来龙去脉展示无遗。因此一节课的板书是这节课教学目标完整而直观的展示。例如,一位地理老师讲授"影响我国气候的主要因素"时,通过板书展示了课堂教学内容,揭示了重点——位置、地形、季风对气候影响是最主要因素。

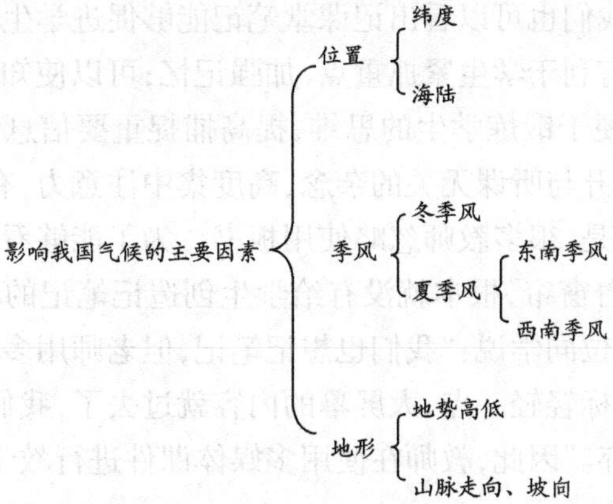

(二)有效控制教学的节奏,调控教学过程

学生在听课过程中,存在一个反映、思考和接受的时间差,并且同样的教学内容,在不同的班级,学生的接受速度也是不同的。为了使老师教学思路和学生学习思路同步,板书的合理运用就是最好的工具,老师通过适当的板书,控制教学的节奏,使教学过程舒缓而自然。在语文教学中,板书能引导学生循序渐进地领会文章的思想,欣赏文章的艺术构思。如《变色龙》前后共写了奥楚蔑洛夫的六次变化,“一变”时他“盛气凌人”,“二变”时他“狼狈不堪,瞒上欺下”,“三变”时他“威风凛凛”,“四变”时他“奉承拍马,反复无常”,“五变”时他“神气活现”,“六变”时他又“奴颜婢膝”。伴随着课文的讲解,在黑板上把表现奥楚蔑洛夫变化的关键词语写下来,这样的板书抓住了人物的动作、神态等主要特点,每一次变化前后形成了鲜明的对比,入木三分地刻画了俄国官场趋炎附势、狡诈多变的“变色龙”奥楚蔑洛夫的典型形象,从而深刻揭示了俄国社会的腐败和黑暗。

(三)有助于学生记笔记,提高笔记能力

心理学家巴特纳曾经做过这样一个实验,他在向学生介绍一篇美国公路发展史的文章时,把学生分成三组,甲组一边听课一边做笔记,乙组边听边看老师列好的重点,丙组只单纯听课。学习后,对所有学生进行测试,结果发现边听边做笔记的学生成绩最好,单纯听课的学生成绩最差。从这个实验中,我们也可以看出记课堂笔记能够促进学生思维发展,加深对知识的理解;有利于学生紧抓重点,加强记忆;可以使知识系统化,便于学生理清思路;便于锻炼学生的思维,提高捕捉重要信息的能力;最重要的是促使学生抛开与听课无关的杂念,高度集中注意力,有效地提升课堂教学的效果。但是,很多教师忽略使用板书。为了能够看清投影屏幕,上课时关着灯,拉着窗帘,根本就没有给学生创造记笔记的环境,某著名大学建筑设备系一位同学说:“我们也想记笔记,但老师用多媒体教学,速度太快了。他们鼠标轻轻一点,大屏幕的内容就过去了,我们根本就记不过来,只好选择放弃。”因此,教师在使用多媒体课件进行教学的同时应力求

通过板书来展现整节课的结构和脉络,使传统板书与现代教育技术优势互补,以确保课堂教学的效果。

(四)潜移默化的育人作用,具有示范美

字迹工整、条理清晰、布局合理、美观大方的板书是教师严谨学风、科学态度、缜密思维、丰富学识的综合体现。板书是无声的言传,是有形的身教,是课本外活生生的范例教材,对于提高学生的书法、绘画、欣赏、逻辑思维等能力具有重要影响。经过长年累月的熏陶,必将对学生良好习惯的养成、综合素质的提高起到积极的推动作用。另外,板书还可以提高学生的审美能力。板书在展示出教学内容的同时,还展示出科学的内在美和板书形式的外在美。板书的整体性、严谨性、简练性是一种统一和谐的美:切题的引入、自然的过渡、紧密的联系,形成了一条优美的思维曲线,让学生体验到知识的科学美。流利的文字、整齐地排列、优美的曲线、变化的色彩,使学生心情愉悦,科学美和形式美的魅力,是增强学生学习兴趣的重要因素。在科学美和形式美的长期熏陶下可以影响学生思想品质的健康成长,他们以板书为样板,笔记和作业能做到准确规范、整洁美观,逐渐养成一种对工作具有强烈责任感,追求高质量的科学态度。

二、板书的类型

板书设计是语文教学过程中不容忽视的一个重要环节。科学的板书设计,不仅能使学生准确、全面地掌握所学内容,把握知识的要点,而且易于理解记忆,使学生的学习达到事半功倍的效果。因此,板书设计历来为教师所重视。板书的形式和教学的其他活动形式一样,要根据教学内容的特点,从实际出发,恰当地应用。板书的种类多种多样,选择最佳的板书形式是增强教学效果的重要环节。

(一)按照板书的容量可分为专题式、综合式板书

专题式板书容量少,它只选择教材内容、课文的某一方面,如人物专题、情节专题、结构专题、描写专题、修辞专题等,进行书写展示,以揭示教材的某一专题内容。它主要是解决一些难点,揭示教学内容的重点之处,

让学生更好地理解以及掌握相关的教学内容。综合式板书则是整节课或教材整个章节、整篇课文的概括性板书，它容量大，揭示内容完整、全面、系统，能给学生以整体感并提高学生的概括能力。这种形式的板书使教学内容层次脉络清晰，学生听讲比较有条理，可以使学生系统完整地掌握教学内容。

（二）按照板书的地位可分为主板书、副板书

主板书，又称基本板书或中心板书，它体现教材的知识要点、主要内容或主要事实、主要理论或主要观点、重点、难点、疑点、特点，反映教师的教学意图，表达教学目的。它能表现出教学内容的基本事实，基本思想，反映教学内容的结构及其表现形式。它是整个课堂板书的骨架，一般是按照教学内容和教师的讲解顺序，提纲挈领地编排书写的形式。从这个意义上说，板书就像教师的“微型教案”，主板书一般保留课堂教学的全过程。副板书又叫辅板书、辅助式板书、附属型板书、注释性板书，它表现与教材有关的零散知识，或书写与课文有关的字、词、句等，是提示有关旧知识的板书，是对主板书的一种注释、说明和充实、补充。是一种根据课堂教学需要，根据学生反馈随机出现的板书，它是对主板书的补充和辅助说明。副板书可随写随擦或择要保留。

（三）按板书主体可分为教师板书、学生板书、师生板书

教师板书又称主导型板书，是教师在课堂上展示的主要板书，也是课堂教学的重要组成部分，其作用仅次于讲授。学生板书，又称主体型板书，是体现学生为主体，发挥学生积极性、主动性的板书。如学生设计的板书，找学生在黑板听写、板演等，它有利于学生创新精神和实践能力的培养。师生板书又称合作型板书，是师生互动式板书，它体现了双边活动、教学相长的现代教学理念，应积极推广。

（四）按板书呈现形式可分为书写式、悬挂式、映像式板书

书写式板书，又可分大黑板、小黑板板书，现成式、渐成式、遮幅式板书等。它是教师在课堂上根据课堂教学内容当场用粉笔在黑板上书写的板

书。悬挂式板书一般是事先准备的内容,或张贴或悬挂,用于向学生展示课堂教学所需要的素材,由于是事先准备好的,因此在上课过程中可节省时间,增加信息量。映像式板书也即现代电教式板书。通过多媒体工具,教师把课堂教学所需要的知识,事先整理好,在电脑中利用相关软件做成板书的形式,在教学过程中,通过播放幻灯片的方式展示出来,这种板书可以吸收利用更多的网络素材,使板书的表现形式更加直观生动。

(五)按板书表现手段可分为板书、板画

这里的板书包括文字式板书、符号式板书、线条式板书、表格式板书、图示式板书。文字式板书是指只用语言文字书写的板书,没有符号、线条、图表等配合。符号式板书是指运用符号、代号、记号,如标点符号、数学运算符号、气象符号、速写符号、批改符号、箭头符号、标志性符号、商标、字母等,配合以文字组成的板书。线条式板书是以线条为主配以文字的板书,线条有直线、曲线、折线之分,曲线又可分开放式曲线(如抛物线、波纹线、螺旋线、圆柱螺线等)和封闭式曲线两种,圆和椭圆又有相交、相包、相切、相离等。另外,按不同标准,线条还可分为实线与虚线,横线、竖线与斜线,单线与复线,平行线和交叉线等。表格式板书包括分层表格、分点表格、分项表格、分类表格等板书。它形象简明、内容扼要、对比强烈,由于效果好,教师常常使用。图示式板书是指图形加文字的板书,图形又可分为几何图形、用具用品形、动物植物形、自然人文景观形、汉字形等。板画是指简笔画,为了与图示式板书区别,我们只把有图无文的板书,才称“板画”。板画简洁、形象、富有美感,是低年级教学常常采用的教学手段。

另外,按照板书时限和作用可分为课前预习板书,课中提问、讨论或讲授板书,课后总结、复习板书。按板书造型可分,直线型、折线型、曲线型、双线型、坐标型、放射型、集辐型、圆(球)型、三角型、旋型、塔型、菱型、梯型、连环型、雁行型、立体型等板书。当然,按照不同的标准我们还可以分出不同类型的板书,这里不再作分类阐述。

三、板书艺术运用方法

在课堂教学中,通过一种精心设计的板书,能够准确地揭示课堂教学

内容，突出重难点，启迪学生的思维。教师需要根据教材内容来设计相应的板书，常用的板书艺术运用方法有如下几点：

（一）书写规范

板书要工整，必须遵循汉字的书写规律，做到书写规范、准确。要按照汉字的基本笔画和笔顺规则，不倒插笔，不写自造简化字。字的大小以后排学生能看清为宜。教师板书时，一定要一笔一笔地写字，一笔一笔地画图，让学生看清楚，对一字一句，甚至标点符号都要有所推敲。教师的板书除了传授知识外还有一个引导和训练学生养成良好的书写习惯的重要任务。板书规范、书写准确、有示范性，是教师在教学中应该时刻谨记的。

（二）语言准确

这是从板书内容上对教师的板书语言提出的更高层次的要求。虽然板书在教学上是间隔地出现的，但是最后总要形成一个整体。板书要让学生看得懂，能引起学生的思考，不能由于疏忽而造成意思混乱或错误。因此，板书用词要恰当，造句要准确，图表要规范，线条要整齐，这是板书设计中不容忽视的重要方面。

（三）体现思路

各学科的教学内容都有较强的层次性、逻辑性和连贯性，所以板书也要层次分明，清晰地体现出教学思路。在教学过程中，板书和口头讲述是同步进行的两种教学手段。要发挥出板书直观、形象、清晰、概括的优势，要求教师在书写板书时必须做到层次清楚、条理分明、脉络清晰。要求教师对教材的分析，一定要在理清文章的思路上下工夫。比如程翔老师在其《语文课堂研究与实践》一书中所列举的《行路难》一诗的板书，诗的线索是“现实—理想—现实—理想”，在现实与理想的交替变换中，表现了诗人李白失望与希望交织在一起的复杂的矛盾心理。理清了这条线索，板书内容也就设计出来了：

行 路 难

李白

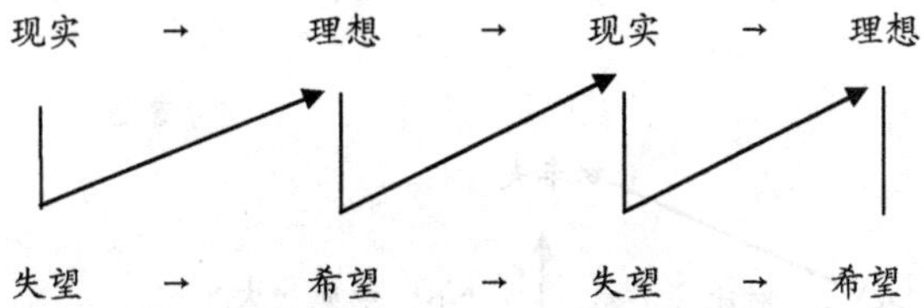

再如《庖丁解牛》一文,作者的思路是很清楚的。题目是“庖丁解牛”,但文中直接描写解牛场面的文字只有“手之所触,肩之所倚,足之所履,膝之所踦”16个字,大部分的篇幅都是写庖丁谈“解牛”。谈“解牛”的文字是有文惠君的一句“技盖至此乎”引出的。承上启下,文章过渡十分自然。谈完“解牛”之道后,又是文惠君一句“吾闻庖丁之言,得养生焉”一句作结,既展现了文旨,又照应了前文,全篇结构天衣无缝。教师理清文章思路后,板书内容也就设计好了:

庖 丁 解 牛

庄子

照应
- 一、庖丁解牛:触、倚、履、踦
- 二、文惠君赞解牛:“盖”（承上启下）
- 三、庖丁谈解牛:三个阶段
  - 始解牛时
  - 三年之后
  - 方今之时
- 四、文惠君悟养生之道:文旨

(四)新颖别致

学生每天都会在课堂上看到板书,天天都是白纸黑字,时间长了容易失去吸引力,好的板书设计会给学生留下鲜明深刻的印象,形成理解、回忆知识的线索。充满情趣的板书设计,能够给学生以美的享受,拨动他们的心弦,引起他们的学习兴趣,从而加深理解和记忆,增强思维的积极性和持续性。这就要求教师的板书设计应当力求新颖别致，能调动起学生的学习积极性。例如程翔老师在教《一件小事》时，板书是这样设计的：

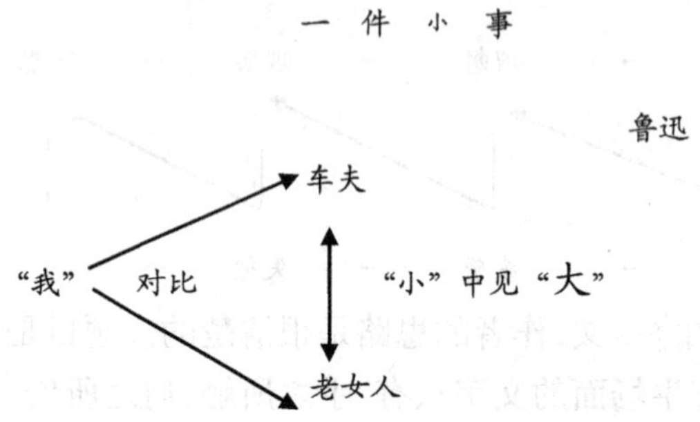

教师故意把题目中的"小"写得特别小，"小中见大"的"大"写得特别大。还突出了"我"与车夫、老女人的"三角关系"，强调了对比手法的运用。学生对这个板书设计很感兴趣。

再如，程翔老师在教《扁鹊见蔡桓公》时，是这样设计板书的：

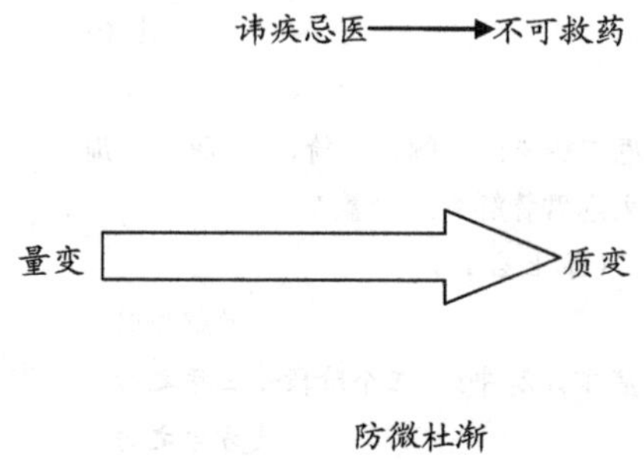

"讳疾忌医"四个字教师用黄色粉笔写，表示"黄牌警告"。"不可救药"四个字用粉红色粉笔书写，表示"生命终结"的意思。"量变"用白色，"质变"用红色，用来表示事物的发展变化，这个板书设计也受到了学生的欢迎。

（五）灵活多样

教师应该是一位艺术家，课堂上的板书设计应该是丰富多彩、灵活多样的。首先,在字体上应该是以正楷体为主,兼顾别体。其次,在用笔上可以粗细搭配。比如题目用粗线条,作者姓名及正文用细线条。例如:

荷塘月色

朱自清

荷叶　　泻
荷花　　浮
荷香　　洗
荷波　　笼

另外,在色彩搭配上也应该有所注意。如:在写“花儿为什么这样红”时,“花儿为什么这样”用白色,“红”用红色。在写“从百草园到三味书屋”时,“从”用白色,“百草园”用绿色,“到”用白色,“三味书屋”用黄色。在写“春”和“绿”时,用绿色。在写“香山红叶”时,“香山”用白色,“红叶”用红色①。

总之,板书是一种艺术。好的板书,恰似一杯甘甜的醇酒,让人陶醉、叫人难忘。它既体现了教师的聪明才智和巧妙构思,又表现出教师个体的审美情操和艺术修养;它带给学生的既有美的享受、又有对知识的理解和掌握,更有觉悟的提高,所以,好的板书是一幅融知识、觉悟和美学于一体的完美艺术。

第三节　结　语

一、结语的作用

俗话说:编筐编篓,重在收口;描龙绘凤,重在点睛。“收口”和“点睛”便是结尾的神圣使命。教学的开头十分重要,人们普遍比较重视和讲究。教学的结尾与开讲一样至关重要,也是一种艺术和创造,对教师完成教学目的有重要的作用。

① 程翔.语文课堂教学的研究与实践[M].北京:语文出版社,1999.

(一)综合、概括课堂知识

著名教育家尼洛夫·叶希波曾说过,通过总结学生在课堂上所学的主要事实和基本思想来结束一节课是很有好处的。这里所说的好处即教师把所教授的知识经过整理归纳使学生可以理清头绪,明确重点,掌握难点。这样有利于学生深入理解课文,把握全文,达到举一反三,实现知识迁移的目的。如语文特级教师于漪在教《茶花女》时这样结尾:"祖国如此伟大,人民精神如此高尚,一朵茶花能容得下吗?能!为什么能呢?这是由于作者运用丰富的想象,进行巧妙地艺术构思,不断开阔读者的视野,由情入手,而景、而人、而理,水乳交融。"

(二)使课堂知识条理化、系统化

一般情况下每堂课的教学内容都会很丰富,有时教学内容不是很集中,这样就需要教师在课堂结束时及时地进行整理,使课堂知识条理化,系统化。利用授课结束前几分钟与学生的谈话,把本节课的内容做一番梳理,把脉络搞清楚,这对于巩固、强化课堂上已学的知识是很有必要的。例如,一节语文课,阅读分析既要涉及文章的结构特点,又要涉及语言特色,学生的理解存在于阅读分析的过程中,还来不及形成一种系统的明晰的认识,需要通过小结,使学生头脑中形成系统的认识。按其知识的内在规律,有机组合排列,形成明晰的条理,也便于学生记忆。

(三)拓展思维,引导探索

当今社会,教材内容信息量很大,教材内容普遍偏多。教师在上课的时候不能面面俱到都讲得很清楚,主要是围绕教学的重点与难点进行,侧重讲清事物的实质、规律及其内在之间的联系。其内容可以在结语中设计几个综合思考题,让学生自己去探索。例如,生物课上,讲完心脏之后教师可以提出几个问题:为什么左心室的心肌比右心室心肌厚?为什么……?这些问题与讲课内容息息相关,留给学生去思考分析,教师给予必要的启发和指导,会使学生兴趣倍增,思路大开。

(四)再置新疑,促进新、旧知识衔接

课堂结尾可以以旧知识为基础作延伸,有时可以布置思考练习作业,其目的是帮助学生巩固记忆和运用所学知识,培养能力,激发继续学习的兴趣。例如,语文课堂上经常会出现小说篇目,其中不乏章回小说。章回小说有一个突出的特点,就是在每回的结尾处铺设新的疑团,使故事异峰突起,迫使读者不忍释手。效法这种创作技巧,在讲课的结尾设计一个或者几个富于启发性的问题,造成新的悬念,让学生“且听下回分析”,即可唤起学生新的学习动机,又可吊起学生“胃口”,使其翘首待望新课学习。如:讲完心脏的血管后,接着提出:右心室的血液到哪里去了呢?左心室的血液又通过什么血管到何处呢?这就为肺循环和体循环一节的讲述巧设了铺垫,使新、旧知识间得到有机的衔接。

(五)衡量教师水平的一个重要标准

一个好的课堂结语,必须是在深入钻研教材,了解学生,研究教学方法的基础上进行的。它是一项重要的备课内容。教师如果没有丰富广博的知识,不能精通学科的专业知识,没有较好的教学业务能力,是不可能设计出好的课堂结语的。也就是说,只有业务能力强,教学水平高的教师才能设计一个好的课堂结语。

二、结语的类型

课堂教学小结不是教学过程的简单重复,而是从教学目的出发,对教学重点和难点的及时整理回忆。在这一过程中,教师仍然起着主导作用,学生可以按照教师的指示进行总结,也可以师生一起总结。在实际的课堂教学中具体采用什么方法,需要教师根据教学内容的性质和要求来决定。教学结尾的类型可大致分为以下形式:

(一)归纳总结型

这是一种最常用的结尾方式。即从讲述的事实出发,经过概括总结,得出一般结论。这种课堂小结与提要,容易在学生头脑中形成完整的知

识结构。它可以从内容和形式两方面进行，力求多角度、多形式、有深度、有创新，而不是前面教学内容的机械重复，简单再现。例如，教《荆轲刺秦王》这一课，对荆轲这一人物形象的分析可以归纳为："他(荆轲)为太子丹策划，劝说樊於期，易水壮别，特别是荆轲刺杀秦王，都充分表现了荆轲是一位英雄。他具有勇敢、沉着、反抗强暴的性格，向来为我国人民称颂。"这一结语，将荆轲刺秦王的故事脉络理清了，又突出讲到了荆轲的人物性格特点，这样就可以让学生记住荆轲这一人物形象。又如一位生物老师在讲《血管和心脏》一课时是这样收尾的：本节课这样讲心脏结构及生理，要求同学们掌握心脏的结构与其功能相适应的特点有心肌、四个腔室、瓣膜、心壁厚薄等。同时要理解什么叫心率、心动周期、心输出量的概念。这是一段典型的总结归纳式结语。它将一节课的教学目的、重点难点明确地告诉了学生。

(二)前后呼应型

课堂教学是一个有机的整体，开头，中间结尾常常是环环相扣，步步相连的。因而，收尾就必须与开头的导语相呼应，并为下一节课埋下伏笔。使整个教学过程前后连贯，首尾相通。例如，教学《荔枝蜜》时，导语是："大家很害怕蜜蜂，因为它能蜇人，蜇了人很痛。那么，我们能不能因蜜蜂蜇人而在心里贬斥它呢？为此，我们看一看散文家杨朔同志对蜜蜂的认识过程是怎样的吧。"与之相对，教师可这样设计结尾："学习了《荔枝蜜》这篇散文，可以使我们深受启发，作家对蜜蜂的认识是由不喜欢到喜欢的，其最终的赞美之情溢于言表。蜜蜂蜇人是它的防卫本能，正因如此，方显出它的个性和力量，也才显得可爱。更可贵的是，蜜蜂能够酿蜜，为人类作贡献，精神崇高。因而我们要爱蜜蜂，更要向那些像蜜蜂一样酿造生活的人学习。"这样的结语，照应了开头，前后贯通，把教学推向高潮时便戛然而止。学生沉浸在对蜜蜂一样的人的敬仰之中，进一步理解了文章的主旨和意义，正可谓"言近而指远"。

(三)师生对话型

设计结语的时候也可以采用师生对话的形式，归纳教学重点或难点。这种方式的好处在于将老师要讲的结语内容引导学生说出来,加强了师生之间的互动交流,有利于活跃课堂气氛,能够训练学生的概括总结能力,从而加深学生对课文的印象。例如,下面一段结语:

师:学完了这一课给我们印象最深的是什么?

生:这篇课文给我印象最深的是小艇在威尼斯的作用竟是这么大。

生:给我印象最深的是本文描写既有作者直接看到的,又有作者联想的,使文章内容更丰富、生动。

生:学习这课,使我懂得了“联想”要合理,不能乱想。过去我在作文时就有乱想、想入非非的现象。

师:大家讲得都很好,既写实在的事物,又进行联想的写法是本文学习的重点。回家后大家认真完成课后有关这方面的作业,还要求把全文中写实的事物和作者联想的部分,分别摘录下来,并想想这样写有什么好处。

(四)发散思维型

在课堂教学的最后时候,教师需要引导学生运用已掌握的知识,从课文内容出发向课外拓展迁移,让他们自己去获取知识,鼓励学生从不同的角度,运用多种方法去思考新问题,探求新知识,做到举一反三,触类旁通。例如,《卖炭翁》一课将结束时,教师引导学生思考:卖炭翁卖炭是为了“身上衣裳口中食”,可是他的炭被太监们抢走了,他该怎么办?学生们热烈讨论,气氛很活跃。有的说他要呼天抢地生活无望,“半匹红绡一丈绫”,既不能做衣服御寒,又不能换成粮食,他只有自寻死路;有的说他当场愤怒到了极点,拼命反抗,不让太监拖走炭车,最后同太监打了起来;有的说他赶老牛破车回到破窑内,冷冷清清,孤单一人,越想越不是滋味,活不下去了,撞窑身亡;有的说是官逼民反,他再也不烧炭了,揭竿而起,走上了杀富济贫的道路……正在学生畅所欲言的时候,教师就结束了讨论,让同学们将自己的想法以《卖炭翁的炭被抢了之后》为题写在作文本上。

这种结语能够刺激学生主动探求,能够让他们对所学的课堂知识进行充分的想象,积极思考。有利于培养学生的创造力,训练他们的多项思维,加深对课堂知识的理解。

(五)作业练习型

就是教师在快要下课时布置作业练习来总结教学作为结语。常用的语段是:下面布置作业,请完成课后练习题。布置任务,也是布置作业的一种方式,同样也可以作为结语的一种方法。例如,一位实习物理教师在讲《电磁振荡》这节课时课文内容还没有讲完,下课铃响了,于是他便说:什么叫阻尼振荡和无阻尼振荡,请同学们课后预习书本,下一课我要提问。另外还有课后练习题作为今天的作业。用布置作业的方式作为课堂结语是常用的。当讲课刚好讲完一个小课题时,下课铃响了,还有一个知识点没有讲,这时就可以用与下一课题有关的思考题来结课。例如,在讲《磁现象的电本质磁性材料》这一课题时,如果刚刚讲完前一个内容就下课了,教师就可以用以下结语:这节课我们学习了磁现象的电本质。关于磁性材料的知识,请同学们思考:什么叫磁性材料?磁性材料分为哪两种?他们各有什么用途?如果下课铃响的时候教师正在讲解,也可以根据讲课内容灵活地提出下一层思考题去断课。比如:“以上讲述的是要选择能够表现主题的材料,那么,是不是能够表现主题的全部材料都可以用呢?请思考,下课!”再如,讲浮力课时,如正在演示“氢气球脱手后上升”这一实验时,下课铃响了,教师可以用如下结语“吹了空气的气球是否受浮力?请同学们思考,下课!”

三、结语艺术运用方法

课堂结语是教师必备的一项教学技能,是教学过程中非常重要的一环。它的作用、形式以及注意事项有很多,各学科特点的不同决定了结语不可能有同样的标准。结语运用恰当,能够使课堂教学起到事半功倍的效果,教师要在实践的过程中不断的进行探索、研究。

(一)结语要有概括性

好的结束语应该具有精要的概括性。无论教学容量多么庞大,文章结构如何复杂,教师都必须引导学生用精炼准确的语言归纳全文的思想内容,概括文章的写作特色。例如,《故乡》的结语:

> 现在我们看看作者是怎样塑造闰土这个形象的,塑造这个形象的目的是什么,反映了怎样的现实。从刚才的分析中,我们可以看出闰土是一个典型的中国农村的贫穷农民。他靠出卖苦力谋生。在军阀混战的年月间,他辛苦操劳,却终因身受天灾、苛税、兵、匪、绅的多重压榨,加上多子的担子,陷入饥寒交迫中。作者通过对他外貌、语言、神情前后的对照描写,满怀同情地描写了他从一个活泼、天真、聪明、伶俐的"小英雄"变成了一个麻木、迟钝、苦不堪言的"木偶人",通过这一形象的塑造反映出当时旧中国农村的破产和农民生活的极度贫困以及精神上麻木愚昧的共有特征。①

这里教师的结语不仅全面地概括了闰土形象的特点,而且揭示了这个人物形象的典型意义,并且由此推出本文的主题,使学生通过这节课的学习对人物形象及本文的主题有深刻而完整的认识②。

(二)结语要有条理性

一节课教师上完后,学生会感到知识庞杂,这也重要,那也重要,理解负担重,记忆负担也重。他们一般并不考虑知识的归纳整理,只是学到哪里就复习到哪里。因此,新课讲完后,教师应该使用条理化的语言,把本节课的知识由繁到简,进行归纳整理。因此好的课堂结语应该具有严密的条理性。课堂结语是与课堂导入语相互对应的一对范畴,是对课堂导语的自然巧妙的回应,是激发学生兴趣引导学生学习的必然结果。假如

① 蔡高才,袁光华.初中语文课堂教学研究[M].长沙:湖南师范大学出版社,1999.
② 蔡高才,袁光华.初中语文课堂教学研究[M].长沙:湖南师范大学出版社,1999.

教师结束时把课堂导语撇在一边,顾左右而言他,就势必导致课堂教学过程的不完整,影响实际教学效果,给教师的课堂教学设计,也带来一些负面影响。教师只有使用条理化的语言,对课堂知识进行归纳梳理,前后呼应,才能使整个教学过程善始善终。

(三)结语要有针对性

每节课都有着明确的教学目标,教师在做课堂结语的时候必须针对教学内容和学生的特点,因文、因人制宜,具有鲜明的针对性。凡是学生难记、难理解、难掌握及容易发生错误的地方教师在做课堂结语的时候都应该阐明。例如,除数是两三位数的除法,重点是两位数除多位数的计算法则;难点是掌握试商的方法,教师抓住这几点来进行课堂小结,就能使学生对所学知识有一个非常清晰的印象。例如,"求两个数的最大公约数"的课末小结,突出按三种情况进行有序思维。即:先看它们是不是倍数关系,若是,较小的数即是它们的最大公约数;若不是,再看它们是不是互质数,若是,它们的最大公约数即为1,若不是,即用除法求出它们的最大公约数。这样,解题时方法步骤明确、思维操作有序,效果会更好。最后,针对学生易错的概念、法则、公式教师也可以通过小结加以强调,引起学生的重视,防微杜渐。例如,解"求圆锥的体积"时,学生在计算时常常要漏掉乘以1/3.为了预防这种错误,教师在课堂结语时应该强调乘以1/3的道理,这样就会防患于未然了。

(四)结语要有引导性

课堂结语不能由教师包办代替,要立足于引导学生,让学生参与其中,展现出获取知识的思维过程。例如,教学分数的基本性质,课末教师出下面两道思考题,引导学生回顾总结:①分数的基本性质是怎样推导出来的?②分数的本质有什么作用?学生通过阅读教材,相互讨论,各抒己见,使同学们弄清了这两种问题。他们说:"我们先通过大小相等的三张正方形纸和三个大小相等的圆,用折纸的方法分别折出$\frac{1}{2}$,$\frac{2}{4}$,$\frac{4}{8}$,$\frac{3}{4}$,$\frac{6}{8}$,$\frac{9}{12}$并涂上颜色,我们直观地看到$\frac{1}{2}=\frac{2}{4}=\frac{4}{8}$;$\frac{3}{4}=\frac{6}{8}=\frac{9}{12}$。接着找出分子、分母的变化规律,概括出分数相同的分数,也可以把分子不同的几个分数化成分子相同的分数等。"学生对分数的基本性质,是通过自己动手动脑得到的。这样进行课堂结语,可以让学生由感性认识上升到理性认识,因而可以更好地指导学生练习。

(五)结语要有趣味性

充满情趣的结尾能有效地激发学生学习的动机,使学生的身心得到放松,浓厚的学习兴趣得到保持。例如,几位历史老师在讲授不同的历史知识时先后使用如下语言:

袁世凯生平只做了一件有益于中国人民的事,(听者愕然)这就是他终于死了——绝对地死了,很合时宜地死了,义无反顾地死了。(大笑不止)

罗马教皇在300年后终于宣布为伽利略平反昭雪,为伽利略落实政策了。(学生大笑)

国民党统治下苛捐杂税,多如牛毛,我们只需引用当时的一副对联,便可知道那时的情形。这副对联道:"自古未闻粪有税,而今只有屁无捐。"横批是:"民国万税(万岁)"。

(讲第一次世界大战时有学生问到意大利为什么不马上参战)意大利,意大利,其意就在大利上,利小则不为也。所以它要观望一下,哪里的利大它就参加到哪里去。(学生笑)

(在讲到西汉中山靖王刘胜时)此人在历史上没有做过一点好事,却有点名气。这是因为他保持生了一百二十个的冠军纪录。(学生大笑)①

这里的课堂教学结语非常的形象生动,趣味盎然,非常受学生欢迎。结语是课堂教学的重要一环,其作用,形式及注意事项甚多,由于各学科特点不同,在实际教学过程中不可能有统一的模式,教师应该在实践中不断探索与创新。教师需要加深对课堂结语重要性的认识,不断提高

① 郭启明.教师语言艺术[M].北京:语文出版社,1992.

设计课堂结语的水平,发挥课堂结语在教学过程中的重要作用。

小 结

课堂提问、板书、结语,是教学过程中非常重要的组成部分。本书主要从课堂提问、板书、结语这三个方面出发,对它们的作用、类型及其教师语言艺术运用方法,做了一个简单的论述。教师的教学语言直接影响到课堂教学效果,恰当有效的教学语言有利于学生掌握课堂教学内容,明确教学重难点;有利于促进学生思维的发展,激发学生的学习兴趣;有利于教师调控教学过程,从而提高课堂教学效率。反之,如果教师的教学语言使用得不够恰当合理,那么就会影响到课堂教学,从而使教学过程收不到理想的效果,也无法完成既定的教学目标。由此可见教师教学语言的重要性。教师的教学语言是一门高深的艺术,需要我们在实践中不断地去探索研究。书中从课堂提问、板书、结语着手,列举了许多优秀教师的教学语言的例子,希望能够为一线教师提供一定的借鉴。

思考题

[1]请举例说明课堂提问的类型及教师语言艺术在课堂提问中的运用方法。

[2]请举例说明课堂板书的类型。

[3]请举例说明教师语言艺术在课堂结语中的运用方法。

参考文献

[1]纪微.教师课堂提问艺术与技巧[M].长春:东北师范大学出版社,2010.

[2]李全修,秦复华.语文教学艺术[M].武汉:湖北科学技术出版社,1993.

[3]刘显国.课堂提问艺术[M].北京:中国林业出版社,2000.

[4]孙春成.语文课堂教学艺术漫谈[M].北京:语文出版社,1999.

进一步阅读文献

[1]陈立平,王仲杰.新课程背景下的教师课堂语言[M].北京:高等教育出版社,2005.

[2]齐光雄.教学板书与简笔画[M].广州:广东高等教育出版社,2012.

[3]李涛,孟凯宪.提问技能训练[M].天津:天津教育出版社,2010.

第六章 优秀教师教育语言艺术运用(一)

教师担负着教书育人的光荣使命,即在传授知识、培养能力、开发智力的基础上,还应对学生进行思想品德教育、情感态度价值观教育。而教育语言就是根据德育任务,在有目的地对学生进行思想品德教育过程中所运用的语言表达形式。教师掌握“教育口语”艺术对完成学生思想品德教育的任务十分重要。本书将根据教育语言的特点,阐述三种教育语言艺术:说服语言、疏导语言和鼓动语言艺术。

第一节 说 服

“说服,就是通过信息的传递,去影响他人的观念或行为,达到预期的目的,说服是人类传播行为的一个重要方面。”[①]教育中的说服是“向学生进行思想品德教育的最基本的方法。它通过摆事实、讲道理,向学生讲清楚社会主义道德品质的规范和标准,使学生掌握社会主义道德品质的基本内容和要求,对于对错、好坏、美丑,有一个基本正确的认识;使学生了解怎样才能成为有理想、有道德、有文化、有纪律的社会主义新人,并为成为德才兼备的社会主义建设者和接班人而积极努力”[②]。以下将通过举例从说服语言的特点、类型以及艺术运用方法来探讨教育中的说服语言。

一、说服语言的特点

(一)幽默性

幽默,是最智慧的艺术之一。千百年来,幽默艺术一直颇受人们的青

① 查尔斯 U 拉森.说服接受与责任[M].北京:北京大学出版社,2004.

② 郭启明.教师语言艺术[M].北京:语文出版社,1992.

睐,因为人们喜爱笑,而笑意味着快乐和高兴。具有幽默感的说服力更具亲和力,更容易让人接近。作为一名教师,要说服学生,对学生进行思想品德教育,教师偶尔增加点幽默感,会收到意想不到的效果。在教学中的幽默关键在于巧妙地揭露事物的内在矛盾,造成既出乎意料之外又合乎情理之中的令人含笑不止、回味无穷的效果,笑声中大大改善了教育气氛,教师不是高高在上的布道者,学生也不只是规规矩矩的唯命是从者。

有一次班里有两个同桌学生争吵到打起来,老师问怎么回事,一个说,他趴过了线,趴到我的这边了;另一个说,我正在写字,胳膊被他捣了一拳。原来他俩为了互不侵犯,桌面画线为界,谁也不能超越界限。这下超过了,因此打了起来。于是,教师以幽默的话语解决了这个问题。教师对其中一个小孩说:"哎呀,你怎么搞侵略了呢?"对另一个小孩说:"你光划一道线能挡住什么呀,我看还是筑堵墙吧,像秦始皇那样筑一道长城坚固不可侵犯,你们看如何?"全班学生哄堂大笑,而他俩红着脖子低着头赶紧伸手抹去桌面上的界限,两人又相视一笑。从此化干戈为玉帛,不再斤斤计较。①

教师面对着这种情况,没有大声的批评,也没有偏袒其中的任何一方,而是运用幽默的语言,说服两个学生,使他们在笑声中认识到自己的错误,并改正错误。教师用幽默方式进行说服教育,表现出对学生总体肯定,充满希望,师生之间的关系融洽和谐,受教育者自己也在脸发烧变化的同时,内心蓄积其悔过自新的动机。当然,在说服教育中,幽默只能是一种补充成分,太多的幽默有时会弄巧成拙,这是教师在教育中应该注意的。

(二)适度性

说服教育一定要把握好度,语言要简洁明了,学生的注意力是有限的,如果教师在说服的过程中花费太长的时间,语言冗长,那么有可能不

① 于至远.让你的说服教育点石成金——例谈班主任工作艺术[J].新课程:下,2011(2).

仅不会达到说服的效果，相反还会使学生不服教师所说的话，进而跟老师对着干。“著名作家马克·吐温有一次在教堂听牧师演讲。最初，他觉得牧师讲得很好，使人感动，就准备捐款，并掏出自己所有的钱。过了十分钟，牧师还没有讲完，他就不耐烦了，决定只捐一些零钱。又过了十分钟，牧师还没有讲完，他于是决定，一分钱也不捐。到了牧师终于结束长篇的演讲开始募捐时，马克·吐温由于气愤，不仅未捐钱，相反，还从盘子里偷了二元钱。这个故事告诉我们，刺激过多、过强或作用时间过久，会引起心理极不耐烦或逆反的心理现象，心理学生称之为‘超限效应’”[①]。这种超限效应在我们的教育中时常发生。

比如教师在说服教育中，有时会出现这样的情况：第一天将某位学习成绩差的学生叫到办公室进行了说服教育，让他从思想上抓紧起来，好好学习，过了一天，教师害怕昨天的说服不顶用，又一次将学生叫到办公室重复说服了一次，这样的重复教育，使学生极为不耐烦，讨厌至极。其实第一次教育时学生可能已经接受了老师的意见，并下决心好好学习，但是学习得有一个过程，如果教师紧接着又找学生，说不定会给学生增加负担，进而就会厌烦教师的教育，甚至演变成反抗心理。这样，我们教师好心人办了坏事情。由此可见，教师的说服教育不能过度，应恰到好处，点到为止，这一点对于高年级学生尤为重要。

（三）亲切性

苏霍姆林斯基曾说“教师的语言修养在极大程度上决定着学生在课堂上脑力劳动的效率”。而教师在进行思想品德教育时，他的语言修养更能够很好地影响学生。亲其师，信其道，教师的语言具有亲切性，即教师作为一个具有亲和力的人来教育学生、说服学生，更能够赢得学生的尊敬和信任，从而接受教师的教育。有的教师教学水平一般，但是他有较强的亲和力，不仅在课堂上能够很容易的与学生融在一起，在课下也能很好的跟学生进行交流，这样即可以协调师生关系，又可以从各方面教育学生做一个思想品德高尚的孩子，这反过来又可以增强学生的学习积极性。有亲和力的老师课上、课下都能够以朋友的身份出现在学生面前，这样对学

① 陈静.说服教育要体现艺术性[J].中国商界：上半月，2009(9).

生进行说服教育时会收到很好的效果。

一位老师刚接一个新班时,班里有一个叫沈勇的同学,是一位全校闻名的后进生。为了做好他的转变工作,教师多方观察、了解,努力寻找突破口。终于发现,这孩子乒乓球打得特别好,于是这位老师便邀他打乒乓球。打完球他们之间有一次气氛融洽的谈话:

"沈勇,我连输三局,好惨哪!看来你这乒乓大王真是名不虚传!"

"老师,您就别再夸奖我了,我是挨惯批评的人,听了夸奖受不了。"

"那好。不过我有一个问题想不通,请你帮我想一想。"

"老师,什么问题,我能行吗?"

"有人称你为后进生,我原来想这个学生非常笨,可你的乒乓球技术使我知道你一点不笨,相反你简直聪明过人,伶俐出众。我实在是不懂你怎么会成绩不好。"

"老师……"沈勇一时语塞。

"这样吧,你只讲一讲你的乒乓技术是怎样练出来的。"教师又故意把话题岔开。

沈勇同学详细地介绍了他练球的过程。教师接下去说:

"很好,你爱打球,打得勤,打得多,夏练三伏,冬练三九,长年累月,从不间断,你的经验可归纳为四个字——刻苦、勤奋,这就是你成功的秘诀!"

沈勇看着老师,不作声,但面孔上的自豪还是掩饰不住的。老师继续说下去:

"啊呀,沈勇同学,你如果把这种精神用到学习上,那就不得了喽!"

沈勇露出了笑容。又经过一番交谈,老师与他约定:

"以后你帮我学打乒乓球,我帮你学习文化课怎么样?"沈勇欣然接受了。末了老师追加一句:"三个月后,我可不再认输啦！我要争翻身，求解放！”他会心地笑了。

此后沈勇果然未辜负教师的一片苦心，两个月下来，他已有显著变化。一学期后，他已跃入中上等行列。①

教师以尊重学生的态度，以热情诚恳的口吻，“一分为二”地肯定了学生的优点，指出了他的缺点，使学生感到温暖，达到了行为的转变。教师在说服该学生时，并不是以老师的身份来面对学生的，而是像一个朋友一样陪他一起打乒乓球，一起聊乒乓球，老师语言的亲切性感化了学生，所以才有了后来的进步。

二、说服语言的类型

青少年阶段的学生正处于世界观、人生观形成时期，在这个阶段特别需要给予正确的引导和教育，这也影响着他们今后要走的路。在不同的情况下，面对不同的学生，所使用的说服语言是不同的，即便是面对相同的学生，如果教育目的不一样，那么使用的说服语言也是不同的。

（一）根据说服对象划分

“心理学的研究表明，一个人对人或对事的态度，与他的气质、性格、能力等个性特征都有一定关系。”②这就告诉我们：作为教育者，一定要研究每个学生的个性特征，要根据自己掌握的情况有针对性地进行说服教育。根据教师在工作中面对的说服教育的对象，我们可以将说服语言分为以下两类。

1. 集体性说服语言

“集中地对大多数学生进行比较普遍的说服教育，是要把许许多多的方面结合起来，比如，将班级里好的方面或者差的方面、正面的或者反面的进行大众化讲解。”③找合适的机会对全班级的学生进行教育时，教师的语言不能有针对性，要说出大家的共性，让全班学生乐意去接受这种说服。

① 郭启明.教师语言艺术[M].北京：语文出版社，1992.

② 刘畅.德育教育中要善用说服教育[J].贵阳市委党校学报，2008(2).

③ 赵婵.试述说服教育在班主任工作中的有效运用[J].科技创新与应用，2012(3).

某学校的毕业班同学学习积极性很高,但不注意劳逸结合与科学用脑。早晚自习课堂内座无虚席,连课间10分钟也不出教室,甚至有些人在晚自习后熄灯后还点蜡烛学习,致使不少人闹头疼。

这天教数学的吴老师出了两道数学题,"8-1>8","3-1=0"说这是世界公认答案正确的两道题。请哪一位同学讲一下其中道理。同学们抓耳挠腮,想不出来。吴老师笑着说:"同学们,这是一道思想应用题,单靠数学知识是理解不了的。大家知道,我们每天安排七节课,每堂课间10分钟,这是有科学根据的。利用10分钟做做操,散散步,唱支歌,可以使脑子得到休息。心理学研究表明,一个人学习一段后适当地调节一下,就能记住所学的56%,如果不停地学习,只能记住26%。大家看,休息占去了1小时,可是换的7小时学习的高效率,比8小时不休息还要强。大家说'8-1'是不是大于8呀?"同学们会心地笑了。老师接着说:"我们的教育方针是德、智、体全面发展,三项缺一不可。祖国的未来在期待着我们——有体魄、有头脑、有知识的一代,如果你们不注意身体,把身体搞垮了,整天闹头疼,即使你德智全优,也不能发挥作用,这不等于白学了吗?所以说'3-1=0'。大家说有没有道理呀?"同学们明白了,一下课立即涌出教室。①

吴老师的这次说服教育就是针对全班同学的,他独具匠心,设疑诱导,用巧妙的语言讲明了一个道理,使学生听起来,新鲜有趣,心悦诚服。学生通过老师的语言能感觉到老师的良苦用心,他们听懂了老师是想让自己劳逸结合。

2. 分散性说服语言

"分散说服是对个人不同的情况进行分析说明,特别是对一些犯错误而又不能意识到错误的学生,在说服教育时更需要注意方法的正确性,要

① 郭启明.教师语言艺术[M].北京:语文出版社,1992.

说服到他们的“心坎”里去。”[①]枯干的禾苗需要雨水，但急风暴雨会把它摧毁；娇嫩的幼芽需要阳光，但一阵暴晒会使它枯萎。教育亦是如此。对于大多数学生，教师如果对他们的缺点直言不讳，往往会使他们难以接受，甚至导致学生产生逆反心理和独立情绪。“数子十过，不如赞子一长”，所以，我们在说服学生时，语言的使用一定要恰当，教师不妨用“放大镜”观察他们言行中的闪光点，在实施说服教育时既肯定他们的成绩又恰当指出问题，给被说服者一个“超过事实的美名”，让对方得到心理上的满足，使其在较为愉快的情绪状态中接受劝说。

王老师班里的小强是一个自控力特别差的学生，平时既贪玩又顽皮，常常爬到树上去捉鸟。王老师几次说服小强，想让他改掉不良习惯，都没有见效，甚至是顽皮更甚。有一天，小强又掏了鸟窝，这次他一看是小鸟，就又放回鸟窝里去了。王老师看到了，便抓住这个机会故意问：“小强，你做什么了，累得满头大汗？”小强说：“我，我去掏鸟窝了，可是掏到的那只鸟太小、太弱，我又把它放回窝里去了。”王老师称赞说：“小强啊，你真是个有爱心的好孩子！”小强不好意思地问：“老师，我掏鸟窝，你怎么还说我有爱心呢？”王老师说：“你把小鸟放回窝里，说明你深知爱护小动物的道理，有可贵的同情心。所以，老师觉得你是个有爱心的好孩子。”小强听了这话真是又高兴又感动，以后再也不掏鸟窝了，还和同学们组成环保小队去保护小鸟。[②]

王老师对于这个自控力差的学生，刚开始用直白的语言进行说服教育都没有起到作用，但是语言一转，变成赞美他有爱心的语言，小强马上就接受了老师的教育，这就是赞美性说服语言的魔力。所以说教师在针对某个学生进行说服教育时，一定要抓住该生的性格特点，运用适合学生的语言与其交流。

① 赵婵.试论述说服教育在班主任工作中的有效运用[J].科技创新与应用，2012(3).

② 马际娥.智言妙语巧”说服”[J].天津教育，2007(1).

(二)根据说服目的划分

“在学生中进行说服教育,根本目的就是进行思想品德教育,使学生接受或改变某种观点、信念。明辨是非和善恶,提高觉悟,从而指导实践。”①那么,根据说服教育的目的,我们可以将说服语言分为以下几类。

1. 指向性说服语言

根据学生思想品德教育内容与要求有计划地对学生进行启发教育,使之接受这些教育要求,形成正确的思想道德信念。教师在教育时所使用的语言要符合学生的心理特点,用适合学生年龄阶段的语言进行说服教育。例如,面对小学生,为了弘扬中华民族传统,启发学生加强道德修养,学校进行孝敬父母道德启蒙教育,并自编孝敬父母启蒙教育读本,开设启蒙教育课,开展孝敬父母主题班队活动等,从广义上说都是一种说服教育,都是通过提供丰富的事实和道理去启发学生思考、指导,让学生接受“少年儿童必须从小养成孝敬父母的良好品德”这一道德教育,形成“孝敬父母”信念,养成“孝敬父母行为习惯”。教师对这类学生进行启蒙教育,就不能使用过于书面化的语言,而应该多运用生活语言,即便是课本中的语言也要写的直白化,也可以多插入一些图画语言,让学生很明白的就能看懂学校说服教育的主题思想。

2. 辨析性说服语言

对学生在思想道德认识方面存在的模糊关系或不稳定的道德行为进行说服教育,帮助学生分清是非善恶、美丑与正邪,消除模糊认识。教师不能运用强迫性的语言让学生去分清楚什么是好坏,什么是美丑,这样会引起学生的反感,教师要懂得应用幽默的语言,让学生在笑声中得到教育。

中学里一些同学爱品头论足,这些议论往往起消极作用,如你勤奋好学埋头读书,他说你是书呆子;你学雷锋做好事,他说你假积极,想捞政治资本;你热心帮助异性同学,他便会说你“图谋不轨”……弄得一些同学无所适从。针对这些情况,一位教师

① 王大亚.浅谈小学德育工作中的说服教育[J].教育评论,1995(6).

抓住时机对学生进行了说服教育。他说:我先给大家讲一个故事,一天祖孙二人骑着驴去赶集,路人议论说:“两人骑一驴过于残忍。”于是爷爷下来让孙子骑。路人纷纷议论说:“孙子不孝。”孙子赶紧下来让爷爷上去。路人又说:“老人心肠太硬。”后来两人都不骑了。路人又说:“放着毛驴不骑太傻。”听着听着同学们都笑起来,老师又问:“大家说说,这祖孙二人该怎么办?”同学们都会心地笑着说,走自己的路,让别人去说吧!从此,爱议论别人的那些同学找不到市场了。①

教师在这里就是通过引用别人的故事教育学生,语言诙谐幽默,让学生清楚地认识到是非善恶、美丑正邪,给予学生很好的思想教育。

3. 矫正性说服语言

根据学生思想品德错误认识和错误行为进行说服教育,启迪学生认识错误、改正错误。每个学生都不会想听到老师对自己负面的评价语言,可是有些调皮的、爱犯错误的学生,如果老师不给予有针对性的说服教育,他们是无法认识到自己的错误的,这时教师在说服时,就要注意自己的语言运用,虽然是在指出学生的错误,但一定要委婉,不能伤害学生的自尊心。例如:在每年的学雷锋活动中,有些学生受社会的影响,产生“雷锋是傻子”,学雷锋会影响学习的错误认识,有些学习好的学生不愿意帮助后进生,怕影响自己学习,学习好的学生也不愿意互相帮助,怕自己多了竞争对手,影响将来升学等,这些认识反映了学生道德发展的偏差。面对这种情况,有些教师就举办了“学雷锋积极者的报告会”“竞争与互助讨论会”进行说服教育,这样的报告会、讨论会中的语言是面向大众的,语言具有普遍性,很容易启迪学生纠正错误认识,当然教师也可以对个别不愿意互相帮助的学生进行谈话,委婉地说服其改变错误看法和行为,帮助其思想道德健康发展。

三、说服语言艺术运用方法

波尔得列夫曾经说过,说服,就是教育者对受教育者的意识、感情和

① 郭启明.教师语言艺术[M].北京:语文出版社,1992.

意志施加影响,目的是在他们身上形成而后巩固优良的道德品质,消除他们性格和行为中的不良特征。它的特点在于教育者十分重视向受教育者进行正面教育,循循善诱、启发自觉、以理服人,充分调动受教育者的主观能动性。教师在说服教育中,面对的学生不同,面对的情况不同,那他采取的说服艺术方法就会有所不同。

(一)针对整个班集体的说服语言应用方法

运用语言文字进行集体的说服教育是最常用的方法,当然,面对不同的情况,教师可以采用不同的语言运用方法。

1. 讲述法

讲述法即向学生叙述、描绘有关品德事实的经过、发展过程,形成学生有关品德的丰富的感性认识。如讲故事,模范先进事迹宣讲等。例如:学生在上学过程中经常会产生厌学、逃学、弃学的情况,这些情况是让很多教师头疼的事情,但是如果教师在遇到这种情况时,不是找学生进行训斥,也不是让学生叫家长,而是在班级里多多给学生讲一些古代刻苦学习的故事,如汉代的朱买臣一边砍柴一边读书,晋朝的车胤没有灯就捉萤火虫儿装在纱袋里照明读书的例子,将这些故事的主要情节都详细地讲给学生听,尤其是故事中的主人经过努力学习获得成功的情节更要清晰地展示在学生面前,相信学生幼小的心灵会被这些感人的故事所触动,从而将自己的心思重新放到学习,而忘却曾经逃学的刺激。

2. 讨论辩论法

讨论辩论法是在教师指导下,由全班或小组成员围绕某个德育中心课题各抒己见,相互学习,经过充分讨论,得出正确结论以提高思想认识的一种方法。

下面的例子便是一位教思想品德课的老师,走进了小学一年级的课堂,运用简练明白的语言跟同学们一起探讨了什么是道德的问题。

师:小朋友,什么叫道德呢?

生:讲道德就是不打架不骂人。

师：对，一个有道德的人是不打架不骂人的。比如，同学们还没进教室，有人故意把门关上，把一个小朋友的手挤疼了，这是不是有道德？

生：这种人没有道德。

师：小朋友们，你们说还有什么是不讲道德的呀！

生：随地吐痰不讲卫生，也是没有道德的。上车不买票，不排队上车都是不讲道德的。

师：大家回答得多好呀，小朋友们都不愿意做没有道德的人，那么怎样算有道德呢？

生：团结友爱就是道德。同学们有了困难，大家去帮助他，关心她，也是有道德。爱集体，爱同学，尊敬师长都是讲道德。

师：对，大家说的都很好。让我们一起唱一首《好朋友》，来赞美有道德的人，好不好？

师：前天，有个执勤的人员向我反映情况说："你们班有一个胖胖的小女孩做了一件很好的事，她帮助我们把操场上的纸屑一片片地捡起来。"同学们看，这个小女孩的行为怎么样呢？

生：她很讲道德。

师：这个讲道德的小朋友就是咱们班的谭佳同学。可见，那些随便扔纸屑的人就缺乏道德了。所以，讲道德就是不损害别人，处处为别人着想。做到关心人、尊重人、爱护人……希望小朋友都能做一个有高尚道德的人。①

以上这位老师根据学生的理解水平和接受能力运用身边的实例和简明易懂的语言，与学生共同讨论了"什么是道德"这一问题，这不仅使学生在潜移默化中掌握了"道德"这一抽象概念，也是在对学生进行说服教育，告诉他们平时做什么才是一个讲道德的人。

3. 报告讲演法

报告讲演法是比较系统地向学生论述、论证、分析某个德育课题。它涉及的问题可以比较深广，所需时间也较长。可由教师或校领导来做，也

① 郭启明.教师语言艺术[M].北京：语文出版社，1992.

可请校外战斗英雄、劳动模范、科学家来做,高年级还可组织学生演讲。人们都说孩子的学习是从模仿开始的,随着年龄的增长,学生的自学能力在逐步地提高,但是模仿却始终发挥着很大的作用,学校经常做一些具有正面影响的、对学生有说服教育作用的报告讲演可以提高学生学习的积极性,也可以增强他们的思想品德建设。比如:校领导或教师进行雷锋精神讲演,社会名人报告会等。

当然,对照整个班集体的说服教育还可以运用事实进行说服教育。

(1)参观法。根据德育计划提出的任务,组织学生到实地进行观察研究。如参观工厂、先进单位、博物馆、展览馆等,以提高认识。

(2)访问法。这是指走访一些典型人物,学生通过访问以丰富感性认识。

(3)调查法。有目的、有计划地为了获取一些足以说明问题的第一手资料而去某地、某单位调查了解。

常言道:"事实胜于雄辩",学生面对自己看到的典型的、有教育意义的事例,一定会有所感触,从中学到许多在校内学不到的东西,不需要老师再说服,他们自己都可以说服自己去好好学习,做一个有思想、有认识的好孩子。

(二)针对个人进行说服教育的方法

1. 谈话法

谈话法就是教师找那些有缺点错误的学生在某一个地点进行的交流。这一方法的说服是师生双向的交流,不是教师对学生单向的训导。在处理学生问题时,大多是教师实施追问式的查询和命令式的训诫,很少给学生开口的机会;对于学生的申辩和反驳,往往视为狡辩和顶撞。总之,只有教师的说教,没有师生的对话,没有情感的交流,没有心灵的沟通,这样的说教是不能够让学生心悦诚服的。教师要做一个积极的聆听者,以尊重的态度,站在客观的立场上,让学生尽情倾诉。然后,教师再根据学生的性格做出相应的说服教育,这样的教育才是有效的。

某班有这样一位学生,一天早上,他低着头来到教师的身边红着脸说:“老师,我昨晚上闯了一个大祸,在宿舍里骂了学校值班的领导。”他边哭边叙述事情的经过,边承认错误。“我以后一定听老师的话,再也不会在宿舍里说话,我也不会再去骂领导……”他欲言又止。如果是不会说服的老师,肯定就生气了,觉得他这样的行为会影响到整个班集体。可是这位老师自始至终都在耐心地倾听,不时以“嗯”“噢”“是吗”等简短的语言回应着他,引导他说下去,不急于表态,不急于作出评断,仔细捕捉他在表述时的语言信息及非语言信息。最终老师只说了几句:“我相信你。今后遇到事情,要冷静地对待。”①

为什么这位教师就用简单的几句话就说服了学生呢?因为他懂得倾听,从学生的话语中,他看出来他已经明白自己违反了宿舍纪律,已经知道自己跟检查宿舍纪律的值班领导吵架的错误;从他的神态中,可以看出学生改正错误的决心;从他支支吾吾的话语中,可以听出学生的潜台词——别告诉我的家长。教师的倾听就是一种很好的谈话。

2. 示范法

榜样示范就是指在学生面前呈现一定的范例,可以是著名的人物,也可以是自己班级的同学,让学生敬仰和模仿范例或者以优秀品德的正面人物去影响学生思想、情感和行为,以达到教育的目的。

有个学生,作业马虎潦草,教师把他叫到办公室,拿出一本字迹工整的作业给他,说:“你看这位同学的作业写得怎么样?”他看了一眼没说什么。随后教师又拿出一本字迹潦草、错误较多的作业本给他,说:“你看这本怎么样?”他一看就说:“跟我的差不多。”“你再看看这两本作业的名字。”这一回他疑惑了:“都是一个人的?”教师抓住时机,诚恳地说:“差的一本是他上个月的作业,这一本是他现在的作业。”然后亲切地说:“你现在的作业和这位同学以前的作业差不多,但这不能说明你永远是这

① 王维审.谈班主任的“说服”艺术[J].基础教育研究,2009(2).

样。只要你一笔一画认真书写,相信你很快就能把作业写好。”[①]

这样的榜样示范虽然只是班里的一个学生,但是榜样的行为与被教育者有着很相似的地方,所以他能够很快就接受老师的教育,这样既可以维护学生的自尊,又可以达到指出不足,勉励进步的目的。

3. 暗示法

暗示法就是教师在面对有错误的学生时,不是直接就指出他的缺点并强制他改正,而是通过说其他人或其他事,来暗示该学生,其实真正错误的是自己,应该改正的也是自己。

亚辉在家是个独生子,从小娇生惯养,养成了不爱惜东西、懒惰、不爱劳动的坏习惯。自从有经验的刘老师当了亚辉的班主任,他有了明显的变化。吃饭不再挑食,值日不再偷懒,对学习用具和衣物也知道爱惜。大人们看到亚辉一天天懂事起来,打心眼里高兴。一天,妈妈到学校来接亚辉,看到他正在用自己的新帽子擦桌子,生气地把他拉到刘老师面前,说:“刘老师,你看这孩子真不像话,用新帽子擦桌子,一点不知道爱惜东西,今天得好好批评他。”刘老师笑着看了看一脸委屈的亚辉,说:“不,应该好好表扬亚辉,该批评的是我!”亚辉和妈妈不解地望着刘老师,刘老师继续说:“亚辉为了搞好班级卫生,不惜用自己的新帽子擦桌子,这是热爱集体的表现。而我呢,却不知道班上的抹布没有了。以后抹布没有了要告诉老师,可不能再用帽子去擦了,新帽子擦了桌子,多可惜啊!”刘老师一番话,说的亚辉高兴地点点头笑了。从这以后,亚辉更加爱惜东西,热爱班集体了。[②]

刘老师寥寥数语,滋润着孩子的心田,暗示了亚辉自己才是错误的。

说服,不仅是一种教育方法,也是一种教育艺术。说服不等于批评,

① 周祝望.说服学生方法例谈[J]. 新课程:中学版,2008(3).
② 郭启明.教师语言艺术[M].北京:语文出版社,1992.

说服更讲究技巧和艺术性。作为教师，我们应当根据青少年的身心发展特点，在自己的教育教学实践中不断地探索说服教育的艺术和技巧，运用灵活多样的说服方法，做到语言充满情趣，教育以理服人，从而促进学生身心的健康发展。

第二节 疏 导

邱伟光教授在《思想政治教育学概论》中认为："疏导的原意是疏通和引导，疏是开浚、疏通、开拓、消除之意，导是启发、引导、选择之意。"教育中的疏导是"教师在进行教育性说话时，对学生进行疏通和指导。疏就是要把阻塞变为顺畅，导就是要在学生不知该怎样做的时候，给以导引并指明方向。"[①]教师在疏导时要因势利导，要对学生的道德行为和道德习惯进行指导，把教师的教育力量转化为学生的自我教育力量。

一、疏导语言的特点

（一）针对性

人们的社会意识决定于社会存在，并反映人们的社会存在。每个人由于具体的生活、教育、家庭情况不同，他们在思想、行为上的问题就可能不一样，在日常生活、工作、学习中的性格、心理状况及变化等主观情况也可能不一样，这就决定了教育者在教育过程中必须根据教育者的实际情况制定教育目标、方法、方式和手段，以增强教育的针对性和效果。疏导教育是在教育双方信息的双向交流与沟通的基础上展开的，教育者可以充分了解受教育者的实际思想情况，针对不同的问题、不同的性格、不同的心理变化等方面的情况以及他们产生的原因，然后有针对性的采取措施把受教育者的错误思想引向正确的轨道。

王晓磊同学上课不认真听讲，学习成绩差，但他非常喜欢看图画书。他的班主任是这样做的，把班里的图书交给小磊管理，

① 郭启明.教师语言艺术[M].北京：语文出版社，1992.

班级组织画展时请他当讲解员,他高兴极了。老师趁机把他的兴趣向学习上引导,指导他要像看图画书那样入神地学习。他学习遇到困难,老师就耐心地帮扶。渐渐地,他克服了学习上的畏难情绪,取得了进步。①

以上教师就是抓住小磊的优势来对他进行疏导教育,最终达到了提高学习的效果。教师疏导,要讲究方法,因人因事而行。对于自卑或自暴自弃的学生,教师的疏导语言不能是过多地苛责,而要通过暗示表扬等方法使其看到自己的闪光点,增强信心,树立勇气;对于自尊心强的学生,要顾及情面;对于性格倔强的学生,要心平气和耐心开导。总之,学生的性格各异,疏导的方法也不能千篇一律。

(二)情理性

"疏导教育过程中的情包括情绪和情感,是一种不同于人们的认识过程的教育资源,是通过态度体验来反映客观现实与人的需要之间的关系,在教育过程中发挥着重要的作用。疏导教育过程中的理是思想认识,是通过形象或概念来反映客观事物,是一种不同于人们的情绪和情感的教育资源,在教育中也发挥着重要作用。"②在疏导教育中,由于提倡受教育者敞开心扉,畅所欲言,当把自己的意见、看法、要求充分表达出来的同时,也必然伴随着人们的喜怒哀乐等情绪情感。因此,疏导教育的语言要将情和理结合起来,使疏导教育的过程成为一个情理交融的过程。

某班的李小东同学是一个"调皮大王"。因父母离异,爷爷奶奶年迈,家庭教育不力,在社会上偷东西、打架、逃学、不上课是常有的事,课堂上也不遵守纪律、不做作业,许多老师对他的教育都感到头痛,甚至有些教师都放弃这个学生了。可是他的班主任没有放弃他一分钟,还对他进行了"个案"研究,一心一意

① 杜慧璜.谈疏导教育[J].武汉市教育科学研究院学报,1999(5).

② 陈中伟.新形势下思想政治教育疏导教育法的发展研究[D].重庆:西南大学,2006.

从思想上爱护他、行动上帮助他,生活上照顾他,使他为之感动。终于小东愿意接近这位老师,接受老师的严格要求,一度表现很好,进步很大。但也有反复的时候,一旦“旧病”复发,教师就很耐心地运用情理交融的疏导语言教育他。就这样持之以恒,使他在“内省”中逐步规范自己的行为。后来他各方面进步都很大,以优异的成绩考上了实验初中。①

教师在对该同学的教育中不仅仅是给学生讲一些生活、学习中的大道理,还将自己的感情融入其中,这就使得学生体会到教育者对自己的关心和爱护,并逐渐产生积极的情绪情感,从而促进了学生的学习。

(三)逻辑性

思想品德教育非常复杂,并非一句两句话就能完成对学生的疏导。疏导语言要有总体设计,又要有分步计划,紧紧相扣,步步深入,打通一个个关节,并把学生的思想有意识地引导到积极的方面来。教师在面对一个学生时,不能漫无目的地教育学生,而是要针对学生的问题,在之前就做好充分的准备,面对学生时,随着交流的进展,循循善诱,使学生不仅知其然,而且还要知其所以然。

当前中学生早恋现象特别多,这也是教师很头痛的事,因为处于这个年龄的学生,自制力还不够强,不能很好地处理恋爱与学习之间的关系。某一位教师在班上发现一个早恋的女孩,于是先对她进行了大致的了解,然后才找到这个女孩进行了第一次谈话,教师摆明自己的目的是想更好地了解这名学生。这次谈话后,老师跟这位女同学成了好朋友,隔了几天,他们又坐在一起聊天,在无意中,老师将话题引入了早恋,从别人的早恋慢慢引到了这个小女孩的情况,就这样,老师一步步地对该女孩进行了疏导教育,使她从早恋中走了出来。②

① 郭加明:“疏导教育”在班级管理中的作用[J].现代企业教育,2011(6).

② 黄巨球.中学生早恋的原因及对策[J].南宁师范高等专科学校学报,2003(4).

面对早恋的情况，如果该教师直接把女孩叫到办公室就批评她的错误做法，那么只能使小女孩产生抵触情绪，不仅不会接受老师的教育，相反会明目张胆地继续自己的早恋。该教师让自己的疏导具有了一个逻辑的过程，一步步，循循善诱，使这个女孩明白了早恋的害处，并从早恋中走出来，继续好好学习。

二、疏导语言的类型

任何一种教育语言都有不同的类型。疏导语言作为“疏”与“导”高度结合与统一的教育语言，它也是以不同的表现形式呈现在学生面前。

(一)从疏导的形式上来看，疏导语言主要分为集体疏导语言与个别疏导语言两种类型

1. 集体疏导语言

“集体疏导是针对一定数量的群众进行的疏导，目的是解决组织内的矛盾和群体的突出问题。集体疏导的形式很多，有沟通协商、民主讨论、干群对话、问题发生现场的疏导等形式。”[①]在教育过程中的集体疏导教育就是教师针对一定数量的学生进行的疏导，目的是解决学生内部的矛盾和突出问题。面对集体的教育疏导语言需要有一定的针对性，面对不同的矛盾冲突，教师要用不同的语言来疏通和引导学生。比如，当教师遇到师生之间有矛盾时，教师自己不仅要掌握好说话艺术，更重要的是教师的话语要符合实事求是，功过分明的原则；当学生在上课之间调皮、搞恶作剧时，教师一定不能“金刚怒目”式批评，而应以充满深情的语言向学生进行教育，显示教师的宽容和爱心；当然，在课堂上如果遇到学生泄气的情况，教师可以举一些小例子来疏导学生的情绪。

某班，一次测验，学生们大都没考好。上课前，有的气得摔本子，有得唉声叹气，有得说怪话。老师一时难以把学生的情绪转移到新课上来，就先讲了一个故事：有一个师傅教两个徒弟做灯笼，他们同时做了半天，但都扎不成样品的那个样。大徒弟气

① 罗洪铁，董娅.思想政治教育原理与方法基础理论研究[M].北京：人民教育出版社，2005.

得把灯笼摔在地上,用脚踩了踩说:"这样难做,我不做了!"二徒弟则认真的拿自己做的灯笼和师傅做的样品反复对比,终于找出毛病,最后做出了比样品还漂亮的灯笼。故事讲完后,教师说:"同学们,你们准备学习哪个徒弟呢?"同学们听了老师的话纷纷拿出考卷认真查对错误之处。[①]

当全班学生的小测验都没考好时,教师没有直接指出学生的错误并批评他们,而是通过讲故事的方式,启发学生认错,引导他们自己找出错误并改正,这比训斥压服更容易被学生接受。

2. 个别疏导语言

"个别疏导是针对个别人进行的疏导,其形式主要有个别谈话、个别访问、书信谈心等形式,着眼于解决个别教育对象的思想和行为问题。"[②]学校教育过程中的个别疏导教育就是教师针对班级里的某一位有问题的学生所进行的疏通与引导,以解决学生思想和行为上的问题。个别疏导语言具有灵活性,教师在教育实践中,会遇到许许多多不同性格、不同背景的学生,教师面对不同的学生要采用不同的疏导方式。

下课时,一位小朋友的鞋带拖得老长老长,被另一位小朋友踩住了,这位小朋友跌了一跤,小朋友们纷纷去告诉了老师。老师走到那位小朋友面前,看到长长的鞋带拖在地上一步一甩,就用惋惜的语调说:"哎呀,你的鞋带多可怜,浑身是泥,它不难过吗?"没等老师说完,小朋友都来热心帮忙。在自尊心的驱使下,那位小朋友止住眼泪,自己把鞋带系好了。[③]

积极疏导,是个别疏导教育最常用的方法。教师要用心去观察每个孩子的内心世界,并用巧妙的语言将学生的思想引向积极的方面来。

① 郭启明.教师语言艺术[M].北京:语文出版社,1992.
② 罗洪铁,董娅.思想政治教育原理与方法基础理论研究[M].北京:人民教育出版社,2005.
③ 郭启明.教师语言艺术[M].北京:语文出版社,1992.

(二)从疏导的手段上来看,按“导”的不同方式分为分导语言、利导语言、劝导语言等多种类型

1. 分导语言

分导语言就是教师针对某些情绪激烈的学生而进行分散而导、分步而导时所使用的语言。分散而导就是针对班集体中的学生共同存在的思想问题,教师采取分散的办法,逐个进行教育指导,通过解决每个学生的思想问题来解决共同存在的思想问题。分散而导的语言需要根据不同学生的不同性格、不同背景选择适合学生的语言形式来进行疏导,最终达到取得整体教育效果的目的。分步而导是针对某个学生的思想问题,按照轻重缓急,有步骤地加以引导。教师要分析学生思想问题形成的主要矛盾与次要矛盾,矛盾的主要方面与次要方面,分步骤循序渐进地逐步解决,教师面对不一样的矛盾,所采用的疏导语言应该有所不同,有所侧重。

高中的学习是一个很苦的时期,学生在学习的压力下很容易走歪路,而面对这样的情况,许多老师都是在课堂上进行强调、教育,没有任何的针对性,这样的效果只能是学生听过就忘。某班主任是这样做的:

她在每天的早读时间叫几个学生到办公室,一一的跟他们谈话,谈学习,谈生活,跟学生进行心与心的交流,就这样用一段时间跟班级里大部分的学生进行了交流,学生都明白了高中生一个如何去面对学习的压力,而不应随意的放弃学习,最后,班主任又在整个班里对学生进行了疏导,这样所有的学生都响应老师的引导,将精力放在了学习上,这就是分导语言的魔力,它能解决学生共同存在的问题。①

2. 利导语言

利导,即因势利导。利导语言就是教师抓住有利的教育时机和事件,顺势展开深层次、宽辐射引导时所使用的语言。这种择机而发的疏导语

① 季华.浅谈对学生进行疏导教育的语言形式[J].常州轻工职业技术学院,2006(3).

言,能取得水到渠成的教育功效。这里的教育时机和事件,可以是名人轶事,可以是班级里某个学生的事件,也可以是校园里、大街上随处可见的典型的具有教育意义的事件,教师面对这些事情时,就要想到是否能与学生的思想相结合,并用一定的语言去联系起来教育学生呢!

二年级有一位小同学站队时总是拖拖拉拉不想站,他不是在教室里磨蹭,就是跑到一边去玩。一天,放学站队的时候,那位小同学在后面磨蹭着玩,这时,一群大雁从头顶上飞过,老师把那位同学叫过来,拍着他的肩膀说:"小强,你看见了吗?这群大雁排队排的多整齐呀,他们一会排成个'人'字,一会排成个'一'字,没有一个不守纪律的。你知道他们为什么没有一个不排队吗?"小强说:"不知道。"老师接着说:"因为那样会脱离集体,会掉队,掉队就会迷失方向,遇到危险。"小强渐渐明白过来,说:"老师,我懂了,连大雁都知道排队,我要向大雁学习。"以后这位小同学站队时真的不再磨蹭了。[1]

教师能根据学生的年龄心理特点,借物喻人,因势利导,这种方法便于学生接受,自觉改正不守纪律的缺点。

3. 劝导语言

劝导是教师以事实和道理作论据,引导学生认识错误思想和行为产生的不良后果,规劝其放弃原有的错误思想,回到正确的轨道上来。劝导语言要时刻与学生的错误思想相连,面对不同的学生、不同的错误,教师所采用的语言是不同的,有的学生自尊心强、承受能力差,教师劝导时就应该用温柔的语言与其聊天,有的学生抗打击能力强,教师心平气和的劝导他,让其认识到错误是不可能的,这时,教师就需要针对学生的情况用一些强制性的语言进行劝导,但这种强制性语言是有针对性的,绝不能伤害学生的心理。

现在上网成瘾的中学生特别多,教师、家长都很头痛,这时

① 郭启明.教师语言艺术[M].北京:语文出版社,1992.

就需要教师去劝导学生,让其认识到自己的错误。某教师这样劝导自己班里的学生的:他找了一些孩子玩网络游戏上瘾的例子,让他们看这些视频,视频里呈现了一个好孩子变成坏孩子的过程,有的视频甚至展现了因上网而猝死的事例。学生看了这些之后,教师又给予了一定的语言劝导,让他们明白网络游戏不是不能玩,而是要玩的适当,这样慢慢的,大部分沉迷网络的学生走了出来,在学习上渐渐地步入了正轨。①

三、疏导语言艺术运用方法

为使疏导语言达到好的、预期的效果,教师必须重视疏导语言艺术运用方法和技巧的选择,力求做到因势利导,循循善诱。教师面对的学生不同,学生遇到的思想问题也不同,教师在教育方法的应用上就应该做到因人而异,因事而异。

(一)直言点拨

教师根据学生思想上存在的问题,抓住实质,要不厌其烦地给以指点,使学生明白事理,解除思想疙瘩或克服不良言行。直言点拨是一个很好的方法,直接指出问题之所在,即能很好地解决问题,又不浪费时间,是教师常用的一种的疏导方法,但是这种方法并不是适合对每个学生的疏导。有些学生心理比较脆弱,如果老师直接的指出该生的问题,会伤害到他的自尊心,不仅不会起到教育的效果,相反会产生逆反心理。例如,从身体发育看,高一学生正处在青春发育期,他们更加渴望与异性交流,但又掌握不好分寸,一不小心就有早恋的现象,这些都困扰着教师和家长,不知该如何对学生进行疏导教育。其实,这与我们国家的传统教育有关,教师应该放弃那种传统思想,抓住学生缺乏对异性的了解这一实质,进行大大方方的性教育,让学生以非常坦诚的态度去面对性,在性心理发育过程中少走弯路。②

① 孙淑颖.浅谈中学生上网成瘾的教育策略[J].新课程:教研版,2009(2).

② 季华.浅谈对学生进行疏导教育的语言形式[J].常州轻工职业技术学院学报,2006(3).

(二)借题发挥

有时候,利用直言点拨的方法进行疏导教育往往效果不好,这就需要教师寻找其他的方法。借题发挥是针对学生的实际,教师抓住某个有利于教育的话题巧妙地进行引导,让学生提高认识走出误区。

> 一位教师在期末考试将近,辅导学生复习时,没有简单地强调考试成绩的重要性,而是提出商店商品的价格为什么大都不定价为整数(例如,一条毛巾定价为9.9元,而不定价为10元)这个问题让学生讨论。讨论的结果是商家利用消费者感到价格低的心理而购买该商品。教师反其意而为之引导学生,如果用人单位招聘你们时,在相同条件下,你的学习成绩大都是79分,另一个同学的成绩大都是80分,虽仅一分之差,但给用人单位的心理感觉是不大一样的。因此,应认真学习考出好成绩。①

教师借着商家卖商品的技巧,又引导用人单位招聘的心理,鼓励学生好好学习,最终得到好成绩,抓住工作的机会。这是老师教育的技巧,也是疏导语言的魅力。

(三)巧言暗示

有的学生对存在的问题比较敏感,不便直言点拨,教师为保护学生的自尊心而不愿直接挑明,于是便巧妙地运用暗示的方法旁敲侧击,进行疏导。巧妙的暗示语言若运用得当则犹如春风一样吹开学生的思维之窗,收到事半功倍的效果。下面是一位生物老师,在帮助一位曾经受学校纪律处分、萎靡不振的学生时说的一段话。

> 老师说:"海参遇到污染和不良环境,难免把毒素吸到内脏去。海参吸入毒素,一经发现,身躯就会发生强烈的收缩,甚至把中毒的内脏全部或部分排出体外。还有的海参为了排除毒

① 季华.浅谈对学生进行疏导教育的语言形式[J].常州轻工职业技术学院学报,2006(3).

素,把身体裂开,排除内脏。待游到适宜生存的良好环境时,再重新生长或长好,继续生活下去。"老师看看这位同学,语重心长地说:"一个人有了缺点错误,就应该学习海参的精神。"这位同学从老师的话中领悟出了深刻的道理,内省不已,自排"内脏",很快当上了"三好"学生。[①]

面对受过处分、萎靡不振的学生,老师没有轻言放弃,而是用"海参排脏"的例子来暗示学生要鼓起勇气学习海参的精神改正错误,最终达到了预期的效果。

(四)反弹琵琶

教师每天面对着各式各样的学生,他们存在的问题也五花八门,有些问题,教师用寻常的方法难以解决,这就需要教师换个思路想问题。教师可以根据学生中存在的问题,从反面进行延伸,正话反说,使它的荒谬或危害更加突出,从而给学生以警示的作用,并产生风趣、幽默的效果。

例如,班上有几位男学生晚自习时躲在学校的一个角落抽烟。教师知道后追问其原因,一位男生说学习太紧张,抽烟可以解之。教师假装赞许:"对,抽烟的好处还不止这些呢,抽烟可使人永远年轻——不老而死;可以防盗——半夜咳嗽不止,小偷不敢来。把烟拿出来,咱们一起享受享受(教师不抽烟)。"几个男生惭愧地低下了头,说:"老师,我们以后再也不抽烟了。"

正话反说,不是挖苦嘲讽,而是含而不露地旁敲侧击,寓理其中,从事情的反面入手,引导学生深入思考其中的道理。例子中的教师就是通过这种方法,疏导那些吸烟的学生,通过幽默、风趣的语言使学生认识到吸烟的害处。

疏导教育语言作为思想品德教育的一种重要的教育语言之一,长期以来备受广大教育工作者的关注和使用。疏导教育是一种正面的教育方式,教师要从关心爱护学生出发,运用适当的语言仔细地做好疏导工作,将师爱通向学生心灵,引导学生健康成长。

---

① 郭启明.教师语言艺术[M].北京:语文出版社,1992.

第三节　鼓　动

“鼓动多用于集体场合。教师要以充满感情而有感染力、号召力的语言和动人的事例,来激发学生的热情。要以昂扬豪迈,节奏明快的语调,来激发学生的情趣,使学生情绪高昂,精神振奋地去做好一件事或开展某种活动。”①教师在学生的人生征途上,是一个不懈的鼓动者、激励者,不管是对于自己喜欢的学生还是那些缺点错误较多的学生、那些顽皮不太讲理的学生,教师都要进行有力的鼓动。鼓动语言的价值在于使学生克服畏难情绪,将学生的潜能激发出来,并以语言把学生将要达到的目标描绘出来,鼓动学生去为了目标积极的奋斗。

一、鼓动语言的特点

(一)感染性

教师面对的学生各式各样,有聪明的、听话的、懂事的,也有愚蠢的、顽皮的、蛮不讲理的,教师要想将所有的学生都教育好,那么在进行鼓动教育时,其语言一定要能够说服所有的学生,感染学生,让学生在听到教师的语言后可以受到心灵的触动,并朝着积极向上的方向发展。富有感染力的鼓动语言需要做到生动形象、清晰和谐、通俗易懂,这样才能激发学生的兴趣,给学生留下深刻的印象。

“学雷锋,学赖宁。争做四有接班人”的活动在光华小学开始了,某教师对他们班的学生是这样号召的:“同学们,我们这个战斗的集体犹如一支即将起航的舰队,我们将它命名为‘雷宁号’舰队,舰队的宗旨是‘学习英雄,团结奋进’。我们‘雷宁号舰队’的队员在学习和生活上遇到了困难,就像是海上行驶中遇到了风浪,大家要以英雄为榜样,齐心协力去战胜它。同学们,我们‘雷宁号舰队’征途无港湾! 让我们开足马力,扬起风帆勇往

① 郭启明.教师语言艺术[M].北京:语文出版社,1992.

直前,驶向那金色的海岸!”[①]

老师的这番话点燃了学生胸中的一团火,他用贴切的比喻,精炼通俗的语言,感染了学生,使全班同学群情振奋,斗志倍增。正是在教师富于感染力的鼓动下,同学们“团结、奋进”,取得了可喜的成绩。

(二)激励性

心理学家廉·詹姆士曾说过,人类本性上最深的企图之一,是期望被钦佩,赞美,尊重。也就是说每个人都有渴望被众人认同、称赞的内心需要,如果我们顺从这一心理,就能唤醒学生主人翁意识,激发他们内在潜能,使之昂扬奋进,基于这一认识,教师在鼓动学生时,语言一定要充满激励性。

有位后进生,学习不努力,经常翻墙逃学,虽然经班主任教育,但转变很小。一天他翻墙进校被领导发现送到班里,同学们议论纷纷。班主任了解是他来校迟到,当时校门口正统计各班迟到人数,他怕影响班级荣誉,又怕耽误上课,就翻墙了。这时班主任便对全班同学说:“过去王小明同学翻墙,今天又翻墙,但这不是简单的重复错误。过去他是向外翻,是逃避上课去玩;今天他是向里翻,是为了学习,这中间又进步。试想,这样下去,我们大家谁能不相信他一定会成为好学生?”老师的话使他激动得流下了热泪,以后上进的步子越来越大。不管怎么说,他总是迟到了,批评他是有理由的。可班主任却来了一番激励,话语非同一般,效果自然良好。这恰恰就应征了心理学家廉·詹姆士的话:每一个人都期望别人的认同。[②]

(三)情感性

教育心理学的研究表明,情感性的语言比单纯的理论性话语,更能收

① 周德竹.班主任工作创新艺术——浅析鼓动的技巧[J].中国职工教育,2012(12).

② 王珊.班级管理工作需要激励艺术[J]. 教育实践与研究:B,2010(8).

到好的教育和教学效果。教师在鼓动学生积极参加某项活动前进行的动员性演说，一定要带有一定的情感，教师要将自己的情感与活动融在一起，学生才能从中得到触动，引发参与活动的激情，从而达到鼓动的效果。

预备钟以后，教室响起了歌声。老师走进教室，发现学生唱国歌时感情不够充沛，有的甚至无精打采，少气无力。老师没有批评大家，便暂时中止了学生的歌声说："同学们，我现在给大家讲个故事。抗日战争时期，在日本侵略军占领的一座县城里，有一位衣裳褴褛，骨瘦如柴的十一二岁的少年，在街头唱了两句《义勇军进行曲》，'起来，不愿做奴隶的人们，把我们的血肉，筑成我们新的长城……'他的歌声被日本宪兵听到了，便把他抓起来毒打，然后硬往他肚子里灌水，等到肚子灌得很大，日本兵又踏上去，狠命地又踩又踩。还用大石头往他身上压，最后刺刀把这位少年活活挑死。同学们，在我们国土上，日本人有什么权力不让我们唱歌呢？现在，让我们带着对侵略者的仇恨，带着对被侵略者杀害的少年的深切怀念，带着新中国成立后我们的自豪来高唱这支《义勇军进行曲》——我们现在的国歌吧！"老师讲完后，亲自领唱国歌，同学们唱得特别响亮，特别动情，特别激昂。此时老师被一种强烈的情绪冲击着，禁不住眼睛湿润了。①

老师用讲故事的方法，唤起学生仇恨侵略者的激情，使学生受到一次爱国主义教育，懂得了国歌的含义，从而歌声嘹亮，激昂起来。这里最重要的是，教师在讲故事时，将自己的仇恨情绪融入其中，鼓动班里的学生一起愤慨，从而达到教师教育的效果。

二、鼓动语言的类型

俗话说"响鼓也要重槌敲"。即使素质很好的学生，教师也要用重槌

① 郭启明.教师语言艺术[M].北京：语文出版社，1992.

敲打,他们的人生才能发出震耳的轰鸣[①]。鼓动,则是一种很好的鼓槌,总结一下善教者的成功之路,就可以发现,他们的鼓动主要是通过语言来实现的。这些教师运用具有激励性、感染力的语言鼓动学生去做好某件事或积极参加某项活动。这里的鼓动语言主要包括口头语言、身体语言和书面语言。

(一)口头语言鼓动

口头语言鼓动是教师教育中常见的一种类型。当学生不积极地做某件事或参加某项活动时,教师就要用具有鼓励性的话语去鼓动学生行动起来。在这里,教师要根据学生不同的心理、不同的想法,采用不同的鼓动语言,语言应有的放矢,最终达到激励的效果。口头语言又分为两种语言类型:有号召力的语言和动人的事例。

1. 有号召力的语言

鼓动学生的语言要字字含情,句句动魄,扣人心弦,撼人心扉。在表达过程中,语言要通俗、干脆、不能拖泥带水,语音也不能太低,要有气势。当然,要想达到号召的效果,必须有一定的前期工作,教师要对班级的学生状况有一个大致的了解,号召性语言要与学生的情况相吻合,而不应该随便号召,尤其是面对一个崭新的班级时,教师的号召力尤其需要做好充足的准备。

一位新班主任走进教室,同学们热烈鼓掌,他激动不已,做了如下的讲话:同学们,感谢大家的信任!既然大家用掌声向我表示欢迎,我想大家一定会在工作中给我大力支持的。我听有的同学在下面说:"老师,就等你新官上任三把火了!"这使我忐忑不安。不过,在我看来,我们不存在三把火的问题。因为,我们前任班主任已经把火烧起来了。所以说,我面临的工作,不是烧'三把火',而是继承与创新的问题。所谓继承,是因为班级已经有了好的规章制度可供我们'萧规曹随';说创新,是因为,时过境迁,我们将面临新情况、新问题,需要我们去对症

① 王晓平.教师的语言艺术[M].山东:山东教育出版社,1996.

下药。如果说,是要烧火的话,那不是'三把火',而是全班47把火。为了这难得的学习生活,希望同学们都燃烧起来,即照亮自己,也照亮别人!完了,谢谢大家,请多关照!(教室里响起了阵阵掌声)[1]

为什么新班主任会赢来学生的阵阵掌声,那是因为,新任班主任的话语赢得了学生的支持,教师的几句话干脆有力,巧妙地将三把火引申为47把火,表现老师对同学的信任,从而激发了全体学生的主人翁责任感。

2. 动人的事例

有时候,教师的鼓动单靠有号召力的语言是无法激起学生的情趣,无法振奋其精神去做好某件事或参加某项活动的,还需要通过别人的事例来感化、触动学生的心灵。列宁说的好:榜样的力量是无穷的,榜样可以使人受到鼓舞、干劲倍增,可以使学生有方向、有目标。榜样是引导人们前进的一面旗帜,教师要适应青少年学生善于效仿的心理特点,运用榜样的力量去鼓动学生,这比单纯的号召语言更有说服力。

冬天来了,天寒地冻。同学们不太愿意到寒风中去锻炼。文体委员的催促几乎没什么效果。班主任面对这种情况,走进教室大声地问了几个问题:

"你们想像刘翔那样跑得快吗?""想!"同学们齐声回答。

"你们想像百岁老人那样身体健康吗?""想!"

"你们想像奥运健儿那样站上领奖台吗?""想!"

在一片欢乐的回答声中,教师大声号召:"那么请大家不要间断冬季的体育锻炼!"同学们应声跑出教室,并高兴地参加体育锻炼。[2]

这就是榜样的力量,学生们有了学习的对象,他们为了向榜样人物靠近,慢慢就会主动去做好以前不想做的事情。

---

① 郭启明.教师语言艺术[M].北京:语文出版社,1992.

② 郭启明.教师语言艺术[M].北京:语文出版社,1992.

(二)身体语言鼓动

"美国心理学家艾帕尔说:'人的感情表达由三个方面组成:55%的体态、38%的声调及7%的语气词。'成功的演讲者除应善于运用'讲'说服听众外,还应配以身体动作、姿态的'演'去征服听众,这样和谐统一,相得益彰的演讲更能起到出神入化的效果。"①在教育中,教师对学生进行鼓动教育时,同样是一次很好的演讲,配有表达激情的体态语,更能够征服学生,激励学生去积极地开展某种活动。

教师鼓动的身体语言主要有体态语言和表情语言。

体态,包括动体态和静体态。教师的体型、服装、发式等属于静体态,教师追求和谐得体的衣着打扮,使学生感到亲切,便于师生的沟通。而点头、拍肩、握手、手势等则属于动体态,在鼓动学生时教师的动体态具有更强烈的作用。教师站在学生的面前鼓动学生投入某项活动时,要有一个演讲者的风范,在说到激动点时配有果断有力、干脆利落的手势语,更能激发学生的积极性。

教师在鼓动学生时,表情语也是不可或缺的身体语言,因为教师的鼓动教育也是教师与学生进行思想交流的过程,教师运用各种表情可以加强语言的表现力、感染力,如谈起社会丑恶现象时应带有深恶痛绝的表情,无声地鼓动学生弃恶向善;鼓动学生积极的参加学校的各项活动时,教师要笑逐颜开,表现出对活动的美好憧憬。

(三)书面语言鼓动

教师用书面语言调动学生的积极性,可以通过书信的形式,也可以通过操行评语的形式。不管是书信还是评语,教师都应用真诚的肯定和赞美来有针对性地进行正面引导和暗示。古语说:良言一句三冬暖。教师鼓动的力量是无穷的,一条让学生感动的评语,一封触动学生心灵深处的信,其威力是无穷的,其影响是深远的。

有一个教师要外出参加一个为期10天的会议,这正是期中

① 杨大伟.宣传鼓动讲话如何体现震撼力[J].领导科学,2005(8).

考试的最后10天，学生的学习任务很重，班级评比积分也进入竞争的最后冲刺阶段。其中还有“万米长跑比赛”等几项大型活动。班主任在这个时候离开实在是不应该，可是会议又不能不参加，处于对学生的信任，教师走之前留下了一封给全班同学的公开信：

同学们，我非常感谢你们两年多来取得的显著成绩，我们获得的荣誉都凝聚着同学们的汗水和心血。这将成为大家日后漫长人生之路的骄傲。同学们，现在又有一个丰富光荣历史、创造美好回归的好机会——搞好这学期最后10天的工作。很遗憾的是，这10天如此重要的任务要交给大家来完成，老师要出去开会10天。怎么样，害怕了吗？作为班主任，我是很遗憾的，但是我不担心。因为我信赖这个有光荣历史的班集体，我相信大家会圆满地完成这10天的任务。同学们，明天分手，10天后再见。我将在千里之外遥祝大家战果辉煌！同学们看到信后，激昂慷慨，摩拳擦掌，纷纷表示要为班集体争光。结果这10天的任务完成得很好，成绩优异。[①]

“公开信”是教师与学生谈话的书面语言，由于语言纯朴，入情入理，显示了热情鼓励、充分信任、正面疏导的巨大作用。教师不是为写信而写信，教师说的每一句话都充满对学生的信任，并处处在赞美学生的能力，所以达到了鼓动的效果。可见书面语言威力无穷。

三、鼓动语言艺术运用方法

鼓动语言的类型有很多，那么教师应该如何将这些鼓动语运用于实践，通过激越的感情，优美的词语，去激发学生积极性，振奋学生的精神，激励他们去开展某种活动或做好一件事的呢？这就需要我们来探讨一下鼓动语言艺术的运用方法。

---

① 郭启明.教师语言艺术[M]北京:语文出版社，1992.

(一)以言简意赅的名言警句鼓动学生

一个口号就是一个行动纲领,就是一个奋斗目标,就是一面指引前进的旗帜。那么在教育中,教师也应该树立一个口号,鼓动、激励学生好好学习。这里的口号也就是我们所说的一些名言警句,教师可以为学生讲这些名言的来历,让学生在情境中得到启发,奋发精神,积极地投入到学习甚至是学校的活动中来。

教师经常用的一个名言:为中华之崛起而读书。这句话言简意赅,教师用这句话来鼓动学生好好学习,是很有用的,但是,毕竟现在的学生不处于周恩来那个时代,他们是否能真正理解周恩来当时的心境呢,这就需要老师的教学艺术,其中一个语文老师是这样做的:他首先为学生呈现了这句名言,并让学生自己讲述一下名言背后的故事,学生很踊跃,都讲述了自己所听到的、看到的,然后教师为学生声情并茂地讲述了周恩来当时面对国人受欺辱,国民不敢反抗的情境时,一个十几岁的小孩面对校长喊出了"为中华之崛起而读书"的口号,体现了他的决心。学生在故事中了解了名言的价值,了解了名言的内蕴,并触动了他们的心灵,也许他们会为了建设好我们的祖国而发奋读书。①

教师的鼓动是需要艺术的,同样的一句名言警句,不同的教师使用会产生不同的效果,也许会成为学生的耳旁风,听过就忘,也许将深深地刻在学生的心里,成为人生的格言,就看老师的鼓动语效果如何。

(二)以别具一格的广告话语鼓动学生

我们都知道,广告语的一个最大的特点就是吸引观众的眼球。一个好的广告总会带有那么几个亮点,而这亮点又恰好符合观众的心理需求,所以可以引来不少观众的关注。那么教师的教育语言又如何呢?是否也可以采用这种方式去满足学生的心理需求,来达到鼓动的效果。

① 姜玉龙.让班主任的激励艺术在班级绽放[J].吉林教育,2011(26).

冬天这个寒冷的季节，学生都不想出教室，于是每天锻炼的习惯也就在寒风中终止了。有一位班主任利用的广告语的特点，他模仿电视广告的声音说：

"你们想增强记忆力，提高学习效率吗？""想！"同学们齐声回答。

"你们想头脑敏捷，变得更加聪明吗？""想！"

"你们想体格健壮，身体健美吗？""想！"

"个子矮的同学想长高点吗？""想！"

"发胖的同学想减肥吗？""想！"

在一片欢乐的回答声中，教师大声号召："那么请大家坚持冬季体育锻炼吧。"①

这位老师动了一点脑筋，变换一下方式，效果就很理想。学习效率、聪明、身材健美、减肥、长高，这些都是现在学生的心理需求，教师抓住了这一点，从满足学生的需求出发，再引向教师鼓动的目的所在，这样很容易激发学生的兴趣，所以这位教师的鼓动是成功的。

（三）以表达激情的体态语言鼓动学生

教师在鼓动学生积极地去做好某件事或参与某项活动时，不仅仅是可以用语言来激励，其实老师平时的一个小小的身体的变化都会给学生以鼓舞，刺激他们准备去干或者继续去干某一件事。这些体态语言可以是教师对学生表现的点头认可，可以是教师对学生的鼓掌表扬。在课堂上学生没有勇气站起来说出自己的想法，也许教师在学生肩膀上轻轻的一拍，都会给学生以鼓舞，激发他大声说出自己想法的勇气。比如有些老师教育学生的秘诀就是多给学生鼓掌。不管是课堂上还是运动场上，不管是校内还是校外，只要看到了学生的进步，教师就会带动其他的学生给以掌声的鼓励。课堂上，学生回答对问题，给以掌声，回答错了，同样给以掌声，因为毕竟学生站起来了，比起那些不敢站起来大声说话的学生，他就有很大的进步。也许，我们每一个教师在教育学生时都可以采用这种

① 郭启明.教师语言艺术[M].北京：语文出版社，1992.

方法,这是一种鼓励性教育,是被大多数教师和学生认可的教育。在当今社会,所谓的挫折性教育已不适合学生的心理。

鼓动教育语言作为教师教育语言的一种,对激发学生的兴趣,振奋学生的精神,鼓励他们积极地做好某一件事情,有着重要的作用。教师要应用好这一教育艺术,通过鼓动给学生以生活、学习的方向。

小 结

"著名教育家苏霍姆林斯基在他的《给教师的一百条建议》中说:'在拟定教育性谈话的内容的时候,你时刻也不能忘记,你施加影响的主要手段是语言,你是通过语言去打动学生的理智与心灵的。然而,语言是强有力的、锐利的、火热的,也可以是软弱无力的。'这就是说,在我们对学生进行思想教育时,不仅应该遵循一定的原则,讲究科学的方法,而且也要注重语言的艺术。"①这段话强调了教育语言的重要性,它是对学生进行思想品德教育的重要途径,应该引起广大教育工作者的高度重视。语言是争取人们灵魂的坚强战士,教师要很好地对学生进行思想品德教育,关键是看教师的话语如何。教师要努力铸造自己的语言,使自己面对学生的语言如永恒的星辰那样光辉灿烂、永不熄灭,努力使自己的语言成为指路的明灯,为学生指引着道路!

思考题

[1]说服语言的类型是什么?

[2]疏导语言的特点是什么?

[3]鼓动语言的艺术运用方法是什么?请举例说明。

参考文献

[1]陈静.说服教育要体现艺术性[J].中国商界:上半月,2009(9).

[2]陈中伟.新形势下思想政治教育疏导教育法的发展研究[D].重庆:西南大学,2006.

① 谢文举.教师语言艺术手册[M].济南:山东大学出版社,2003.

[3]季华.浅谈对学生进行疏导教育的语言形式[J].常州轻工职业技术学院学报,2006(3).

[4]刘畅.德育教育中要善用说服教育[J].贵阳市委党校学报,2008(2).

[5]罗洪铁,董娅.思想政治教育原理与方法基础理论研究[M].北京:人民教育出版社,2005.

[6]马际娥.智言妙语巧“说服”[J].天津教育,2007(1).

[7]王大亚.浅谈小学德育工作中的说服教育[J].教育评论,1995(6).

[8]王维审.谈班主任的“说服”艺术[J]基础教育研究.2009(2).

[9]杨大伟.宣传鼓动讲话如何体现震撼力[J].领导科学,2005(8).

[10]于至远.让你的说服教育点石成金——例谈班主任工作艺术[J].新课程,2011(2).

[11]赵婵.试论述说服教育在班主任工作中的有效运用[J].科技创新与应用,2012(3).

[12]周祝望.说服学生方法例谈[J]新课程:中学版.2008(3).

进一步阅读文献

[1]陈东升.说服的艺术[M].北京:企业管理出版社,2006.

[2]方州.说话的艺术[M].北京:中国华侨出版社,2000.

[3]查尔斯 U 拉森.说服接受与责任[M].北京:北京大学出版社,2004.

第七章 优秀教师教育语言艺术运用(二)

表扬和批评是老师手中的一支魔法棒,调节学生的心理状态,激发其学习动机;表扬和批评是学生心中的一杆无形秤,称量出自己的外在表现,折射出其成长的心路历程。表扬和批评也是老师不可或缺的一种教育手段,是师生情感交流的一座重要桥梁。表扬如一阵和煦的春风,吹开朵朵想要绽放的花苞;批评是一阵春雨,冲去学生心中不该淤积的泥沙……那么如何施行表扬与批评,才能够达到理想的教育效果呢?本书接下来将对表扬和批评的特点、类型和运用方法等方面内容展开探讨。

第一节 表 扬

美国著名作家马克·吐温曾说过,只凭一句赞美的话,我就可以快乐两个月。心理学家威廉·詹姆士说过,人类本质中最殷切的需求是:渴望被肯定。的确如此,常言道:"良言一句三冬暖",每个人的感受都不外乎如此,而作为成长中的中小学生更是这样。正如教育家赞可夫所说:学生对于教师给予他的好感,反应是很灵敏的,他们会用爱来报答教师的爱。表扬作为一种外在的、积极的强化手段,可以发挥学生的积极性,让学生体验强烈的自尊感和成功的幸福,激发学生强烈的进取心,可谓老师教学的法宝。所以,老师要十分重视表扬的重要作用和使用的艺术技巧。

一、表扬语言的特点

表扬语言作为教师的法宝之一,其特点有:赞赏性、指引性,真挚亲切性和振奋人心性。

(一)表扬语言的赞赏性和指引性

赞赏性指的是赞美、赏识、认同。表扬行为的发生是以认同为前提的,不认同的赞赏行为通常会被人认为是阿谀奉承。教学过程中,教师认可了学生的某种行为才实施表扬,这种表扬行为不应该是空穴来风、无中生有。教师的赞赏性行为可以激发学生学习的积极性、思考问题的严密性。所以,赞赏性是表扬的本质特点之一。

指引性是指表扬语言有一定的指示、引导作用。教师表扬学生时往往针对的是学生的行为,由此则传达给学生一种信号,这一行为是非常正确的,如此做就能得到认可和表扬,于是被表扬者可能就加强这种意识,而其他人也在自觉或不自觉间开始学习、模仿。因此,我们可以说指引性也是表扬的本质特点之一。

(二)表扬语言的真挚亲切性

只有真实的赞美才能最打动人的心。陶行知先生说过,“真教育是心心相印的活动,唯独从内心发出来的,才能打到心的深处。”[①]教师也须用自己真挚的情感去打动学生,激发起其向上的动机。老师的表扬必须真心诚意,没有一丝矫揉造作,如此一来才会亲切自然才更具有感染力和亲和力。在教育教学中,有很多这样的事例,一句真挚的表扬,一句亲切的赞美,会给学生带来极大的快乐,甚至可能会影响这个学生的一生。

对于教师的表扬话语而言,如果不是情真意切的感情流露,便也很难与学生的心情相呼应。现在有不少课堂表扬话语浮光掠影、轻描淡写,仅仅用一些“不错”“好”之类的简单反馈词语,来敷衍学生的认真思考、积极参与课堂互动,怎么能激发学生学习的积极性呢?古人云:“良言一句三冬暖”,要想对学生的表扬有感染力,我们就不能对学生的回答只做简单笼统的评价,诸如“你思考问题很深刻”“你的回答很能获得我们大家的认同”“你的回答具有一定程度的感染力”等一些具体的反馈语句不是很有感染力么?一位同学曾说“如果我上课被老师提问写生字,却没写好,老师一般会要求我回去写三遍,可是有时候写了三遍还是记不住,那怎么办?

①顾明远,边守正.陶行知选集(三卷本):第1卷[M].北京:教育科学出版社,2011.

我的方法就是在笔记本上多写几遍,下次上课之前给老师看,老师每次都会在我的本子上写着‘你很有耐心,学习也有恒心,这样下去,你会有很大的提高的’,其实我也知道,字学会了才是我的目的,老师的表扬言语不是主要的。但是老师的一句话,确实可以鼓舞我的信心。”事实证明,只有用情、用心去表扬学生,才能取得意想不到的教育效果。

(三)表扬语言的振奋人心性

优秀教师布劳斯有一段话甚为简洁而精辟:“赞美永远都不是多余的,尤其是对于那些从未有人赞美过的学生来说,一次真诚的赞美,可能胜过一万次严厉的责备。有时,老师的鼓励与赞美虽然只是短短的几个字,正是那几个字却能够给学生带来足够的信心和勇气。”[①]

马尔克姆·戴尔凯夫是前苏联一位知名的职业作家,小时候他是个非常胆小害羞的孩子,几乎没有朋友,也没有信心,总觉得自己什么事情都做不了。他的母亲曾有一次在大街上恶狠狠地教训他“真是蠢得一无是处!”

有一天,他所在中学的英语老师——布劳斯太太给全班同学布置了一道作业,她要求学生们回去读一篇小说,然后写一段文字。戴尔凯夫认真完成了作业。现在他已经想不起当初他写的内容和老师给他的分数了,但他仍清清楚楚记得,并且永远不会忘记老师给他的评语中的那四个字——“写得很好”,正是这四个字,改变了他的一生。

之后,戴尔凯夫在读书的业余时间又写了许多小故事,每一天他都把自己的作品带到学校,交给布劳斯太太。而老师对这些稚嫩的作品则给予了鼓舞人心的、满怀真诚的评价,而那短短几个字的评价恰恰是戴尔凯夫当时所需要的。正是那四个字给了他信心和勇气,使得他成为一名出色的作家。戴尔凯夫坚信,如果没有当初布劳斯太太在他的作文空白处写的那四个字,那么他现在所拥有的一切都不会发生。

① 赵国忠.外国优秀教师最有效的建议[M].南京:南京大学出版社,2009.

他后来还告诉布劳斯太太，在他的办公室里，他曾经接待过一位年轻姑娘，这位姑娘每天学习到深夜就为了得到一张中学的学位证书。现在她拿着证书来到他面前寻求他的帮助和建议，因为他是个出色的作家。他把自己从布劳斯太太那里得到的信心与勇气又传递给了这位姑娘，现在这位姑娘已经成为一名作家，并且成了他的妻子。①

优秀教师布劳斯对戴尔凯夫的表扬，就像甘甜的雨露，滋润着一棵几近干枯的小树苗，形成一种积极向上的力量，然后长成参天大树。著名教育家苏霍姆林斯基曾说，教师无意间的一句话，可以造就一个天才，也可以毁灭一个天才。他还为此对老师强调说："你在任何时候都不要给学生打不及格的分数，请记住：成功的欢乐是一种巨大的情绪力量，它可以促进学生好好学习。让我们用真诚、爱心对学生多几分赞美，少一些批评、指责，在他们人生道路上，为了他们的进步、进取，教师要学会赞美学生。"我们不难看出案例中布劳斯对学生的表扬是真诚的，是发自内心的。正是这种发自内心的、亲切自然的表扬话语振奋了戴尔凯夫的内心，并且像路灯一样照亮了他的道路，从而改变了他的一生。同时这一份赞美性的表扬话语也指引着他以此为路标，去影响别人。由此，我们不难体会到表扬话语的赞美性、指引性、真挚亲切性和振奋人心性的特点了。

二、表扬语言的类型

按照不同的维度可以将教师的课堂表扬行为分为不同的方式。比如德韦克基于其能力观理论以及在此理论基础上所做的实践理论，并通过观察亲子之间互动和儿童的角色扮演的有关研究结果，认为成人对儿童所实施的批评/表扬基本可以分为三种类型：个人取向、过程取向和结果取向的批评/表扬。个人取向的表扬包括对儿童能力的表扬和表扬儿童的好行为（Goodness）或有价值（Worthiness）行为等，它是对儿童做出的一种整体性判断，反映了儿童的人格特质，指向于儿童本身，个人取向的批评如"你真笨！""你这个孩子真坏！"等，个人取向的表扬如"你真聪明！""你

① 赵国忠.外国优秀教师最有效的建议[M].南京：南京大学出版社，2009.

真是个好孩子!”等;过程取向的批评/表扬主要指的是对儿童在完成任务或行为过程中的努力程度或所运用的策略进行反馈,指向行为的过程,过程取向的批评如“这个任务你仍然没有完成,你应该再尝试用其他的方法做一做”“你在完成该项任务的过程中不够努力”等。过程取向的表扬如“这种解决问题的方法很好,你还能想出其他可行的方法吗?”“你在做题的过程中很努力”等;结果取向的批评/表扬当然反映行为的客观结果,指向具体行为的适宜性,前者如“这可不是完成任务的正确方法”“你这道题做错了”等,后者如“你做对了9道题”“你取得了一个好成绩”等。

在此我们依据不同的划分标准对其进行不同的类型划分。

(一)按表达形式划分,表扬可分为口头表扬、书面表扬、活动展示和体态语表扬

由于体态语的语言艺术在第十章中有详细探讨,在此则不赘述。下面就详细谈一谈口头表扬、书面表扬和活动展示表扬。

1.口头表扬

口头表扬就是通过教师的口头上直接发出的认同、赞赏性的话语来对学生进行表扬。这种表扬是在与学生面对面的条件下进行。教师可以直接流露出对学生的那种赞许、热情与真诚,学生也能很直接地感受到老师对他的表扬与鼓舞。这是大部分教师所采取的方式,这种表扬具有直接性,而且应用起来十分便捷,同时我们还可以立即看到成效。

在老师的充分信任和期待下,学生便愈加希望得到老师的表扬。在得到了老师表扬的情况下,则产生了一种心理强化。学生在这种表扬环境中增强了表现欲和自信心,也更加喜欢他们的老师了,继而形成一种良性循环。这也印证了一句话“亲其师则信其道”。

2.书面表扬

所谓书面表扬就是借助书面语言对学生进行表扬,这是一种无声的沟通。语文教师可以在批改学生的作文、日记时,在评语中表扬学生。给学生写评语一贯是语文老师常用的方式,但是这并非意味着只有语文老师才拥有此特权,其他各科老师都可以在批改学生作业时写上评语,或者以其他的特定符号,如笑脸等来对学生进行表扬。每位老师也可以把表

扬语写在纸条上,交给学生,还可以通过书信来表达对学生的喜爱与肯定……相对于口头表扬来说,虽然少了那种直接性和及时性,但它却也具有自己独到之处。书面表扬有利于表达说话者的情感,更能引发学生的共鸣,同时也使学生感受到老师对他的重视与认可。因此,有时,某些表扬语用笔写出来比用嘴巴说出来,更能打动人心,触及学生的内心深处。下面这个例子便能反映这个问题。

> 学生A是个非常贪玩的男孩,学习成绩较差。其中考试之后,学校举行乒乓球比赛。他在全班无其他人参加的情况下报名了,并且一路过关斩将得了年级冠军!我在他获得冠军的当晚递给他一张纸条:"你是机灵、聪明的男孩,要不然乒乓球冠军也不可能属于你。如果能把乒乓球台前的专注移一点到学习上,优异的成绩一定会让你更潇洒!"没想到这小小的纸条真的改变了他,期末检测时,他彻底甩掉了落后的帽子。听他爸爸说,那天,他捧着我写的小纸条坐在书桌前沉思了很久。[①]

从中我们不难发现:小小纸条,大大魔力。没有大张旗鼓的表扬,没有敏感心理的反抗,有的是老师的推心置腹、情真意切的表扬与期待,换来的是学生的无言接受、奋发向上。由此我们可以说书面表扬是教师语言艺术表达中不可或缺的一种形式。

(二)按表扬的场合划分,表扬可分为公开表扬和私下表扬

表扬可以当众进行,也可以私下进行,教师可以根据具体情况具体对待。

1.公开表扬

公开表扬是在公众场合下对学生所进行的表扬,在教室里当着全班同学的面对被认可者进行表扬。比如对做了重大好事的学生,表扬的范围要广泛一些,可在班级甚至年级中进行表扬。对一些低年级学生,公开表扬效果较好。通常腼腆、自卑、内向的一类学生,尤其还是后进生,更需

① 张万祥.给年轻班主任的建议[M].上海:华东师范大学出版社,2006.

要表扬,表扬所起的作用也会更加显著,对他们应大张旗鼓,当众称赞。

南京市山西路小学特级教师耿方珠常说:"后进生也是祖国的花朵,他们也需要得到阳光雨露。如果给他们更多的养料,谁说他们不能比别的花儿开得更加艳丽呢?"

一个严冬的早晨,耿老师把班上的一个后进生叫到讲台上,举起他冻得又红又肿的双手,对全班同学充满深情地说:"请大家看看这双手,手背上的血迹是冻裂的伤口。如果把双手放入冰凉刺骨的水中会是什么滋味?请大家再看一看我们干净整洁的教室,想一想今天为我们洒水、扫地的同学是怎样劳动的。"①

寥寥数言的公开表扬,不仅激发了这位后进生的荣誉感、进取心,而且对全班同学也是一次难忘的教育。

2.私下表扬

私下表扬是相对于公开表扬而言的。私下表扬是在有极少数人参与的环境中对学生所发出的表扬言语。对于一些敏感的同学来说,这是一种较为恰当的表扬方式。另外,对一些高年级学生,因为思想相对成熟,想的问题更多一些,有时教师在身旁低声的称赞可能比在全班面前表扬更令他感到愉快,因为这样做会避免他陷入被同学议论、讥讽的尴尬境地。

(三)按表扬的对象划分,表扬可分为个体表扬和集体表扬

1.个体表扬

个体表扬是教师针对某一个或几个有突出表现或成绩的学生所进行的表扬。个人表扬常常会激发个体的积极性和创造性,使个人置于榜样地位从而产生成就感,在班上树立先进典型,表扬学生个体实际上是肯定个体身上的某一行为或品质,受表扬的学生实际表现应确实比班里一般同学突出,付出的努力多,或是具有某些需要肯定的特点。表扬这一个体,既是肯定赞扬了这一学生个体的行为,又给其他同学树立了榜样,提

① 郭启明.教师语言艺术[M].北京:语文出版社,1992.

供给大家一个目标,激励同学们为之努力。所以个体表扬不仅对学生个体起到积极促进作用,同时也是对集体的一种促进。

2.集体表扬

所谓集体表扬是表扬学生所在的一个整体。集体表扬能增强团体成员的归属感和合作意识。经常过多表扬个人而忽略集体,特别是一些靠集体取得的成绩仅仅记在某个学生身上,就会打击绝大多数学生的积极性,使没有受表扬的学生产生消极抵触情绪,受表扬的同学被集体孤立起来,造成学生间的不团结。经验告诉我们,表扬一个学生所在的集体,比表扬这个学生本身的教育结果更好。即使在表扬某个学生时,也要强调他是为校、为班级争了荣誉,放在班级表扬,做到表扬一人鼓励多人。所以,集体表扬是表扬语言应用的一个重要类型。

三、表扬语言艺术运用方法

表扬是教师手中的一件法宝,但它却并非是无往不利的。这一法宝在运用中存在有效表扬和无效表扬。

表2 有效表扬的指导①

	有效表扬	无效表扬
1	是有针对性的	是随机给出的
2	指出成就中的特别之处	限于整体的积极反应
3	表现出自发性、多样性和其他可信的特征;表明了对学生成就的清楚关注	表现出千篇一律,意味着这是以最少注意换来的条件反应
4	欣赏与具体的表现标准挂钩(当然也可包括努力标准)	仅仅是表扬,很少考虑到表现过程或结果
5	给学生提供有关其能力或成就价值的信息	根本不提供信息或只是给出有关其身份的信息
6	引导学生更好的欣赏自身与任务相关的行为,思考问题解决	引导学生与其他同学作比较,思考竞争
7.	基于学生以前的成就来描述其当前成就	基于同伴的成就来描述学生的成就
8.	认同学生有价值的努力或在困难任务上的成功	在给出表扬时不管所花的努力或成就的意义

① 布罗菲.激发学习动机[M].陆怡如,译.上海:华东师范大学出版社,2005.

(续　表)

	有效表扬	无效表扬
9	将成功归因于能力和努力,意味着期待将来的成功	将成功只是归因于能力或外部因素,如运气或任务难度
10	培养内向型归因(学生相信他们在任务上的努力是因为他们喜欢任务或想要努力发展与任务相关的技能)	培养外向型归因(学生认为他们是因为外部因素——取悦老师、赢得竞争或奖赏等)
11	让学生关注其与任务相关的行为	让学生关注可以操纵他们的权威的老师
12	培养学生在完成行为后欣赏其与任务相关行为	闯入正在进行的行为,干扰学生对任务相关行为的注意

由J·布罗菲的有效表扬的指导列表引发出一个问题:怎样运用表扬语言艺术才能达到有效表扬?因此我们必须掌握一些恰当的、可以让我们的教育教学工作事半功倍的表扬语言艺术运用的方法。

(一)适时性的表扬方法

所谓适时性就是在恰当的时候不失时机做出行动。我们都知道,高明的厨师其高明之处不在佐料,而是火候。表扬也是如此。表扬要起到它应有的作用,则需要抓住时机及时表扬。当一件先进事例发生时,教师应做出积极的反应,及时给予肯定和表扬。

学生学习过程中得到的每一次鼓励和表扬,都对学生形成良好的思想行为起着积极的促进作用。这个时机把握得不好,会起到相反的作用。如表扬过早,学生容易产生骄傲自满的情绪,有时甚至会使事情半途而废;如果表扬迟了,时过境迁,学生良好的思想行为会因得不到强化而消退。适时表扬会起到好的效果。“人类本质中最殷切的需求是:渴望被肯定。”后进生更是如此,他们渴望得到认同,更奢望得到老师的表扬。教育教学中我们发现最有实效的表扬不是锦上添花,而应是雪中送炭。对于学生,老师就要去发现甚至是挖掘他们身上的“闪光点”,抓住时机给予表扬,让学生的渴望变成现实。著名教育家苏霍姆林斯基说过,要让每一个学生都抬起头来走路。譬如某学生连续几次迟到,今天早到了要及时表扬;又譬如,某学生上课从未主动发言答过问题,今天这样做了,教师应及时表扬鼓励。在教室的适时表扬中,后进生能积极地认识自我,获取更多的战胜困难的勇气和信心。一次适时的表扬也许就带来一次心灵的震撼,很可能从此会转变学生一生的命运。因此,要变表扬为动力,就必须抓准时机,适时表扬。

(二)适度性的表扬方法

所谓适度性的表扬方法,就是说表扬应该准确、探究分寸。教师在实施表扬时要实事求是,既不夸大其辞,也不轻描淡写。既不要吝惜表扬,也不能滥用表扬。教师的表扬要坚持以事实为根据,掌握好表扬的度,讲究表扬的分寸。

表扬对于促进学生的发展成长而言具有很重要的影响,这已经是不言而喻的事实了。比如一个老师在某一个场景下表扬了一个学生,该生可能就开始喜欢这个老师,并且越来越喜欢他的课,于是他在这门课上的成绩就会提高,成绩进步越大他就越有成就感,于是就进一步强化了他的自信,从而形成一种良性循环。因此,教师一定不要吝啬自己的表扬,因为这份表扬可能就是学生期待已久的,就是开启学生奋发向上的一把钥匙。但是,反过来说,是不是表扬越多越好呢?有的老师认为“油多了不坏菜”,多表扬总是没错的。然而,物极必反,过犹不及。一味的滥用表扬的话,受表扬的同学要么骄傲自满,自以为是,要么惶恐不安,担心自己没有老师表扬得那么好;要么认为老师是在故意夸他们,有一种上当受骗的感觉……如此一来,表扬也就起不到应有的作用,结果就产生了无效表扬。

一位优秀班主任一直认为教师的表扬越多,学生就越活泼可爱,学习的尽头就越足。于是,表扬成了她最热衷的调控课堂、管理班级的法宝之一。但一封学生的来信让她受到了震撼。

老师,请原谅我的大胆,我是想了很久才下笔的。坦率地说,同学们都很喜欢您,尊重您,我更是这样。但是就在昨天,我在您办公室门口无意中听到了您与一位老师的对话,您说:“小孩子就是哄的,多赞美他们,多给他们一些小鼓励,不管你是不是认为他们优秀,这可是管理班级的法宝啊!”从那一刻起,我心中充满了无数困惑，我简直不能相信，这句话是您说的。您不知道我和同学们那样尊重您，把您的赞美当成最好的礼物。我真的不敢相信这竟是假的！我们需要您真诚的表扬，同样也渴望真诚的批评！①

引用上述例中那位老师所说“禾苗干涸了，需要浇水，但不能太多，水多了就会淹死；车胎瘪了，需要充气，但不能太足，太足了就会爆炸；生命短暂，需要关爱，但爱不能太多，爱得太多了就成了伤害。”所以，表扬要适度，应恰如其分、实事求是。

(三)多元性的表扬方法

表扬是一个复杂的语言沟通过程，是师生交互作用的过程。表扬效果的好坏不仅取决于表扬的内容，而且取决于表扬所存在的环境及表扬的形式。不同的学生对同一种表扬方式的反应不同，所以表扬语言运用时要存在多元性，即因人因时因地采用不同的表扬方式。

表扬的方式应丰富多彩，不拘一格。第一，公开表扬。在全班同学面前，以热情、公正的语言赞扬学生，尤其是后进生取得的成绩，促成其自我肯定以及他人的肯定，增强其自信心。同时言语间也鼓舞着众学生之心。第二，私下表扬。对于心里敏感或者高年级心智成熟的学生，通过找其个别谈话，肯定其成绩与进步，对其进行充分的表扬，由此达到激励其再接再厉的目的。第三，多种奖励式表扬。运用贴小旗，填成绩表，写黑板报，写表扬评语，写表扬信等方式表扬学生的成绩和进步，或者是进行物质奖励，对低年级的学生这一种方法就更加实用等。

显然，对待不同的学生表扬的方式也不相同，比如向对待自觉学习而且行为习惯很好的学生可采用引导性表扬语“假如你……你会更优秀！”如果对待成绩差但很努力，可采用鼓励表扬语“虽然你只……但是你在某一方面很优秀”，对待性格外向的人，表扬则不公开，私下里表扬给他一个人听，同是指出一些不足，以便其取得更大进步。

① 张万祥.给年轻班主任的建议[M].上海：华东师范大学出版社，2006.

(四)全面性的表扬方法

教师在表扬语言的使用过程中,要兼顾学生整体中存在的不同因素,做到公平公正,因材施教;同时也要兼顾学生个体的各个方面的进步。

1.公平公正、因材施教的全面表扬

教师的表扬话语虽然不是包治百病的灵丹妙药,但至少应该是一贴良药。教师多给学生一些表扬,学生将会长久地沐浴到灿烂的阳光。而每一个学生都是平等的,他们应该享受平等接受表扬的权利和机会。因此,教师的表扬应该着力于每一个学生的身上,而非只是针对学习成绩优秀的学生,也应该针对学习成绩较差的学生,在教育教学中,一定要体现表扬的公平性。另外,进行表扬绝非一项简单的工作,一定要注意表扬的艺术。教师应根据学生的不同特点,使表扬因人、因事、因地、因时而异,充分发挥表扬的功能,使表扬真正成为学生良好思想品德形成的催化剂。

新生班会上,班主任依次点名、介绍。每个学生一般都是一分钟。当他点到王刚的时候,有的学生竟发出了轻轻的讥笑声。因为这个王刚,在小学学习期间打架出名,曾受到过纪律处分。今天老师也点了他的名,难道他也有什么可以炫耀的吗?听到老师点了自己的名字,王刚犹豫地站了起来,昂着头,目光斜视,一副满不在乎的样子。他心里早有这样的准备:这位中学老师还不是像以前那些班主任一样先公布罪状,然后让大家监督,我怕什么,反正这辈子好不了。

"王刚同学,是××小学六年级二班的学生。"老师依然介绍得那样认真、严肃,"他曾两次夺得全区少年运动会百米比赛第一名,为母校争得了荣誉。他心灵美好,据他的一位数学老师告诉我,有一次下课,外面下雨,数学老师没带伞,王刚同学主动撑伞送老师回办公室。这位老师说,那么多同学都在走廊里看雨景,只有王刚同学来帮助他,他很感动。我相信,在新的集体里,他一定能做出新的贡献!"几句话,像一股暖流,唤起了王刚的希望。他想起来是有这么一件小事，没想到老师还记得，更让他惊讶的是这位新班主任第一次为自己肯定了在集体中的地位和价值。这让他感到自豪。[①]

苏霍姆林斯基说过，让每个学生在学校里抬起头走路。在日常工作中，尽可能去表扬每一个人，细心留意每个学生的闪光点，找准机会，让学生，尤其是有自卑感，对老师有排斥心理的学生能切实感到老师对他的期待与尊重。而案例中的班主任就做到了这一点，让每一名学生都能沐浴在表扬的灿烂阳光里健康成长。

2.扩大范畴、大小并重的全面表扬

我们的教育培养的是全面发展的人，作为一种重要的教育手段，教师表扬的范畴应涉及学生学习、生活、心理的方方面面。一些班主任仅局限于对考试分数高、课堂表现好的现象给予表扬，而很少关注学生发展成长过程中的微小进步。实际上，在班主任和学生的交往过程中，学生学习上的进步、思想品德的提高、良好生活习惯的养成、偶然的闪光行为等，都在教师表扬的范围内。除此之外，表扬还应注意大小并重。教师表扬学生时，不要只重视大的方面，而忽视了学生微小的进步，应该做到大小并重。在日常生活中，有些事情在班主任看来是微不足道的，但对于学生来说，也许他们已经尽了最大的努力，所以教师在发现学生优点和长处时，不论大小，都要给了肯定和表扬。

(五)具体性的表扬方法

表扬要指出具体表扬的行为，解释表扬的原因，要讲出受表扬学生取得成绩的过程和细节，切记空洞无物。只是不断重复使用“不错”“很好”之类的概念性词句，久而久之这种表扬对学生就失去了作用，甚至会使他们产生排斥心理。所以在表扬过程中，教师要做到就事论事，表述清晰，应根据情况进行具体性表扬。

有位学生在新学期的第一篇作文中记下了这样一件事：开

① 涂光辉，雷晓波.班主任工作技能[M].长沙：湖南师范大学出版社，2000.

学了，他决心以新的姿态投入学习，订了计划，包括上好晚自习，在规定的时间才看电视等。可就在第一个晚自习时，却从隔壁房里传出他最爱看的电视剧的主题歌，他坐立不安了。经过激烈的思想斗争，他对自己说："要是今晚还看电视，我就是一头猪。"他终于坐下来，顺利地上完了晚自习。班主任谭老师在学生"对自己说"的那句话旁边批上了"妙语惊人"四个大字，并热情地向全班同学推荐这篇作文，着重分析了这个内涵丰富、妙不可言的警句。他充满激情地表扬了这位同学战胜自我、磨砺意志、自我完善、勇于解剖自己的精神，并热情鼓励他：能克服影响自己进步的主要障碍，就是最生动不过的进步，就是一个强者最本质的特征。结果，"我就是猪"，成了班上风靡一时的"名言"。谭老师还当机立断地鼓励在学生中发动一场向自己"开火"的"战争"，同学们都争当"志愿兵"，热情很高。①

上述例子中的这位教师并非简单就学生的作文做出表扬，而是针对学生对自己说的那句话做出具体分析、表扬。从而给该生的向上心理做出强化，甚至于影响到整个班级，带动大家一起进入自我反思和自我监督的学习环境中。由此看出具体性表扬比模糊的一句话效果更加显著，所以具体性表扬应成为教师广泛使用的表扬方法之一。

（六）深度性的表扬方法

表扬不应停留在表面上，而应深度挖掘。有时学生做了一些好事，或取得了一定的成绩，他们自己却不一定能清楚的认识其重要的意义。这时教师的表扬就不应就事论事，只停留在事件本身，而应进行理论分析，挖掘其所寓含的意义。应使被表扬者知道自己受表扬的"所以然"，并使其他学生也从中受到某方面的教育，例如在学习过程中，有的学生解答疑难往往速度较快，答案正确，而大部分同学却不能如此。因而教师就要注意分析其解题方法、思路，对其可取的方法、思路予以肯定、推广，同时鼓励学生快解，巧解疑难，以培养其敏捷的思维能力，而不是只停留在答案

① 王晓平.教师的语言艺术[M].济南：山东教育出版社，1996.

做的是否对这些表面现象上。

爱因斯坦说过,别人赞美我思维能力强,有创新精神,我一点都不激动,作为大科学家听这类话都听腻了,但如果谁赞扬我小提琴拉得棒,我一定会兴高采烈。同样的,教师的表扬行为不要总是停留在学生众所周知的优点上,而是要去挖掘学生身上一些鲜为人知的优点,这样不仅能表现出教师的独特眼光,还可以让学生得到一些新的肯定,效果当然不同凡响。

第二节 批评

批评和表扬一样,也是班主任对学生进行思想品德教育的一种方法。其最终的目的是让学生认识到错误的实质,心悦诚服地接受老师的建议与批评,从而改正不足之处。俗话说:良药苦口利于病,忠言逆耳利于行。事实上,苦口的良药只有吃得下去,才能够利于病;逆耳的忠言能够听得进去,才能利于行;吃不下的苦口良药就无法利于病,听不进去的逆耳忠言,就无法利于行。有一句话我们时常听到——"好孩子是夸出来的。"每个人都喜欢被表扬,而不愿意受到批评。因此,能够听进去批评、接受批评是关键。没有批评的教育,是不完整的教育。批评作为德育中不可或缺的一环,应当有自己的艺术魅力。

一、批评语言的特点

批评的语言艺术是做好批评教育工作的重要因素,苏霍姆林斯基曾说过,只有痴呆和道德上的堕落才能堵塞语言通向人们心灵的道路。语言是争取人们灵魂的坚强战士,一切都取决于你这个教师的话语怎样。有的话语像患病的小孩那样瘦弱难看,有的话语像枯草的影子一样没有力量和感情,有的话语则像永恒的星辰那样光辉灿烂、永不熄灭,为人类指引着道路。努力使你的话语成为指路的明灯吧!

批评语言一般来说,具有以下几个特点。

(一)动之以情

"学生犯错后的心理状态是成封闭性的,抑制了师生思想信息的双向交流，教师就无法把握学生的内心体验和真实思想。因而打破心里封闭，形成开放状态，成为学生接纳老师观点的必由之路。”[①]白居易云：“感人心者，莫先乎情。”批评是呼唤学生心灵的一种教育方法，应该像和煦的春风，在温暖万物的同时使其苏醒、生长。从教师口中道出的批评应怀有真诚、理解、尊重、信任和爱护学生之情，如此才能使学生的封闭性心理开放起来，学生才会乐于接受。别林斯基说过，充满爱的语言，可以使劝说发出熊熊的火焰和热。情感是语言在表达过程中的乘号，语言中充满情感，会使语言的感染力成倍地增加。批评是需要感情做基础和先导的，学生能够真切感受到老师是与他站在同一战线，而非敌对性质的简单批评。老师真的是为他好、期待着他的改正与进步。由此则引起了学生感情上的共鸣，学生才会放下戒备，敞开心扉，正视自己的错误并愿意去改正。所以，艺术性的批评语言必然有动之以情的特点。

(二)晓之以理

教师批评学生的目的在于使其从不同的角度来重新审视某一事物，即希望学生接受正确意见。学生在行为上存在这样那样的毛病、缺点，根源往往在思想意识上。所以在批评语言应用时往往是摆事实，讲道理，以理服人。批评在理，点出了学生所犯错误的本质，从而晓之以理，让学生从主观上认识到自己的错误，促使学生转变思想，提高认识，使问题得到解决。

一天，在办公室里，阿楠同学哭哭啼啼又来告状说，罗刚把他的书包扔在了地上。老师请来罗刚询问原因，原来是因为阿楠同学给他起了个外号。

学生用错误的方法对待别人的过错，这是使老师头痛的“常见病”。老师请罗刚坐到椅子上，然后说：“一个人走路的时候被路边的石头绊了一脚，脚好痛啊。他生气极了，又用脚狠狠地向石头踢去。你看这样聪明吗？”罗刚愣了一下说：“傻瓜一个！”“他傻在哪里？”“脚已痛了，再踢不是更痛吗？”“那怎么办？”“绕

① 熊义勇.育人艺术[M].南昌：江西高校出版社，2010.

开走不就得了。”“别人也会被绊跌跤呀,最好的办法是什么呀?”罗刚想了想,才说:“把石头搬到墙角或垃圾箱里。”“对!就这样做,脚既不痛,又做了好事。”

罗刚在沉思。老师亲切的目光注视罗刚,办公室里静极了。

过了一会,罗刚像懂得了什么似的说:“老师,阿楠给我起外号是错的,好比石头绊了我的脚。我呢,一次次扔他的书包,就好像一次次踢石头。这样我伤害了他,又伤害了自己。我应该讲文明礼貌,找阿楠谈谈心,共同把这块石头搬掉!”

“对极了!不能用错误的方法对待同学的过错,应该设法共同搬掉横在同学之间的石头!下次大家可不要再去踢石头喽。”①

案例中的教师用搬石头的故事,晓之以理,让学生明白互相伤害的错误之处,巧妙地批评了学生,达到批评的目的。

(三)导之以行

批评语言是有指向性的,是针对学生的某一种错误而进行的,其目的是引导学生行为的正确性。《史记·孙子吴起列传》中有言:“善战者,因其势而利导之。”意思是说,善于指挥作战的人能够根据战争的态势加以引导而取得胜利。对于老师而言,这种“因势利导”也是批评运用中的必备良策。在指明、分析学生所犯的过错之后,巧妙地对其进行必要的引导,从而实现批评的真正目的。

全国德育特级教师张万祥,曾经教过一个名叫江波的学生,他头脑聪明,反应敏捷,学习成绩好,还特别喜欢打羽毛球。有一次,学校组织羽毛球比赛,江波也理所当然地成为班上的参赛选手。因为羽毛球是江波的强项,所以他认为这次的冠军自己是唾手可得。

比赛开始了,轮到自信的江波上场。第一轮对手是高一(2)

① 郭启明.教师语言艺术[M].北京:语文出版社,1992.

班的选手，他轻松地以2:0获胜。他陶醉于班里同学们的簇拥，仿佛听到自己取得冠军后那震耳欲聋的掌声。第二轮比赛开始了，江波雄心勃勃地上场。这次的对手是高二(1)班的选手，他们来势汹汹、出手不凡。第一局江波以8:15的悬殊比分败北，他的脸火辣辣地烧。第二局江波打得更惨，一会儿工夫就以1:12落后了11分，要追上比分、转败为胜已是不可能了。江波只觉得一切希望都破灭了，于是把球拍一扔退出了比赛，其心中滋味不言而喻。几天后，张万祥老师在课堂上布置了一篇名为《高中生活剪影》的作文题，江波就记叙了这次羽毛球赛。放下作文，张老师不由得陷入沉思：江波头脑聪明，反应敏捷，是块好材料。而他一向骄傲自满，孤芳自赏，一直以来找不到合适的机会纠正他的缺点。第二天一场谈话展开了，他们开始谈论球。

张老师说："举世公认的一代球王贝利从来不居功自傲，他认为'最好的球是下一个'。他知道山外有山，天外有天，人外有人。要知道只有向弱者学习，向强者请教，不断提高自己的球技，不断进取，我们才能取胜。"看到江波若有所思，张老师顿了顿又继续加以引导，指出江波参加球赛的问题：一辈子打球不可能对方都是弱者，若真如此那比赛早晚会让人感到索然无味。只有与强手相比相争相抗衡，比赛才有味道。江波一边听着一边点头。最后张老师又叮嘱他说："庄稼头抬得高高的是瘪谷子，低头的穗才有饱满的谷粒，吃一堑长一智。这场球你输了，下一场球绝不能再输。"

张老师的这番话说到了江波的心坎里，接下来，江波认真总结经验教训，球技也随之突飞猛进。[①]

面对江波的问题，张万祥老师巧语批评，因势利导，使其在之后的表现中不骄不躁，由此实现了批评的价值与意义。

① 李燕.名师最有效的沟通艺术[M].北京：九州出版社，2006.

二、批评的类型

批评的类型大致可分为表扬式批评和幽默式批评两种。

(一)表扬式批评

表扬与批评是教育语言的两种不同的形式,但如能把它们有机地组合在一起,就能收到意想不到的效果,于是就有了表扬式批评的存在。批评是一件让人不乐意接受的事,从表扬入手,有助于将谈话建立在友好的气氛中,使学生认识到老师不是故意在挑他的错,这样他的心情就会放松,坦然面对错误。老师在批评时先表扬学生的闪光点,然后再委婉地指出学生的错误所在,这种先扬后抑的批评方式即可称作表扬式批评。

例如,人民教育家陶行知先生任育才小学校长时,有一次在校园里散步,发现一个叫王友的学生正在用土块砸一个比较弱小的同学,他马上制止了王友的行为,并且让他放学后到校长室。放学后,陶先生来到校长室,发现王友已经在门口等候多时了。陶先生态度和蔼地掏出一块糖果送给他:"王友同学,这是奖给你的,因为你按时来到这里,而我却迟到了。"王友用怀疑地目光接过糖果时,陶先生又掏出了第二块糖,"这也是我奖给你的,因为当我要求你不要再打人时,你立即就住手了,说明你很尊敬我,谢谢你。"王友又不好意思地接过糖果。紧接着,陶先生又掏出了第三块糖果说:"我调查过了,你砸同学,是因为他欺负女同学,你是在打抱不平。这说明你很正直。有跟坏人做斗争的勇气。"王友被陶先生的言行感动了,哭着说:"陶校长,你打我两下吧。我错了,我砸的不是坏人,是我的同学,我不对!"陶先生满意地笑了,随即又掏出了第四块糖果:"为了你正确地认识错误,我再奖给你一块糖果……我的糖果奖完了,我们的谈话也该结束了。你可以走了。"然后,陶校长和善地摸摸王友同学的头,没再多说一句话,送他离开了校长室。

在这里,作为一校之长,陶行知先生没有摆出高高在上的派头,也没有声嘶力竭地吼叫,更没有武断粗暴地拳脚相加,而是在充分调查的基础上,尊重王友的人格和尊严,以诚相待,通过微小的四块糖果,以表扬的方式委婉地提出了批评的意见，使批评有了甜味。这种独具匠心的批评艺术触动了王友，收到了非常好的教育效果。

表扬式批评在应用中也要注意其艺术，要巧妙地指出“美中不足”。有的老师在批评学生时也先用肯定赞扬的原则，但在赞扬之后却来了一个明显的转折，如“你这个阶段进步很快，但是上课时注意力不太集中……”时间一长，学生一听“但是”就反感，认为老师前面的表扬是虚伪的，只是为后面的批评做铺垫，这种先扬后抑式的批评根本达不到预想的效果。

（二）幽默式批评

德国著名演讲家海因·雷曼说过，用幽默的方式说出严肃的真理，比直截了当地提出更能为人接受。提起批评人们总认为是件严肃的事，却忘了幽默可以成为批评者和受批评者之间的润滑剂。教育家斯维特洛夫认为，教育最主要的，也是第一位的助手，就是幽默。幽默可以使批评语言软着陆，它以笑声代替批评，以诙谐化解尴尬。

说话风趣幽默的鲁迅先生，批评学生也别具一格。例如，他曾批评他的一位名叫川岛的学生，说川岛不该把大部分时间花在谈情说爱上了，他批评起来诙谐得如同相声一般，还有诗歌的韵味和意境。鲁迅先生在送给他的《中国小说史略》扉页上写道：“请你从‘情人的怀抱里’暂时伸出一只手来，接受这干燥无味的《中国小说史略》。”

鲁迅先生的批评让人忍俊不禁，又深受教育。看来，教师的批评语言也不必都得严肃认真，幽默诙谐的作用也不容小觑。

班上有不少男生最近开始迷上了抽烟，深谙教育心理的老师知道这是许多男生在发育期间追求“成人化”的表现，横加指责只会造成师生对立。因此，在一次班会上，老师并不点吸烟学生的名，只是说了这样一席话：“今天我给大家讲讲吸烟的好处。”一句妙语开场，如石击水，反响鲜明。老师接着说：“吸烟的第一大好处是引起咳嗽，夜半尤剧，这样小偷不敢来偷你的东西；第二大好处是咳嗽导致驼背，可以节省布料；第三大好处是可以演包公,从小开始吸烟,长大后脸色黄中带黑,演包公不用化妆;第四,永远不老,吸烟的历史越长,寿命越短,当然永远别想老了。”[①]

这种诙谐的反语暗示了吸烟的害处,使学生在笑声中感受和理解了老师的用意。由此我们可以更加肯定:教师在批评语言中,巧用幽默,有时可收到意想不到的良好效果。

三、批评语言艺术运用方法

陶行知先生有一句话:你这糊涂的先生!你的教鞭下有瓦特,你的冷眼里有牛顿,你的讥笑中有爱迪生。你别忙着把他们赶跑。你可要等到坐火轮,点电灯,学微积分,才认他们是你当年的小学生?有人说:“不要轻易批评、责怪或抱怨他人,如果非要不可,就必须注意方式方法。”我们所谓的批评不是辱骂,不是讽刺挖苦,不是打击报复。批评的目的是为了终止一种错误倾向,改正一种错误行为,帮助学生确立正确的发展方向。为了做到陶行知先生所提出的要求,我们必须掌握批评艺术,让我们教师的批评变得易于接受,甚至于可以说,让我们的批评变得温暖起来。那么,教师应该如何运用教学批评艺术呢?

(一)有理有据、就事论事的批评方法

“没有调查研究就没有发言权。”教师在使用批评语言之前必须充分掌握事实,有理有据。

有这样一个故事,在一幢无人居住的房子外,一只鸟儿每日总是准时光顾,站在窗台上,不停地以头撞击玻璃窗,虽然每次总是无功而返,但它始终坚持不懈,每天总要撞上十来分钟才离开。于是,人们便猜测这只鸟大概是为了飞进那房间。然而鸟儿站立的窗台边另一扇窗户是开着的,人们就得出结论,这是一只笨鸟。后来,有人用望远镜观察,发现那玻璃上沾满了小飞虫的尸体,鸟儿每天都吃得不亦乐乎!

人们不加调查,只凭着自己的思维定势去判断那只鸟儿是笨鸟,而结

① 郭启明.教师语言艺术[M]北京:语文出版社,1992.

果呢？事实却大相径庭。这就启示教师在批评教育的时候不能光凭事情的表象和自己的主观臆断，而是要查明真相，有理有据，才可以对学生展开批评。否则，学生可能蒙冤被批评，一切都可能与教师美好的期望背道而驰。

另外，教师批评学生时，不要拉拉杂杂、老账新算，要针对学生实际，就事论事地进行批评，力求切中要点。有些老师在批评学生时喜欢"揭底"，喜欢老账新算！只要学生做错了事，某些老师就将学生一年甚至是几年前犯的错误一一列举出来，让学生无地自容。这样的班主任是学生最反感的。批评教育学生，千万不能将"事"与"人"或"此事"与"彼事"搅缠在一起。另外有些老师在批评学生时，常用"促膝长谈"方式去苦口婆心地感化学生，常常是"旁征博引""娓娓道来"，而这时大部分受批评教育的学生的耳朵、脑子就自动"关闭"了。教师的苦心批评教育就成了无用功。

（二）含蓄委婉、真情实意的批评方法

印度著名诗人、哲学家泰戈尔曾经说过，不是铁器的敲打，而是水的载歌载舞，使粗糙的石块变成美丽的鹅卵石。真正的批评语言应是水的载歌载舞，轻柔、舒适，而又能在最短的时间内直达学生心底。有时候学生犯错了，如果给予他劈头盖脸的一顿言语斥责和简单粗暴的批评，这不但不能奏效，甚至可能起反作用，比如伤害学生的自尊心，他内心不但不接纳老师的批评，反而造成了情感上的对立，导致错上加错，犹如火上浇油。所以艺术性的批评语言在于其中多了点人情味，少了点火药味，以含蓄委婉的方式，给"苦口的良药"穿上一身"糖衣"。教师在批评的时候可以融入风趣、幽默的语言，如此不仅可以开启学生的心扉，而且让学生领悟自己的错误并进行改正。

一老师针对学生抄袭作业的现象进行教育，说出下面一段话：

"天公造物真是无比奇妙，即使是同一种同一类的物也会千差万别。人们不是说天底下绝对没有完全相同的两片叶子吗？可这一次我们班却出现了一个奇怪的现象，批改作业时我发现

不少人的面孔一模一样，比如这个嘴角往下歪，那个嘴角也往下歪，孪生姐妹也没相像到这个程度啊，请你们帮我解答解答这个问题。”学生先是煞有兴趣地听，接着表情有点紧张，最后大声笑着说：“抄！”[①]

案例中老师的幽默风趣的话语就体现出批评语言的含蓄委婉的特点，因此，其批评语言才如一剂“良药”，治愈了学生抄作业的这一“病处”。教育家魏书生就说过：严格要求是不是非要横眉怒目不可呢？大可不必。好的教师总是循循善诱，既平易近人，又使人畏惧。

(三)适时适地、因人而异的批评方法

选择不同的时间、地点以及不同的方式对学生的错误进行批评指正所收到的效果是不同的。要做到艺术的批评，教师应做到适时适地、因人而异。

1.适时适地

学生犯了错误，并不是在任何情况下，任何时候里的批评都能奏效的，教师应当根据问题的实际情形，把握好批评的适宜时机，安排好批评的最佳时间。如果对批评时间把握不当，不但达不到教育的目的，反而会引起教师与学生之间的隔阂。比如说遇到学生之间吵架之类的突发事件，教师更不能为“急于求成”而对学生进行批评。因为学生正当吵架之时，常常会失去理智，而对批评教育采取排斥态度，此时的批评将毫无意义，弄不好还会适得其反。正确的做法是，先让学生冷静下来，待到恢复“常态”，对自己的错误有了一定认识后，再进行批评教育，学生就会容易接受。因此，教师批评学生时要善于选择批评的最佳时机。

批评学生，也一定要注意场合，最好不要在大庭广众之下批评，要有所回避。学生年龄越小，教师越要注意这一点。因为学生的身心尚未发育成熟，心理较脆弱，承受能力有限，而自尊心又较强，如果在大庭广众之下挨批评，遭讽刺，他们的自尊心就会受到伤害，容易失去自信，或与老师产生对立情绪，甚至发生冲突。如果时常在公共场和挨批评，

① 熊义勇.育人艺术[M]南昌：江西高校出版社，2010.

也容易使学生对老师的批评教育充耳不闻漠然视之。这样,批评的效果就会大打折扣,甚至会出现负效应。因此,教师批评学生应当尽量选择在人少的地方,以利于师生之间倾心交谈,坦诚相对,减轻学生的心理压力,避免伤害其自尊心。如果为了扩大教育范围,确实需要当众批评的,也要事先同批评对象商量一下,说明这样做的好处,令其愿意与老师配合。如果批评是在办公室里进行,最好让学生坐下。你让他坐下了,他会感到与你的心理距离一下子拉近了,也会感到老师对他的尊重,觉得老师并未因为他犯错误而对他另眼相看,老师是真的希望他健康成长;同时,让学生坐下来说,也体现了老师平等、民主的教育观、学生观。在这种平等、民主的氛围下,学生容易接受老师的批评,教育的时效性将得到提高。

2.因人而异

俗话说:一把钥匙开一把锁。教师在批评学生时,不可以采用千篇一律的方式,同表扬一样,批评教育学生也要因人而异,依照学生的个性特点,采取不同的批评方式。如对于自尊心较强、性格内向的学生,班主任应用温和含蓄的语言,逐步深入,让他们逐步适应、逐步接受;对于性情机敏、疑虑心较重的学生,教师的批评可采用间接地提醒或暗示的手法,使之一点即通,点到为止;对于脾气暴躁、个性刚强的学生,要诚恳地指出问题,全面、辩证地分析问题,批评过程中要耐心听取学生的发言,在综合考虑的基础上对他们提出希望和要求;对于惰性心理、依赖性心理较强或犯了错误总怀侥幸心理的学生,可用是非明确、感情强烈、措辞尖锐的批评,严重地指出问题所在,触动他们的思想,使之受到震动。

荣获深圳市“最具爱心人物”的女教师靳伟杰,多年以前,满怀热情地跨进了竹坪中心学校。简短的自我介绍之后,靳伟杰来了个开场白:“孩子们,为加深我们之间的了解,我先给大家唱首歌。”于是她就清了清嗓子,亮出了自己的女高音,学生们也情绪高涨地听着。

正当靳伟杰唱得起劲时,一颗纸弹射在了她的脸上。正当尴尬之际有人喊了一声,说是刘东干的,说他最爱用弹弓射人了。而那个“凶手”此时正用双手挡着脸在偷笑。靳伟杰忍无可忍,当着全班学生的面,狠狠地批了一顿刘东。在靳伟杰心里,这种不留情面的批评也许能使刘东产生一种上进的欲望。没想到,刘东的表现不但没有好转,反而更糟了。这可让靳伟杰伤透了脑筋。

一天,班上的小学生杨劲踢足球跌到了,右臂骨折,刘东立即和其他几位学生把杨劲送往医院。放学后,靳伟杰请刘东陪她一起去看望杨劲。路上,靳伟杰轻声问刘东:“平时老师批评你,你为什么不接受呢?”刘东满肚子怨气地说:“我反正学不好,接不接受又有什么关系?”靳伟杰沉默一会儿,然后很严肃地告诉刘东:“在老师的眼中,绝没有不能进步的学生。你仍旧是一个好孩子!”“刘东,咱们班很多同学都很喜欢射击,而你又是他们崇拜的偶像,只是你的射击目标不太明确,你的目标应当是靶子。老师希望你能当大家的教练,让同学跟着你一起练习,好吗?”

刘东停下脚步,不相信似的盯着靳伟杰。靳伟杰笑了:“人无完人,谁没个优缺点啊。你的学习不刻苦,上课也爱开小差,不能接受老师和同学的批评,虽然缺点不少,但优点也蛮多的,比如热心,体育成绩好等。老师希望你能保持住你的优点,再把缺点改正了,那么,到时你的形象还能坏么?大家还能讨厌你么?”

这一席话语使刘东改变了一贯满不在乎的样子,他低着头,郑重地说:“靳老师,对不起。”①

案例中靳伟杰老师有两次批评语言的应用,我们不难发现第二次的批评才起到积极作用。原因是当众批评对刘东这种“破罐子破摔”的学生没有丝毫作用。而第二次,那推心置腹的交流沟通,含蓄委婉的批评语言打开了刘东的心门,从而达到了教育的目的。由此看来,应用批评语言时

① 李燕主.名师最有效的沟通艺术[M].北京:九州出版社,2006.

一定要因人而异。

小 结

综上所述，表扬和批评是教师教育语言艺术的两种手段，一种是甜蜜的熏陶，一种是治病的良药，二者如一枚硬币的两面，缺一则不能形成完整的教育。在应用这两种教育手段时，我们要结合其特点，具体问题具体对待，采取最为恰当的表扬或批评的语言方式，并加以灵活运用，从而达到事半功倍的教育效果。

思考题

[1]教师的表扬与批评的语言有哪些特点？

[2]教师运用表扬与批评的语言时应遵循什么样的原则？

[3]教师如何艺术地运用表扬与批评的语言？

参考文献

[1]布罗菲.激发学习动机[M].陆怡如，译.上海：华东师范大学出版社，2005.

[2]李燕.名师最有效的沟通艺术[M].北京：九州出版社，2006.

[3]涂光辉，雷晓波.班主任工作技能[M].长沙：湖南师范大学出版社，2000.

[4]熊义勇.育人艺术[M]南昌：江西高校出版社，2010.

[5]张万祥.给年轻班主任的建议[M].上海：华东师范大学出版社，2006.

[6]赵国忠.外国优秀教师最有效的建议[M].南京：南京大学出版社，2009.

进一步阅读文献

[1]李镇西.教育有道[M].福州：福建教育出版社，2005.

[2]刘显国.语言艺术[M].北京：中国林业出版社，2001.

[3]文学荣.做智慧的教师——提升课堂教学实效应关注的55个问题[M].成都:四川教育出版社,2006.

[4]于波.读懂学生的智慧与技巧[M].长春:东北师范大学出版社,2010.

第八章　优秀教师交际语言艺术运用(一)

伟大的教育家苏霍姆林斯基曾指出:教师的语言,是什么东西也不可取代的感化学生心灵的一种手段。教育的艺术首先应当包括说话的艺术——跟人的心灵打交道的艺术。我坚信,学校里酿成大乱子的许多冲突,都含有教师不善于跟学生谈话这个根源。可见教师交际语言在教育教学中的重要性。

交际语言体现着教师的个人综合素质,它是任何一位优秀教师不可或缺的。一个教师的优秀与否,不仅仅取决于教师的专业素养,还取决于教师在交际中对语言的驾驭能力。随着社会的发展,教师交流的对象越来越广泛,越来越复杂,这就要求教师必须掌握交际语言知识,提高交际的能力,并意识到交际语言对于自身专业发展的重要性。

第一节　家庭访问

学生健康全面地发展并非仅仅依靠学校的教育就能实现。教育家苏霍姆林斯基曾指出,学校不可能完全取代家庭,要是没有家庭的话,我们——指的是自己的学校将会束手无策。可见,家庭教育对孩子成长的重要性。孩子所接受的最早的教育就是来源于家庭,不同的家庭背景会造就孩子们在性格、修养、经验等方面的差异。家庭教育弥补了孩子走进学校之前在空间和时间上的教育空缺。为了让孩子更健康地发展,任何一名优秀的教师都必须了解和掌握如何与学生的家长进行沟通,可以开家长会、建立通讯录等,其中家访是一种特殊的沟通方式,也是传达师爱的重要表现。

一、家庭访问的作用

家庭访问是一种常用的进行个别教育指导的有效方式,简称"家访"。主要是解决儿童、青少年的个别家庭教育问题。学校的教师到学生家进行访问,一般是与家长沟通情况,交流感情,密切联系,商讨共同教育儿童、青少年的方式方法。这种指导方法比较灵活机动,便于进行,而且指导得比较具体,更具有针对性。

家庭访问的作用主要有以下几个方面:

(一)沟通学校教育和家庭教育

目前,家庭教育和学校教育并没有像我们想象中那样结合得完美无瑕,二者之间往往存在着种种的纠纷。按照社会分工,学校就是专门教育孩子的职业部门,它是从正面对学生进行教育的。但是,学校教育在历史和现实面前并非总是完美无缺的,有时,会出现不正确的学校教育。每当此时,就会显现出家庭教育与学校教育之间的矛盾。对于现实的学校教育,有知识有文化的家庭教育的正确做法应该是适应学校教育的同时改变自己的家庭教育,指责、埋怨学校教育是不理智的,作为家庭不能把教育孩子的责任完全推给学校。同样,当家庭教育出现问题的时候,教师作为学校的代表应该及时地取得与家长的沟通,而不是放之任之,或是充耳不闻、视而不见。

《三字经》云:养不教,父之过;教不严,师之惰。我们的古人很早就发现了家庭教育与学校教育之间存在的关系。家庭教育与学校教育的结合是教育完整性的根本,也是学生获得健全教育的关键。家访是维系教师、家长、学生的纽带,是教育中必不可少的"桥梁",它很好的沟通了学校教育和家庭教育;家庭访问能有效地使家庭教育和学校教育形成合力,达到教育的最终目的。

例如,王老师班级有一学生小超,平时比较贪玩,总是不能按时完成家庭作业,作为班主任,王老师看在眼里急在心里,决定家访。王老师以一番闲谈开始家访,消除了紧张的氛围。同时,发现小超的家长对孩子采取放任的态度。据此,王老师借小超污渍斑斑的衣服指出"孩子还小,不能完全由着他"。整个过程都是王老师对小超的妈妈提出的一些关于教育孩子的建议。随后班主任及时肯定了小超本学期的表现,表示只要努力肯定会有进步。听到孩子有了进步,他妈妈脸上露出由衷的微笑。“只是最近有点让人着急,周末的作业是周一到学校后补的”,小超的妈妈说道。趁机王老师耐心地和小超的妈妈交谈着,“其实为了生计大家都很忙碌,您这么忙就是为了给小超创造一个好的学习环境和生活环境。你们是辛苦的。可是,现在是孩子养成良好学习习惯和行为习惯的关键时期,也是孩子们世界观、人生观形成的重要时期。做家长可不能因为眼前的利益而忽视了孩子的健康发展。当然,我们学校担负着教育小超的重任,有责任也有义务要教好小超。但是仅凭学校还是远远不够的。毕竟孩子离开学校主要的时间是在家里度过的。在此期间,我们不能对孩子听之任之或只是走走形式,这是不会收到好效果的。你们应该严格要求小超。希望您和孩子的爸爸在百忙中能抽出时间检查一下孩子作业的完成情况。”

这次家访结束后,小超的家长从思想上慢慢转变了对孩子的看法,而小超自己似乎也开始知道努力,有不会的问题会放弃出去玩的机会主动找老师解答。在期末考试后,王老师和他妈妈再度谈起了小超,告诉她小超这次的考试成绩比期中有了明显的提高。听到后,他妈妈高兴地说:“家访后,小超知道努力了,老师能到家中来,证明老师喜欢自己,能得到老师的重视,他很高兴。老师到家面对面和我们谈,我们也重视孩子的学习了。”

班主任王老师的家访并没有“告状”,本着关心、爱护、转化、教育学生的目的,此次家访有效地沟通了家庭教育和学校教育,让二者形成了最大的合力,从而促进了孩子的健康成长。

(二)了解学生状况,促进学生全面发展

教师要想了解学生,仅仅看其在学校里的表现是远远不够的。全面了解学生的另一途径就是家访,这样可以看到学生最真实的一面,寻求学生最近在校表现不良的原因,以求得解决学生在健康发展中出现的问题的根本方法。

例如,王蓉是个聪明的姑娘,学习成绩比较理想,但性格内向,不愿与同老师、同学进行交流,沉默寡言,课堂上从未发过言。问其原因,不愿和

老师作深层次的交流,只是一言不发,而且只要一批评她,她只是默默地听着,但之后还是不改。所以为了找出问题的症结,避免她的成绩下降,形成不良的学习习惯,班主任进行了一次家访。

从家长口中得知,原因可能有几方面:孩子小时候,跟着爷爷奶奶,跟父母交流较少;孩子很内向,回到家后就沉醉在电视中,对其中的情节津津乐道,但是从不与父母交流,只是到吃饭的时间才会说上几句;家长工作比较忙,没有时间和孩子交流。最后家长答应会积极配合老师对孩子进行心理疏导,主动和孩子多交流,使孩子尽快融入到正常的学习生活环境中去。经过家长和老师的配合,孩子行为方面有所改善,性格开朗一些,课下能够和同学交流聊天,上课有时能主动回答问题,成绩显然得到了更进一步的提升。

学生的发展包括德智体美劳等多方面,智力上的发展不能代表学生健康发展的全部。作为教师应该关注学生的全面发展,平时要细心观察学生,关怀学生,耐心的教育学生,及时的发现学生的问题,并充分利用家庭力量帮助学生解决问题,让孩子成长为一个健康全面的人。

二、家庭访问语言运用要点

教师进行家庭访问所运用的语言区别于平时的教育教学语言,它是教师交际语言的一方面。语言的运用应因交谈对象的不同而有所不同,包括交谈内容、交谈方式、交谈日的等。家庭访问语言运用的要点主要有以下几个方面:

(一)分清类型,针对沟通

教师在家访前要充分解学生的家庭情况,尤其是家长。学生家长从事着不同的职业,有着不同的文化教养,他们的社会地位、经济状况也有所不同,因而他们对学生的影响也不尽相同。所以,家访前要摸清家长的情况,区别对待,达到沟通的最佳效果。

1.民主型的家长

对于民主型的家长,交流时时要充分肯定孩子,并提醒他们在家庭教育中容易忽视的细小问题。让孩子在民主的氛围中形成独立、自信、乐观、随和的优良品质。

2.放任型的家长

对于放任型的家长,交流时应提醒家长要多与孩子沟通,对孩子的不良行为要多作预防。过多的放任或是溺爱会使孩子形成不负责任、依赖和脆弱的性格。应鼓励家长让孩子脚踏实地、一步一个脚印地走下去。

3.权威型的家长

对于权威型的家长,交流时要动之以情,晓之以理。做父母的只能管教孩子一时,不能管一世,要多站在孩子的角度考虑他们的心理压力。要让家长明白,过高的期待会使孩子紧张、焦虑、暴躁、自卑,不利于他们的心理健康和正常人格的发展。

磨刀不误砍柴工,事前做好准备往往会使教师的家访达到事半功倍的效果。

(二)充满关怀,立足鼓励

在学生中流传着这句话:天不怕,地不怕,就怕老师来我家,面对面好尴尬,一会烟,一会茶,一提表现就害怕,老师一走准挨打。在学生的眼里,家访成为了一种惩罚性的教育。这种现象的出现就在于教师进行访问的时候忽略了其语言的运用。家访的语言应该要充满关怀,向家长交流的不是学生的不是,而是肯定学生好的表现,并带着鼓励性的语言促成学生的进步。在了解学生情况的同时要满含期待,让学生和家长明白被访问家庭的学生还有很大的提升空间。

《一位母亲与家长会》从反面证实了家访时教师在语言上关怀与鼓励的重要性:

> 第一次家访来的是儿子的幼儿园老师,老师说:“你的儿子有多动症,在板凳上连三分钟都坐不了,你最好带他去医院看一看。全班30位小朋友,只有他表现最差!”儿子得知老师来家访后问她老师说了什么,她鼻子一酸,差点流下泪。然而她却告诉儿子:“老师表扬了你,说宝宝原来在板凳上坐不了一分钟,现在能坐三分钟了。并说全班只有宝宝你进步了!”

那天晚上,她的儿子破天荒地吃了两碗米饭,并且没让她喂。

儿子上小学,老师又一次上门家访,说:"全班50名同学,这次数学考试,你儿子排第49名,我们怀疑他智力上有些障碍,你最好带他去医院查一查。"

这次她对坐在桌前吃饭的儿子说:"老师对你充满了信心。他说了,你并不是一个笨孩子,只要能细心点,会超过你的同桌。这次你的同桌排在第21名。"

说这话时,她发现,儿子暗淡的眼神一下子充满了光彩,沮丧的脸也一下子舒展开来。她甚至发现,儿子温顺得让她吃惊,好像长大了许多。第二天上学时,去得比平时都要早。

孩子上初中,老师第三次登门。"按你儿子现在的成绩,考上重点高中有点危险。"送走老师后,她心里十分的惊喜。她再一次告诉儿子:"班主任对你非常满意,他说了,只要你努力,很有希望考上重点高中。"

高中毕业了,一个第一批大学录取通知书下达的日子,学校打电话让她的儿子到学校去一趟。她有一种预感,她儿子被清华大学录取了,因为在报考时,她给儿子说过,她相信能考取这所学校。

儿子从学校回来,把一封印有清华大学招生办公室的特快专递交到她手里,突然转身跑到自己的房间里大哭起来,边哭边说:"妈妈,我一直知道我不是个聪明的孩子,是您……"

这时她悲喜交加,再也按捺不住几十年凝聚在心中的泪水,任其打在手中的信封上。①

(三)尊重家长,真诚沟通

家访时要设身处地的替家长考虑,站在家长的角度去分析问题,不宜直指其教育孩子方法的不足,因为没有哪位家长愿意看见自己孩子的不优秀,要充分尊重家长。同时,在与家长的交流中应开诚布公,切忌虚伪,

① 王玉强.智慧背囊(二)[M].海口:南方出版社,2011.

漫无边际。

例如,班主任孙老师班级里有一聪明、活泼好动的孩子,但是作业不能及时完成,成绩一直处于中游。孙老师通过观察并与学生交谈后发现孩子有明显的逆反心理。为了找准症结、解决问题,孙老师决定家访。家访时孩子不在家,父亲出去找孩子,就在孩子父亲领着孩子回来走在楼道时,训斥道:“你这个不长进的东西,是不是在学校又犯什么错误了,老师都找到家里来了。”边说边进了门。这时孙老师明白了孩子产生逆反心理问题的症结在家长的身上。孙老师说起此行的目的是与家长进行沟通,怎样把孩子的成绩搞上去。孩子其实挺聪明的,只要能够端正学习态度,成绩肯定会有很大的提高。听到孙老师这么说,家长脸上有些尴尬,但同时也有了一丝轻松。孙老师真诚的对家长说:“我能理解你的心情,每个家长都希望自己的孩子能够品学兼优,将来能够出人头地,可打骂是解决不了任何问题的,只会适得其反,激起孩子的逆反心理。”家长意识到之前教育孩子的方法有些不恰当。在接下来的学习中,孩子的表现焕然一新,学习主动性增强,成绩有了很大的起色,家长也反映孩子变得懂事多了,学习的积极性和主动性提高了不少。

孩子良好的表现、学习成绩的提高得益于孙老师的这次家访很好地消除了让孩子产生逆反心理的源泉。而这次家访的成功就在于交谈中孙老师能站在家长的角度,同时也站在学生的角度真诚地与家长沟通。自始至终地尊重家长,并没有在家长面前指出其不足,而是以商量的口吻给家长提供建议。

三、家庭访问语言艺术运用方法

家访成功最主要的就是让学生家长接纳自己,信任自己。我们都清楚“第一印象”在人与人交往中的重要性,因此,教师初次与家长见面时的讲话就显得尤为重要。语言是用于交际的,同时它也是一门艺术,那么在初次的交谈中教师又应该如何运用语言呢?

(一)家访时语言要幽默

幽默在交际中的力量是无穷的。名人萧伯纳在一次慈善舞会上邀请了一位矜持的女性跳舞。舞毕,女子问萧伯纳,“先生,您为什么邀请我跳舞?”萧伯纳说道:“这是一场慈善舞会,不是吗?”幽默的语言可以瞬时拉近与听者的距离,同时还能创造出轻松和谐的氛围,消除交谈者之间的隔阂。教育家思维洛夫说过,教育家最主要也是第一位的助手是幽默教学。幽默在教学中具有“第一助手”的地位,同样,在与家长的交流中她一样会让教师们收到意想不到的效果。

某初中学生的历史成绩非常差,影响他均衡的发展。为此,授课教师王老师去家访。学生的父亲问:“王老师,我儿子的历史学得怎么样?我做学生时最头疼的就是历史,经常性考不及格,影响自己的整体成绩。”王老师笑了,随口便说道:“我正想和您商量怎样使历史不再重演。”他们相视而笑。王老师这信手拈来的幽默使家访的氛围轻松和谐,拉近了与家长的距离,同时一语双关既说出了不便直言的话,维护了学生和家长的自尊,同时也争取了家长的积极配合。

(二)家访时语言要委婉

“委婉”指不直言其事,故意把话说得含蓄、婉转一些。说话委婉的目的是保护学生的自尊心和上进心,同时维护交谈者的面子。

比如,一学生喜欢偷别人书包里的零食或是文具用品,家访时,教师不应直言孩子“偷”,而应含蓄,说孩子喜欢“悄悄拿”别人的东西,或者说是“借别人的东西不归还”。又譬如在家访时可以通过直接表扬家长熟悉的某一学生优点的方式,去间接批评孩子的缺点。这样,可以通过正面的引导让家长明白孩子身上存在的不足,并通过自己的思考逐渐引导孩子向先进的人物学习,从而克服原本的缺点或不足。

委婉可以让教师避免交谈时的尴尬,学会保护别人的面子,尤其是家长的面子,可以让家访氛围更加和谐,让教师的教育工作更加的顺畅。同时这也是教师交际能力的重要方面。

(三)家访时语言要灵活

“灵活”的意思是敏捷而又不死板。教师家访时与学生家长的交谈不能千篇一律,要根据交谈的对象、交谈的内容、交谈的场合的不同来确定自己谈话的方式,并且在情况突变的时候能及时调整自己的交谈内容与方式,把控交谈的局面,使交谈顺利的开展。

比如,一位初二学生的学习成绩有所下滑,为此她的母亲不让孩子参加班级组织的春游,让她在家好好学习。班主任得知后进行了家访。家访时正值孩子的母亲在织毛衣,班主任抓住机会笑着说:“拿咱们大人织毛衣来说,要是织错了一排是不是就不再织了?我们大人不是也失过手吗?”学生的母亲笑了。班主任又语气温和的分析了学生成绩下滑的原因,从而告诉家长,不能带着怨恨去教育孩子。孩子们起伏是很正常的现象,作为家长要及时找到原因,帮助孩子走出困境,而不是勒令孩子停止一切与学习无关的活动。

(四)家访时语言要有分寸

常言道“言多必失”,纵观古今中外,有多少人因为一时的失言而导致身败名裂,祸从口出。教师在与家长的交流中一定要避免这种情况的发生,否则会使家访适得其反。在交谈中,教师要斟酌自己的语言,措辞要有分寸,不要因为失言而失礼,引起学生及家长的不满。

比如,有的教师会拿学生鸡毛蒜皮的小错误和“陈芝麻烂谷子”般的事情向家长“告状”,这是小题大做;有的教师把学生性格上的缺点说成是人格上的污点,这是用词不当;有的教师把学生犯过的两次错误说成是屡教不改,这是言过其实……大家想想,若你是学生的家长,你还会愿意与这样的教师交谈吗?这样家访的结果会如愿以偿吗?

第二节 工作交谈

教师家访的对象是学生和家长,工作交谈时的对象是同事、领导,甚至是自己的亲人和朋友。工作交谈涉及教师工作和生活两方面,具有举足轻重的地位。同时,工作交谈也是新课程所强调的教师间合作的体现。

一、工作交谈的作用

工作交谈充斥着教师平日的工作和生活,很普遍,很常见。这种司空见惯的言语交际之中同样蕴藏着无穷的宝藏,虽不明显,但却实实在在地存在着。

(一)有利于教师释放压力,保持健康的心态

教师面对家长的高期待,学校布置的各项任务,社会各界的关注,自身的生活处境等,其压力是可想而知的。工作交谈为教师释放压力提供了一个平台,在交谈中可以说出自己平常工作和生活中遇到的困难和难题,一起交流,共同探讨。压力的释放有助于教师保持健康的心态,每天带着好心情轻装上阵,将有限的精力投入到教育教学中。

(二)便于教师间的沟通,形成良性的工作环境

人类是群居的物种,单独的个人一旦脱离群体是无法在社会上生存。同样,作为教师,他们的工作和生活不是封闭的,而是一个开放的系统。平时的工作交谈,可以加强教师间的沟通,增进互相的了解。教师之间如果没有工作交谈,会让彼此处在一种猜忌的环境中,最终影响工作。而工作交流可以净化工作环境,避免恶性竞争,形成良性的工作环境,让教师的身心倍感舒畅。

二、工作交谈语言运用要点

工作交谈大部分是教师与教师间的交流,凡是人与人之间的交流就需要我们充分尊重。

交谈对象,同时得思考如何才能获得最佳的交谈效果。因此,工作交谈中需要高度重视自己的语言,让工作交谈双方成为双赢者。

(一)保持谦虚的心态

骄傲使人退步,谦虚使人进步。这句话无论到什么时候、在什么场合都适用。教师在工作交谈中要摆正自己的位置,切勿狂妄自大。只有保持谦虚的心态才能学到别人成功的经验,才能不断地取得进步。一个骄傲自满,夜郎自大的人只会津津乐道于自己的所谓成功,最终故步自封,落后于时代的步伐。

例如,某地区一所普通中学有个文科生的文科综合科目考出了273分的好成绩。这一天,一名重点中学的教师到这所学校学习参观,找到了高三的一名历史教师,说:“我是××重点中学的,听说你们这儿高考考了一个文综高分,我们想看看你们是怎么教的?”普通中学的这位教师当即拉下脸:“你们是重点中学的,我们应该多向你们学习,至于高考高分不是我们教出来的,而是学生运气好,瞎蒙的。”很显然,这位历史教师拒绝了重点学校教师的学习请求。如若这位老师这样说:“某某老师,今年高考你们这儿能够考273分的全地区最高分,真是不简单!我们专程来向你讨教,能听听你们的课吗?”结果显然会不一样。

(二)真诚沟通,信任他人

随着市场经济的发展,人与人之间的交往越来越呼唤真诚和诚信,它们不仅成为衡量人行为的基本准则,同时也是人与人之间交往的试金石。真诚、信任通常通过语言来传达,因此在交谈中,态度谦和、诚信的语言会给人以亲切之感。而态度傲慢、盛势凌人的语言会使人感到恐惧与不安,并使交谈的气氛充满不友好。另外赢得别人信任的最佳途径就是让别人能感受到你对他的信任。

学校为了提高教育教学水平,经常选送某一学科的某位教师参加省或市的优质课大赛。被选的老师会感到这是一种荣誉,也是学校对自己教学能力的肯定。若能获奖对教师的个人发展有着极大的好处。然而这种荣誉的获得过程却并非是靠一个教师就能完成的,而是同组教师的集体智慧。其实,在教师中间,这是一种无形的竞争。参赛前夕,为了让被选者取胜,同组的教师会反复地听该教师的同一节课,目的是精心打磨。这样在其他教师心中难免会出现疲劳,甚至存在一些抱怨与不满。某一中学的王老师赛前试讲了一节课,同组的其他教师都在一起评课,但大部分教师都没话说,即使有也只是泛泛而谈。面对这样的情况,王老师诚恳地说道:“我比较年轻,还有很长的路要走,大家的批评、建议都是为了我的成长与进步,我个人绝不会有意见,只有深深的感激。如果这次我能成功,是大家的功劳,更是大家的荣誉,我只是大家的代表而已。”一番诚挚的话使同组的教师们再也没有顾虑,大家都打开了话匣,开诚布公,提出了很多具有建设性的意见，有的教师提出的观点甚至很尖锐。正是王老师的这番话，让他的优质课获得了好的成绩，同时在评课的过程中其他教师的教学水平也获得了很大的提高。

三、工作交谈语言艺术运用方法

语言交际的对象是人，凡是以人为对象的活动都需要充分的关照对象。工作交谈作为言语交际中的一部分也需要关照所交谈的对象。而对人的关照，却没有一个特定的、一成不变的规律，因为人是有意识的活动主体。与人的言语交谈是种艺术，其中充满不确定的因素，但即便如此，总有一些方法准则是通用的或者说是值得借鉴的。

(一)创造轻松愉悦的环境

工作交谈不一定都是非常严肃的。尤其是上级找下级的谈话，总会给人一种压抑的感觉，若是能创造出一种轻松愉悦的环境，交谈双方的心理会少点戒备与紧张不安，多点真诚。

某学校一位青年教师由于经验不足，班主任工作做得不太好。校长多次找他谈心，收效甚微，他产生了畏难情绪，甚至不想做班主任工作了。一次，校长邀这位青年教师打台球，校长打得满头大汗，仍以零比三败北。这时青年教师兴致勃勃地讲了打台球的要领。他说："要沉住气，瞅准角度；枪头、母球，连同子球的击点保持一条直线；用力要柔中有刚。总之把握要领，熟能生巧。"校长听完青年教师的话，趁势说道："你讲的真好，对我很有启发。我想干别的事儿也是这个理儿，比如做班主任工作。"青年教师若有所悟，他望着校长说："校长，今天我上你的当了。您甭管了，班主任我还是要干下去的，保管给你带出个好班来。"校长一听喜上眉梢，立刻鼓励他说："这还像个男子汉。毛主席说过，'人是要有一点精神的'。你们年轻人将来不但要接我们的班，还要比我们干得更好才行啊！"青年教师好像一下子懂了很多很多。①

轻松愉悦的环境，往往会让我们有意想不到的收获。

（二）尊重他人，悦纳他言

美国心理学家马斯洛曾提出一个心理名词——“约拿情节”，其基本特征包括两方面：对自己，逃避成长，拒绝承担伟大的使命；对别人，嫉妒别人的优秀和成功、幸灾乐祸于别人的不幸。简单地说，“约拿情节”就是一种对成长的恐惧。

在交际中我们都明白尊重他人的重要性，但往往为了自己的面子而不惜拒绝别人的建议。充分承认他人的成功，消除自己的“约拿情节”。只有这样才能承认自己的不足，虚心地接受别人的建议，进而完善自己，促进自己的成长。正如一位哲人所言：“尊重他人是抬高自己的最佳途径。”

初任高三的许老师，所带班平时考试成绩都不错，可到了三月份统考时与其他班差距较大，他非常着急。问题究竟出在哪里呢？恰巧这天大家都在讨论学生的考试分数，许老师说了这样的一段话：“田老师，我感到你是我们这里的‘米卢’，能将基础较差的班带得这么好！说说你的高招吧！”学生成绩考得比较好的田老师一听这话，笑逐颜开，开始大谈特谈他的“快乐足球”，讲他的神奇（平时的经验），更为难得的是田老师对许老师在平时教学中应注意的几个问题说得透彻明白，使许老师茅塞顿开，受益匪浅。②

（三）巧妙地搭建“阶梯”，化解疑难

交谈中，搭建“阶梯”，可以有效地转移矛盾焦点，并具有幽默感和说服力。成功的搭建“阶梯”可以解除人与人之间的矛盾，让原本的“一潭死

① 郭启明，赵林森.教师语言艺术[M].2版.北京：语文出版社，1998.

② 冯广艺，陈春生，陈强.教师通艺综论[M].武汉：湖北教育出版社，2004.

水”又“泛涟漪”。

一位青年男教师，担任班主任兼教语文课。他课讲得好，又善于处理师生关系，同学们经常到他家里去。可是这位老师婚后不久，发生了一件不愉快的事：一天，新婚后的妻子身体不适，而丈夫却在滔滔不绝地给一位女生讲解一篇文章。那位同学终于走了。可学生刚一离开，委屈了半天的妻子发火了：“以后不许一个学生到咱们家里来！”显然，这句话被那位同学听到，要不，为什么以后几天里怎么再没有一个学生来呢？后来消了气的妻子觉得那天火气太大，讲话欠妥，她对丈夫说：“今后你的学生会把我看成一个泼妇的！”丈夫见状，沉默一会儿说：“没关系，明天就会有学生来的。”果然，第二天有两位同学到他们家里来了。妻子问丈夫：“是你硬叫人家来的吧？”丈夫说：“我是这样说的：‘你们师嫂一时兴起，说不让一个学生到我们家里来，可她没说不让两个以上的同学来呀！其实她是很欢迎同学到家里来的，并且越多越好。’你看，我这样一说，他们就乖乖地来了。”妻子娇嗔地说：“真有你的！”

一位小学生非常顽皮，家长很关心他。这天家长又到学生的班主任家了解孩子的情况。正好，孩子的一位任课教师也在班主任家里。这位老师平时很讨厌那位学生。当谈到孩子的情况是，他插嘴说：“你那孩子啊，真是萨达姆的‘飞毛腿’——导弹(捣蛋)！”这单刀直入的评语使家长十分难堪，也使家长对这位老师产生了看法。班主任见状，立即接口道：“这位老师是说，你孩子的毛病近来改了不少，就像伊拉克的‘飞毛腿’导弹，大都被‘美军’的‘爱国者’号拦截了一样。不过孩子仍然有不足之处，少数‘飞毛腿’还是在以色列的土地上爆炸了。这需要我们继续努力相互配合，充分发挥‘爱国者’号的作用。”班主任机智的顺水推舟化解了家长的尴尬和他对那位任课教师的敌意。[①]

① 郭启明，赵林森.教师语言艺术[M].2版.北京：语文出版社，1998.

第三节 座谈发言

萧伯纳说过，倘若你手中有一只苹果，我手中有一只苹果，彼此交换一下，那么你我手中仍然各有一只苹果；但倘若你有一种思想，我有一种思想，彼此交换一下，那么各人将有两种思想。座谈发言是教师之间关于教学理念、教学内容、教学方法等的交流，是教师素质提高的重要途径。

一、座谈发言的作用

任何事物的存在都有其合理性，即该事物对现在的实践具有正面的积极的作用。座谈发言会成为教师间工作交流的重要途径。它的存在有其必然的合理性，那么座谈发言的作用有哪些呢？

（一）促进教师自身发展

座谈发言一般是教师间关于教学理念、教学内容、教学方法以及学生学习理论等方面的探讨。在座谈会上教师之间可以相互讨论切磋，可以从优秀教师身上更新自己的教学理念，借鉴最有利于学生接受知识的教学方法，明确课堂教学的教学内容，同时还能掌握学生的学习心理，把握不同年龄阶段学生的学习规律等。同时，优秀教师在座谈发言中能将自己成功经验与别人分享，获得成就感；而一次成功的发言本身就是一种自身的发展，它可以提高教师语言表达能力，思维能力等。

另外，座谈发言除了共同分享成功的经验外，亦可以与别的教师探讨自己在教学中碰到的难题，阐述自己的疑惑，集众人之慧，集思广益，能多方面，多角度的解决问题。

可见，无论是与别人分享自己的成功还是向别人请教解决难题，都是教师自身发展的好时机。因此，座谈发言能丰富教师的专业知识，提高教师的专业能力，提升教师的专业道德水平，促进教师自身发展。

（二）调动教师工作的积极性

在座谈会上，教师若能和别人分享自己成功的经历，则能增添教师的自我效能感和成功感;若是向别人请教解决难题的方法,又能提高教师对成功的期望。无论是自我效能感还是对成功期望值的增添都是教师教学工作积极性的体现。另外,教师参加座谈本身也是其工作积极性的体现。

(三)提高教育教学质量

座谈会上大家可以畅所欲言,有值得学习的成功经验,也有值得借鉴的失败教训。在成功经验的交流中可以让教师们找到正确的方向,而失败教训的交流则可以告诫教师,有的是行不通的,无论什么教学活动的实施都必须综合考虑多方面的因素。

所以,无论是成功还是失败,都可以促进教师教学的改进,推动教师教学理念的更新,完善教师的教学知识体系;从更大的层面来说,在座谈发言中可以听到一线教师最真实的声音,有利于语文教学与课程研究做到实际与理论的结合,推动语文教学与课程的改革。

二、座谈发言注意事项

座谈发言不同于平时同事间的工作交流,它更正式,更严肃。座谈发言既需要教师把准整体座谈要求,还需要注意一些细节,这样才能在会上做到游刃有余。

(一)肯定自己,乐观积极

居里夫人曾说过,我们要有恒心,尤其是要有自信心。自信不仅是良好心理品质的表现,也是交际中的一项重要素质。自信,肯定自己,是争取主动的有效途径;而畏惧、缩手缩脚会使我们在交际中丧失沟通与学习的良好时机。

例如,某市高一语文教研组决定每星期二下午都会开办教研活动,或是集体听评公开课,或是就语文某一专题进行讨论,或是讨论分析学生某次测试结果,从中获知学生学习的效果及教学中普遍存在的问题。高一上学期期中考试结束后的某个星期二下午,高一年级组语文教师如期的聚集在一起讨论分析这次期中考试所暴露出的问题。奇怪的现象是大部分的时间都是重点中学的教师侃侃而谈,而剩下了时间都是大家在自由讨论。那些普通中学的教师由于本校地位及教学质量的原因,往往感到低人一等,技不如人,总是一言不发。这一自卑心态严重阻碍了交流会的健康开展。学校条件的优劣和学生素质的高低是客观存在,这不是教师个人在短时间内所能改变的,这样的妄自菲薄只会阻碍教师们自身发展的脚步。普通学校的教师应该相信经过自己的艰苦努力也会获得好的成绩,积累更多的可以交流的经验。只有自信的心态,教师与教师的座谈交流才会取得实效,而不是走形式。

(二)准确把握参加座谈的人物心理特征

座谈发言的与会人员因座谈性质的不同而不同。座谈发言的成功还需要我们能准确地把握与会人物的心理特征。因为教师们发言的对象正是这些不同工作性质、不同社会地位的人。

面对工作上的领导,发言时应该要抓住其治教治校的理念,表现出你对其所提出的理念的支持。这有助于自己教学工作的开展。而面对错误的决策时也没必要一味地谄承,抓住时机进行旁敲侧击。面对自己的同行时亦不能显得高傲自大,要放低身价,让同行觉得你和他们一样,都是在极力提高工作的效率和工作效果。

除此之外,当别人感觉困顿的时候,适当地补充一些鲜活的实例,一是吸引别人的注意力,二是给别人休息的时间,但是所补充的实例一定要与自己发言的内容紧密相连,其目的是给下面的发言做铺垫。

抓住别人的心理,投其所好,这样的发言更能深入人心。

三、座谈发言语言艺术运用方法

任何场合的发言都需要发言者做好充分的事前准备,准确地抓住发言场合的特征,对自己的语言要百般推敲。因为语言是门艺术,座谈发言的语言同样是种艺术,只有掌握一些语言运用的方法才能更有效地体现语言的艺术性。

(一)研究座谈发言内容,了解具体信息

参加座谈会之前,教师应做充分准备。要明确座谈会的主题,确定自

己感兴趣的方面，依据自己的知识背景做必要的扩充，最终确定自己的发言内容。若给定发言内容，更应广泛地搜集资料，了解相关的热点信息等，让自己的发言既贴合主题，又富有时代的气息，继而避免空洞乏味的陈述。《一位语文教师的即席应答》很好地阐述了这一要求。

> 50集电视连续剧《渴望》播出后，在某一晚报社记者召集的一次座谈会上，来自不同岗位的观众纷纷诉说看《渴望》的感想。当主持人说道："谁能用一句话概括出剧中不同人物的性格特点"时，某一中学语文教师作了如下的发言：
>
> 一个心地善良的慧芳，一个狭隘自私的沪生，一个心灵受创的亚茹，一个活泼可爱的冬冬，一个含辛茹苦的大妈，一个憨厚忠实的大成，一个心直口快的燕子，一个爽快泼辣的月娟，一个天真无邪的小芳，一个忍辱负重的罗冈，一个饱经风霜的子涛，一个刚直火爆的国强，一个乐于为友的田莉，一个情场失意的竹心。
>
> 这位语文教师的简短概括，赢得了在场人们的热烈掌声。①

这位教师依托自己的知识背景，对记者所提出的问题给予了准确而又全面的概括。表面上看这位语文教师的发言是即席的，其实这番精彩发言的背后蕴藏着教师充分的准备。正所谓"台上一分钟，台下十年功"，这位教师不仅要观看影剧，为了更深入的了解可能还需阅读影剧文本或相关影评。只有有比别人更多的准备，才会有比别人更出色的表现。

(二)用幽默的语言化解尴尬的氛围

我们喜欢和幽默活泼的人相处，对呆板无趣的人却敬而远之。这些品质大都是对方通过语言传达的。幽默会使交谈的氛围轻松愉快，而呆板则会使交谈的氛围紧张不安，甚至会出现双方都陷入尴尬的局面。

座谈会上往往会出现令所有人都尴尬的现象，这些有时是偶然的，有时却又是会前准备不充分、语言运用不当、缺乏机智等的必然结果。我们该如何去面对这样的尴尬，如何去化解这样的氛围呢？答案是幽默诙谐。

① 郭启明，赵林森.教师语言艺术[M].2版.北京：语文出版社，1998.

如何做到让自己的语言充满幽默呢？这就需要在平时的交谈中有意识地去训练。练习说话带有幽默感就像练习打拳一样，越练越熟练。最终你会发现自己的幽默潜力无穷。在没有意识到这点之前，我们的语言总会显得死板，缺乏生动活泼之感。

例如，在一次就语文学科阅读教学内容确定的座谈会上，有一非本学科的教研员发表了自己的意见，显然，作为其他学科的研究者，他的发言相对而言比较浅。在其发言最后，说了句“这仅仅是一个门外汉的看法”。当时座谈发言会上的气氛可以说是达到了冰点。然而就在此时，一位教师的发言打破了这种尴尬的氛围。他发言的第一句就是“虽然你站在‘门外’，但并不意味着你是一个‘门外汉’。”在座的每位都发出了会心的一笑，无不佩服这位老师的机智，更是为他的幽默而欢笑。

（三）语言要抑扬顿挫，发言激情要有度

座谈发言是教师综合素质的展现，既要求教师对座谈内容做充分深入研究，也要求教师具备临场发言的语言表达能力和应变能力，尤其是语言，它是直接显示教师整体素质的窗口。

语言表达能力的强弱既可以使教师的发言锦上添花，也可以让教师的发言大打折扣。设想一位知识储备丰富，对座谈内容有深入研究的教师在发言时语言一马平川，就像一潭死水，毫无起伏，作为倾听者你会有何种感受？若这位教师发言时语气有轻有重，有缓有急，你又会有何种感觉？因此，发言是一定要做到抑扬顿挫。作为一名优秀的教师，有必要锤炼自己的语言表达，避免“茶壶里煮饺子——有嘴倒不出”的现象发生。

语言的抑扬顿挫主要体现在语调和语速上。根据所讲内容的不同而使用中、低、高音，高而不喧、低而不喑。跌宕起伏，轻重有致，以声传情，注情于声，声情并茂。语速失调，过快过慢等都会使听众感到困倦不堪；如若急徐相见，富于变化，自然会吸引听者注意。

发言除了语言上要抑扬顿挫，还要有激情。有激情的发言会让倾听者发觉你所阐述的知识是活的，而不是生硬的躺在脑子里或刻在书本里。但凡事都要把握度，否则会适得其反。比如在某次座谈上，一位教师的发言很有激情，刚开始时大家觉得有点热血沸腾，可是越往后，该教师

就越控制不住自己,他的发言声音越来越大,估计隔壁会场的人都能听见;肢体语言越来越夸张。面对这样的情景就会让人猜想,“这个老师是不是昨晚喝了酒酒劲上来了呀?”

(四)语言要精练简洁,切中问题的要点

有些人发言停顿后会得到会场热烈的掌声,这些掌声有时是为了精彩的内容而鼓,有时却是与会人员认为“终于结束了”而鼓。后者出现的根本原因就在于有些人的繁琐发言。原本可以浓缩为一两句话的内容,他偏要说上个十几句。借此,教师在座谈会上的发言要切记繁琐重复,应做到精简,一语中的。这需要教师在平常的教育教学语言和生活语言中有意识的锤炼自己的语言,训练自己的思维,养成说话简洁精练的良好习惯。

发言除了要做到精练简洁,更为重要的是符合座谈内容,契合座谈问题,否则再精练简洁的语言也都是“牛头不对马嘴”之名。

在一次中师教学经验交流会上,一位同学突然向某小学颜老师提出了一个难以回答的问题:“颜老师,你找对象了吗?”出乎意料的问题使在座的领导都面露怒色。因为这一问题与“教学经验交流”的主题有悖。这时,颜老师不慌不忙地说:“你问的问题实际上是小学教师找对象的问题。”在座的鸦雀无声,接着,颜老师有条不紊地说:“目前,社会上有些人瞧不起教师,更瞧不起小学男教师。我们中间,也有人自己瞧不起自己,自认比别人低一头,担心找不到对象,变得很颓丧,甚至想改行另谋职业。”“作为一名中师生,我想应该考虑如何去提高自己的专业知识水平,怎样在社会大熔炉中锻炼自己,将来做一名祖国人民寄予厚望的合格的园丁。这样就不会感慨生不逢时和社会对我们的不公。”最后,颜老师正面直截了当地回答:“目前,我还没有找对象,但我相信,不久的将来,我会找到的,而且一定会找到满意的对象。我也相信,在座的未来的小学教师将来一定能找到称心如意的朋友。”话音刚落,屋内便响起热烈的掌声。[①]

① 郭启明,赵林森.教师语言艺术[M].2版.北京:语文出版社,1998.

学生的提问暴露出其参加座谈会时没有认真地考量座谈发言的内容，从而导致座谈氛围一时的僵硬。而颜老师借着这个不相干的问题充分发挥，既精简地回答了学生提的问题，也紧紧扣住了座谈发言的主要内容。

小结

教师是社会中的人，在教育教学过程中，教师不仅要与学生交流，还要与学生家长、同事、领导等不同对象交流，家庭访问、工作交谈、座谈发言只是其中几种主要的交流形式。场合不同，交际对象不同，语言运用的要求和方法也就不同。作为教师应全面提高自己的综合素质，不仅得体礼貌而且富于艺术性、创造性地同学生家长、学校同事以及社会多种交流对象进行交流，既对自己的教育教学对象产生良好的影响，又能维护和保持同行之间真诚合作、信任互助的友好关系，还能向社会展示教师群体德能双馨、才艺兼备的良好风貌。

思考题

[1]教师家庭访问时的语言运用应注意哪些问题？

[2]在工作交谈中应“尊重他人，悦纳他言”。请结合自己的工作实践，谈谈你的体会与做法。

[3]座谈发言中的语言运用有哪些技巧？

参考文献

[1]刘丽芳.浅谈教师语言艺术[J].华中师范大学学报：人文社会科学版，2006(5).

[2]李军鹏，代贝.优秀班主任八项修炼[M].南京：江苏教育出版社，2006.

[3]马英志.教师合作与交流能力的培养与训练[M].长春：东北师范大学出版社，2010.

[4]王守恒，姚运标.教师管理论[M].芜湖：安徽师范大学出版社，2010.

[5]魏丽杰,魏丽华.教师言语艺术[M].济南:济南出版社,2003.

[6]周报英.新课改视域下班级管理案例析[M].武汉:华中师范大学出版社,2005.

进一步阅读文献

[1]白燕.论创新型教师的修养[J].教育研究,2000(7).

[2]陈剑敏.教师的语言艺术刍议[J].中国教师,2009(2).

[3]陈晓琴.用规范的语言欣赏美[J].新课程:小学,2010(24).

[4]丛湘义.实施创新教育的教师基本素质探析[J].潍坊教育学院学报,2004(1)

[5]黄贞意.语文教学语言艺术化初探[D].桂林:广西师范大学,2008.

[6]刘丽芳.浅谈教师语言艺术[J].华中师范大学学报:人文社会科学版,2006(1).

[7]柳秀梅.教师幽默语言训练[M].南京:江苏美术出版社,2011.

[8]汤瑜.在通向语言的途中[D].上海:华东师范大学,2008.

[9]王向阳.一堂课的灵魂——教师的语言艺术[M].长春:东北师范大学出版社,2010.

[10]王庆辉.创新型教师语言艺术的约定与生成[J].成人教育,2005(4).

[11]吴文涛,党宇飞.中学教师语言与行为艺术编[M].武汉:湖北教育出版社,2008.

[12]许迅.教师语言实践课程[M].南京:南京师范大学出版社,2010.

[13]赵红.美语启心智:浅谈教师课堂用语艺术性[J].中国科教创新导刊,2012(11).

[14]张虹.提高课堂评价语言有效性的研究[D].上海:华东师范大学,2006.

[15]张鹤萍.职教教师教育教学语言模式研究[D].上海:华东师范大学,2012.

第九章　优秀教师交际语言艺术运用(二)

优秀教师的交际语言艺术，除了本书第八章谈到的家庭访问、工作交谈和座谈发言之外，还包括专题对话和演讲两个方面。

第一节　专题对话

“专题”是专门研究或讨论的问题，这类问题通常存在某种共性，集中表现某一时间某一事件的起因、进展、趋势和影响程度，使对话的双方在对话过程中得到全方位的认知。

随着网络科技时代的飞速发展，专题也随之有了更多姿多彩的表现形式，通过图片、视频、评论、资讯等表现形式的融合，使其有了更强的视觉冲击效果，更多的言论表达和思想沟通，更快、更直接的对整个世界的宏观把控。

专题内容与对话的形式结合起来就形成专题对话，它是这样的一种对话形式，在对话中以参与者持续的话语投入为特征，以某一专题问题为中心，同时穿插着其他参与者反思与互动的对话过程。

专题对话在教师语言技能的培养中占有重要地位，是教师交际语言的重要组成部分。如何围绕一个中心话题与不同的对话者有效对话，是专题对话需要思考的问题。本节内容主要是围绕专题对话的特点、专题对话需要注意的事项及在对话中需要掌握的技巧等方面的问题进行探究，以期对专题对话形成系统认识。

一、专题对话的特点

(一)针对性

专题对话的焦点集中在“专”字,这一字意味着在对话中集中于解决某一时间某一方面特定的问题。我国著名的语言学家吕叔湘先生曾经说过,语言的地面是坎坷不平的,过往行人,小心在意。这就要求我们在运用语言时应格外注意,抓住它的特点。专题对话的实质是就某一问题而开展的双方对话活动,如何选择有价值、能够引起兴趣的话题显得颇为重要。这个话题首先应根据实际情况、符合社会热点、结合当前教育教学的理念,充满时代感,又能够激发出双方的兴趣。其次,话题应避开可能引起对方伤感或误解的敏感话题。每个人的个性特质及个性倾向性不同,或多或少会存在着“敏感区”,谈话时,应特别避开这些有针对性的谈话内容。例如,教师在与残疾人的家庭交谈时应避开谈家中的残疾者、不幸者,避开谈他遭遇不幸的往事。总之,对话时应遵循因人而异、因时而异的针对性原则。

(二)过程性

进行专题对话并非是静止地面面相觑,它会在交流的过程中不断演变,具有过程性。“过程”,顾名思义是在某种层次的系统或架构中进行的、动态的、持续的、不断变化的变量之间的互动。我们知道“目标”在专题对话的过程中担任引领者的角色,它是开展对话的意义之所在,是通过对话最终要完成的任务。对话的双方都希望达到最终目标,而这种互动本身可以产生推动力量,把专题对话的一个个阶段性目标的实现连缀起来,最终完成对于这一专题系统、完整的认识。同时,在对话的过程中,对话双方的角色、交流的信息和表达的感受都会产生各种反应和领悟。这些反应和领悟又会推动对话双方进行不断地探索和发现,使对话持续处在感知、聆听、反应、领悟的动态过程中。

(三)问题性

问题是进行对话的出发点,是开启最终目标的钥匙。从以往的专题对话的案例来看,每一次的对话都是同一问题的不断推进,我们要把问题看作专题对话的动力、起点和贯穿对话过程中的主线,另一方面,通过对话过程来不断地发现问题、提出问题、分析问题和解决问题。因此,在对话过程中培养教师的问题意识显得十分重要,有效地发问会使教师在对话中激发另一方的兴趣、活跃思维,顺利完成对话的任务;在发散对方思维的同时,又呈现出新的问题,对话双方借助这些问题,经过思维的深加工,采取压缩的形式,对相关的内容进行集中概括,浓缩为概括性较全面的问题,通过这些有限的问题实现对这一专题的全面认识,展现给人们较多的信息量。

(四)平等性

在专题对话中,教师与对话者都是谈话的主体,双方的地位是平等的,没有尊卑的区别,在机会的选择上双方也是平等的,不分主次。双方关注的是对问题的探讨和交流,而对方的身份则不会影响到谈话的内容,对话者在对话的过程中可以畅所欲言,充分表达自己的观点与立场,在不断传达自己信息的同时也在获取别人的信息,这在一定程度上大大缩短了教师与对话者的距离。因此对话是在平等、友好、融洽的氛围中进行,无论是作为对话参与者的学生还是家长或其他教师,在对话中不至于产生逆反心理,而且由被动变为主动,增强了对话的积极性,可以自由的表达自己的观点。

(五)互动性

在对话过程中,对话双方始终是在进行一种互动,这种互动体现在两个方面:信息与角色。信息的互动性是指在对话的过程中,不论双方的观点是否一致,他们都在信息上进行交流,不断地交换看法。对话的一方在对话过程中,把自己的思想、观点、意见、情感等用语言或神态传递给另一方,另一方在接受信息的同时也在把自己的思想、观点、意见、情感等传达给对方,双方在进行不断地信息互动交流,影响着彼此的思想、观点等。进行信息互动的同时,对话的双方角色也在互动。在对话的过程中,在某个阶段可能一方担任主角,另一方处于配角地位,在另一个阶段,主配的角色就可能互换。例如,教师与校领导关于校园安全问题的专题对话,在对话的开始阶段,校长谈论校园安全的宏观的构想时处于主角地位,而在每个班级切实地开展安全活动时校长就处于配角位置,相反,教师的角色则由配角到主角。

二、专题对话需注意的事项

专题对话能否完成预定的对话任务,很大程度上取决于它是否注意规避容易出现的问题。成功的专题对话并不是简单促成的,它需要在准备把握专题对话特点的基础上,注意一些容易出错的事情。

首先,做好专题对话的准备工作。

在开始专题对话前,应明确专题对话的目的。我们常说"目的"是向导,是引领对话顺利进行的风向标。明确专题对话的目的,也就意味着明确了这次对话的意义,这次对话最终要完成的任务。明确目的,是合理计划对话时间、选择对话对象、设置对话内容的前提。

多方面收集与专题相关的材料。专题对话是针对特定的主题而进行的,因此,全面掌握对话主题的材料是对话的必要条件。作为教师,在进行专题对话时,应认真查阅与该专题相关的书籍、杂志、网络,了解该专题的背景资料;及时与进行过类似专题对话的人员交流,吸取他们的经验,请教相关难题;认真研究对话另一方的个性心理特点及个性倾向,采用其容易接受的方式进行对话,激发对话者的兴趣,活跃其思维。

拟好专题对话的提纲或要点。在专题对话之前,教师作为对话的一方,最好拟一个简单的提纲,这个提纲有助于教师在对话过程中理清思路,合理安排对话的逻辑顺序。通常情况下提纲包括这几点:这个专题的焦点是什么?在这个专题中代表人物有哪些?什么时间发生了什么事情或指定了什么政策?这些事情或政策的意义有哪些?当然,任何事情都应灵活处理,专题对话并不是拘泥于这几个方面,还应针对特定的对话内容灵活处理,根据对话者的反应等具体情况及时调整。

其次，专题对话的过程中保持友善的态度，营造良好的氛围。

“友善”是人际交往中必须具备的道德规范，如果人们都能以“与人为善”的态度去处理日常生活中各种各样的交际行为，那么就不会存在那么多的交际冲突。教师由于职业的特殊性，在交际语言中应更好地在对话中做到与人友善，为人们的交际语言提供示范榜样。对话是一种交流活动，具有社会属性的人类在交流中都会渴望得到他人的尊重与承认，因此，在对话伊始就应该保持对人友善的态度，否则，很难获得诚挚友善的对话机会。

对话过程中，营造良好的氛围十分重要。对话气氛，是在双方对话开始阶段迅速形成的对后续对话行为活动产生深刻影响的氛围。形成对话气氛的时间十分短暂，往往只有几分钟，甚至有的时候只有几秒钟。我们常常发现在对话中易出现沉默、冷场、尴尬的局面，使对话出现困难。好的开始是成功的一半。对话双方在初始阶段给彼此留下的印象、对话的友善诚意及彼此的个性特点综合形成对话的氛围，它一旦形成，直接影响着对话双方的情绪和兴趣，很大程度上影响着对话的效果。因此，教师开展专题对话时应注意营造良好的氛围。

人们通常认为，氛围是自然而然的事情，更多的情况下，任凭它自己形成。事实上，通过采取一定的方法，可以改善对话时的氛围。例如，可以采取称赞法，通过称赞来唤起对方对话的热情，调动情绪，营造气氛；可以采取幽默的方法，用幽默的方式来消除对话者的戒备心理，使其积极参与到对话的过程中来。

再次，在专题对话的过程中适当地选择对话方法。

专题对话过程是一个不断探索的过程，在这个过程中掌握一些对话的方法，可以提高对话的效果。

例如，婉转的表达方式。同样的意思换一种表达方式会收到事半功倍的效果。对话过程中以一种委婉的方式来表达自己的想法，更易于被对方接受。这样做既不会有损对方的面子，又可以让对方心平气和地认真倾听自己的意见。例如，出现不同观点时，可以这样表达：“您说的有一定道理，但和现在的实际情况有些不同，能否这样认为呢？”然后顺其自然的提出自己的观点。具有对话经验的教师，经常把自己对专题的看法用委婉的表达方式转化为对另一方的建议。在表述自己的见解之前,先委婉的询问对方如何看待这一问题,当对方的见解和自己的观点一致时,要让对方相信这是他自己的观点。这样,对话的另一方有被尊重的感觉,容易达成一致对话。

三、专题对话的艺术技巧

(一)注意倾听,全面及时把握相关信息

在管理学中有一个很重要的环节——沟通,作为一个领导者最重要的沟通技能是能够仔细倾听。在心理学研究中同样发现,人们在语言交流中,更愿意被倾听。因此,对于教师来说,在专题对话中不仅需要运用机智幽默的语言阐述自己的观点,同时还需要养成一个重要的优秀品质,那就是认真倾听对方的话语。这一方面体现了你对对方的尊重,体现了自身良好的人品修养和人格魅力,给对方以人格力量的感染;同时,也能够在认真倾听之中把握更多的你所需要的信息,及时把握对方在语气、眼神、态度、观点等方面的变化,以适时调整自己的对话策略。再者,你对对方的尊重也能够换取对方对你的尊重,对方也会像你重视他们的观点一样重视你的观点,从而增强谈话的信心。专题对话在倾听时,应注意以下几个方面:

①在对话的过程中注意与对方的目光交流,适当地辅以点头等赞许的动作。心理学研究表明,这些细小的行为一方面表明自己在认真聆听,另一方面,聆听者的反应给表达者一定的鼓励,增强他们的自信心,调整他们对话的语言,较少无效的对话内容。

②在对话的过程中穿插一些简短的语言。善于倾听,并不意味着只是让表达者滔滔不绝地说,而聆听者只是在听。专题对话是双方共同进行的行为,聆听者在倾听的同时,应不时地通过一些简短的话语和提问,例如"是的""接下来"等短语,给对方呈现出你很感兴趣的状态,这样可以更好地启发对方,以便引出你希望得到的对话结果。

③能够对倾听的内容合理分析、引导。对话者在对话的过程中表达的内容可能不是那么明朗,有些内容他们明明清楚,由于表达的不恰当往

往会造成误解。在倾听的过程中,教师应做到从对话者的表述中提取出正确的信息,对他们表达不合理的地方加以引导,合理转换话题,杜绝进入对话的死胡同。

(二)尊重对方,保障对话顺利进行

尊重他人是一种高尚的美德,是个人内在修养的外在表现。尊重,是人的一生修养以及自我内涵的表现,也是人所必须具有的品质。专题对话是一种对话者与另一方信息互动的过程,如果谈话的双方彼此不能相互尊重,那么对话就很难进行。

尊重别人就是尊重自己。在谈话的过程中,尊重对方首先应在态度上接纳彼此,建立起信任感,双方可以敞开心扉,诚恳的交流信息。其次,在对话的过程中,允许双方各抒己见。由于人们各自的经历、教育、思考问题的方式的不同,在专题对话中必然存在着不同的观点。当这些观点出现时,切不可盲目的否认,一味地把自己的观点强加于人。第三,在对话的过程中,双方应积极配合彼此,相互支持,及时地回应对方,围绕共同的话题相互启发、相互引导。第四,在对话的过程中注意对话的时机。专题对话是以不断地话语投入为特征的,因此,掌握对话的时机十分重要,这样才能在对话中不至于讲错话。注重对话的时机,尤其不能抢话。抢话不仅会打乱别人的思路,也会耽误自己倾听,过于着急的发问或回答是一种不尊重人的行为,往往会阻塞双方的思路或感情的渠道,破坏对话的氛围。

(三)掌握提问的艺术,合理发散思维

专题对话从本质上说是围绕问题而进行的对话,那么如何围绕这些问题合理的提问,是专题对话需要具备的艺术技巧。提问不仅仅是带着问号的疑问句,更重要的是,通过多种方式的提问,所引发的对专题内容的探讨。在对话过程中,通过提问可以了解不熟悉的情况,打破冷场,避免对话的僵局。在对话的过程中,误用不当的提问方式,出现不恰当的语言,往往会导致对话的失败,造成对话时间的浪费,而且易使简单的对话问题复杂化。教师在专题对话中,掌握提问的技巧,可以迅速地提出最恰

当的问题,顺利完成对话任务。

首先,提问应注意内容。不要问对方难于应付的问题,提问的内容应紧密结合专题对话内容,在对话者的认知范围之内;在提问中也应对彼此忌讳的问题提问。如果在专题对话中,当提出的问题对方一时无法回答或不愿回答时,提问者不应查户口式的追问,而需要转化提问的内容。

其次,提问需要讲究逻辑顺序。对话过程中,所提问题的先后、大小、难易等,都需要符合事物的内在规律和外在联系。在专题对话中,应围绕专题,从对话内容最表面、最易交流的问题进行提问,或者先从对方熟悉的事情进行提问,然后依据前后问题间的逻辑关系逐渐由表及里,由易到难提出问题,这样才能既便于双方对话,又便于逐步深入地交流探讨。

再次,提问应采取多种方式。提问的方法多种多样,主要可以分为开门见山式提问、婉转迂回式提问、启发诱导式提问等,教师在专题对话中,应根据情况,灵活运用,追求最佳的对话效果,完成对话任务。

(四)应用控制的艺术,切忌信马由缰

专题对话,是围绕某一专题性问题开展的对话,它应该有一个大概的谈话范围,而不是天花乱坠的神侃。对话的双方应围绕对话的主题,形成具体的对话内容。因此,在对话中需要采取适当地控制艺术,以防无边漫谈。

控制话题的艺术主要有两种方法:一是直接方法,在对话的过程中,当对话者出现偏离专题的内容时,教师直接阻止对方,停止当前的表述,使双方的对话重新回到话题中去。这种方法比较直接、果断,可以立即停止偏离话题的现象,但礼貌性不够,容易出现伤害对方自尊心、损伤颜面的情形,一定程度上会影响交谈的进行。二是间接方法,即通过引导的方法或暗示的方法,对符合专题的对话及时肯定或暗示对方继续深入表达;对不符合的对话内容,通过怀疑的表情或者质疑的语气使对方意识到自己所说的内容不符合或偏离对话主题,进而合理地调整自己的对话内容。

除了话题需要控制之外,在对话中还应合理控制对话现场。对话是一个动态的过程,由于受对话内外部环境的影响,对话中往往会出现一些破坏现场氛围的因素,这就需要掌握控制现场的技巧,做到临阵不慌,沉

着应变。例如，利用转移法，恰当的转换话题，消除对话的僵局；利用弹性回答法，在涉及一些不便明确表达意见的对话时，巧妙地利用一些伸缩性较大的语言进行对话，既可以礼貌地回应另一方，又避免了对话中断的尴尬。下面是通州市几位教师与特级教师李吉林的一次谈话纪实(节选)。

李吉林：各位老师，来通州已不是第一次了。要让我讲讲我是如何成才的？如何成功的？我想成功是顺乎自然的事情，一切都不是刻意的，是一步步往前走过来的。此时，面对“名师”的成功与成长这样一个问题，我想先把我最近写的一篇文章《我，长大的儿童》读一读。我之所以有所成功，在小学的教育园地里能够取得一些进步、一些收获，其中有很多的原因，但一个很重要的不能忽视的原因，就是我始终觉得自己是一个“长大的儿童”。这篇文章全写的是真心话，是对我人生阅历，尤其是对从教四十多年阅历的真实概括，也是我内心世界的一个写照。(李老师朗读《我，长大的儿童》)

李吉林：文章的最后一句话“如今我已不是儿童”，原来我接着是写“但我却是儿童”。我一想，我怎么“却是”呢？我“喜似儿童”。我真希望我们当中的小学老师也希望自己永远像是儿童。

张卫东(通州市西亭小学校长)：我要感谢今天这个特殊的日子，让我们如此近的看李老师，听李老师声情并茂地读《我，长大的儿童》这篇文章。我想这个长大的儿童，一意味着快乐，二意味着魅力四射，三意味着不高高在上，同时还意味着不一般的成功。关于成功，我想请李老师能否就用一句话来概括一下，您最大的成功是什么？

李吉林：我仍然是一个非常平凡的人，甚至有的地方很渺小，我从来就没有想过用一句话来概括自己的成功，并且我在哪儿都没有承认过自己是完全成功的。因此我很难用什么惊人的话语来回答你的问题。但有一条很重要，我了解儿童，我热爱儿童，我千百万计地为儿童着想。

张卫东：其实，李老师您后一句话已经概括地回答了我的问题；同时您又是那样的谦虚，使我们看到了您性格的另一个方面。

李吉林：我心中也常在想，我是一个什么样的人呢？如果真的想用一句话来概括，我只能这样概括：我很自信，我也很谦虚。我出生在一个清贫的人家,童年生活是很清苦的。作为一个穷孩子自然生成了那种自尊的人格——“人穷志不穷”。但人贵有自知之明。我非常了解自己,懂得自己的短处在哪里,我承认自己的短处。一般说来,用到“自知之明”都是讲要了解自己的短处,然而我认为这个成语应该包括两个方面:看到自己的长处和看到自己的短处。看到短处能补短,能由弱到强、由短到长;看到自己的长处,就能在克服短处当中有驱动力。如果我们一味的谦虚、过分的谦虚,那就做不成事儿,就没有了自信心。我自己上课,往往要选择难度大的课来上,能够别出心裁地想出主意,这就是挑战自己。我在学校和青年教师备课,也要动脑筋,我也不是先知先觉,也不可能都是一气呵成,一步到位。有时一次两次三次,有时就卡住了。这时我就想:一定能想出主意。果然,一会儿就想出了办法。自信会使人陡生智慧的。但过于自信,忘却了谦虚,就会自我封闭,那不行。

翟德良(通州市实验小学教科室主任):李老师,您发表在《人民教育》上的这篇文章,我以前看过两遍,但是今天听您声情并茂地朗读之后,我的体会更深了。我1982年在通师求学的时候,就知道李老师的“情境教学”;走过了二十年之后,由“情境教学”到“情境教育”,它的影响力越来越大。特别是现在大力推进新课改的时候,新课程中引用了您很多的理念。这么多年以来,您就像一棵常青树,在我们中国小学语文教坛上长盛不衰,而且越长越繁茂。我走了将近二十年小学语文教学的道路,在这些年当中,我文章也在写,课也在上,但总是冲不出来、总是上不到一个层次,我想这就是人处于一种成长的高原期。不知您在成长的过程中有没有经过这种高原期? 假如说有的话,您是通过什么样的途径突破这个高原期的?请您具体给我说一说。

李吉林:行呀,我说具体些,你们来帮我概括。比如说,开始搞“情境教学”时,我不知从何处入手。文化大革命中,我是被整的。马雅可夫斯基曾说:十八岁属于人只有一次;我却认为二十八岁是人生更宝贵的岁月,是人发出青春光华的那个年岁。就是那年,文化大革命开始了,我挨整了,一整就是十年,十年里不能透气,不能抬头。在“文革”以后,我感到扬眉吐气,仿佛再生了一般。我不知疲倦,从不自满,更不肯停滞不前。因为在“文革”中我受到了人格的侮辱,我是人,小时候又穷,“文革”十年又对我那样不公平,所以在内心就形成了一股“力”,这就是人格的一种动力——自尊感。我很珍惜现在这个时代,我有一种愿望,有一种念头,我很想按自己的想法搞语文教学改革。语文原来那种假大空的一套弊端太大了,不能那样走。于是,我就搞了“情境教学”。“情境教学”由重视发展儿童的语言和思维,到激起情感,到审美,再到促进儿童整体发展。我通过反思觉得,“情境教学”它是让儿童的情感伴随认知活动。80年代中期,全国整体改革正好起步,我非常及时地顺应了时代的潮流,着手稿整体改革,并且一下子就搞起来了,年级里真是轰轰烈烈,别人都非常羡慕。但是,1986年我参加在武汉举行的中国教育学会一个全国学术讨论会,当时专家们都在讲“整体改革”,给我的感觉整体改革好像不像我想象的这么简单。在专家、学者阐述的理论“大背景”中,我不由感到了困惑。当晚我一个人在房间竟至于哭了。我想糟糕了,这整体改革搞不下去了,这是个庞大的系统,这该多难呀:我一个小学老师,力所不及。于是利用会议休息时间,我拜访了两个人:一个是顾明远教授,一个就是江山野教授。他们鼓励我,说我完全可以;顾教授还说国外理科都在搞情境,情境教学是大有作为的。我觉得心里踏实了一点。我没有想到停步,没有灰心丧气,只是心里不那么轻松,下一步不知如何走。记得当年,我应邀在上海参加了在金山举行的整体改革研讨会。会上华师大的刘佛年校长和杜殿坤教授专门作了报告。他们的报告让我感觉到整体改革是一个相对的概念,你可以搞得很大,也可以搞得很小;哪怕语文、数学两个都可以搞整体改革。杜教授还说在农村很困难的地方也可以搞教学整体改革。我豁然开朗,正所谓“柳暗花明又一村”。用我自己的话来讲,我很执著,我也很开放。我努力使自己形成一个开放的系统,教授的话、学者的话、领导的话,就是小朋友的话、徒弟的话,我都能听得进。这是自己一种开放的观念,一个开放的心态。

朱红霞(通州市实验小学副校长):尊敬的李老师,您好。我是通州市实小的一名语文老师,我今天想说的第一句话就是又见红色。因为常去二附,每次去都看到您穿红衣服,有紫红、有铁锈红……尤其是今天看到李老师穿的绛红的短袖,我感觉到亲切,也非常的激动、兴奋。因为从这红色的衣服,从您刚才讲的当中我们可以知道、或者说可以看出李老师您的个性——开朗、活泼、开放。一个老师要成为一个有个性的人不容易，而要能够永远保持个性、解放个性更不容易。这是我的一点体会。第二点体会就是坚持。从李老师身上我想到了很多词：不知疲倦、不满足、坚持不懈。可以说在座的好多老师，在自己的教学岗位上都有一点点的成果，但是离真正意义上的成功还有一定的距离。李老师能够几十年如一日，坚持在小学语文教师岗位上搞教学改革，坚持做“情境教学”实验，坚持搞“情境教育”研究，这是我最佩服的。我的第三点体会就是超越。李老师是喜看儿童，喜似儿童，喜做儿童。曾经记得有这么一个情节：李老师在我们实小上课，你非常的开心，非常的激动。当时你穿着一件红色的外套，你将外套一脱扔在一旁就开始上课。我是一名小学语文老师，可以说我追寻着李老师的足迹，跟着李老师在学在仿。比如李老师对大自然爱得如痴如醉，我们也学着去做。我们带孩子去海边、江边，去河滩边野炊，孩子们非常高兴。在这里我真诚地感谢我们的李老师。李老师从“情境教学”到“情境教育”，可以说是您人生成功的转折点，也是一个新的起点。这对李老师个人、对二附、对整个南通小学语文教育，都可以说是一个新的光辉的起点。李老师您是如何提出“情境教育”这个课题的呢?在理论上做了哪些铺垫，在实践中又做了哪些探索，您对我们青年人有些什么期望?谢谢李老师。

李吉林：我穿衣服是非常随便的，我不但没有名牌也不讲究时髦，我觉得哪件衣服都可以穿。说我比较喜欢穿红色，也许只是我对衣服颜色的一种爱好嘛。关于你提的“情境教育”是怎样提出又是怎么样发展的?我想用上一个成语，就是“顺乎自然”。前面提到整体改革，在整体改革中，我从小学语文促进儿童发展的五个要素入手。那是1981年概括出来的，即诱发主动性，强化感受性，着眼创造性，渗透教育性，贯穿实践性。这五个要素不单适应小学语文，也应该适应整个小学教育。在整体改革当中，我感觉到我总结出的五个要素可以进一步拓展。有的老师已经开始进行了尝试。有一次，一位老教师告诉我，今天晨会她已经搞“情境教学”了。我一听心里一动，这就说明“情境教学”也可以发展到德育。音、体、美好搞，我心里有数，最难的是数学。我参加数学老师的备课和研究。我逐渐发现数学就在我们生活中，是生活的情境产生了数学，数学还必须回到生活情境中去。这样经过一段时间的摸索，就从“情境教学”慢慢发展到“情境教育”。这里有什么收获呢?就是要实践，要学习，在实践中思考研究。1990年我搞了关于“情境教育”的研究方案，搞“情境教学”时我没有方案，是想到哪儿，做到哪儿，真是“摸着石头过河”。我这个方案做得比较大，总的中心是“情境教育”促进儿童的素质发展。当时报刊都没有露面，我觉得没有做完。到了1992年，全国教育学会要我交论文，让我把新的探索总结出来，带到大会上交流。我就把对“情境教学”“情境教育”的探索与思考写成论文带到了会议上。在这篇文章里面我写了“情境教育”的基本模式。我觉得像当一个建筑师一样要考虑他的建筑空间，作为一名教育工作者要考虑拓宽他的教育空间，要注意师生之间、学生之间的心理距离。拓宽教育空间、缩短心理距离、利用角色效应、注重应用操作，根据这几个方面，我经过思考初步构建起了“情境教育”的操作模式。这篇文章出来之后，《教育研究》《中国教育学刊》都登了。1996年，中央教科所和江苏省教委联合在我们学校举行“全国‘情境教学—情境教育’学术研讨会”，让我向各位领导和专家作关于“情境教学”和“情境教育”的实验成果报告。我在报告中讲的都是大实话。报告一开始我就这样说：我不敢妄谈理论假设，也不能违背历史真实，重新技现代教育实验报告的撰写范式撰写成果报告；二十几年来，我是怀着对教育的赤诚进行从“情境教学”到“情境教育”的实践研究，目的只是为了促进儿童素质发展，追求一条有效的途径。报告在基本原理这一块，我注意借鉴了现代心理学中有关暗示、移情以及心理场等理论，结合自己在实践中的感受来加以概括。我谈的大都是自己在实践中的感受。我把自己的实践与思考全盘托出，主要想听听专家的意见，这对我们的实验有好处。而且在那次汇报中我就把“情境课程”提了出来，十八年来搞的“情境教学”“情境教育”探索中生成的关于课程的，进行梳理写到报告里，正式提出了“情境课程”的概念。我就学科情境课程、主题性大单元课程到野外情境课程、过渡课程以及专项训练的课程，共提了五大块。那次会议，对自己很有帮助。当时北京来了七十几位专家，所以有人说，北京来了一个团，我觉得非常的幸运。有一批真正的大学者，很支持我、很看重我。有博士对我说：“你这儿是产生教育理论的地方。”也有人说：“李老师，你还不知道自己的价值。”而我把自己看得很平常。我写书,我总是把自己的真实感受概括出来。我想,我们老师少理论就要去学。实践工作者学理论,只要去挤时间,持之以恒,就会逐渐提高。我读的书不多,但是读了书我就会为我所用,跟我自己的实践联系起来。我们有许多经验,有许多来自实践的感受,是一般的教育理论书籍中读不到的。所以我们也有我们的长处。你们都是未来的“名师”,或者是不久将来的“名师”。你们一定要树立自信心,要说“我们行”,千万别说“我们不行”。我们的数学艺师对我讲,李老师你千万不要说你不懂数学。后来我知道了他们的心,他们需要人支撑他们。我先和他们分析教材,然后我谈自己的想法,和他们备课,我觉得还是青年老师给了我自信心。在座的各位,我们既要憧憬未来,更要脚踏实地地去学习、去实践,我们总是可以做一番事业的。我们不求轰轰烈烈,包括我现在不求轰轰烈烈,但求脚踏实地,要能做出别人没有想到、或想到而没有做成的事情。我觉得,这就是成功。我祝愿大家成功。谢谢大家![①]

这次对话是围绕“名师的成功机制”这个专题而开展的,在当前促进教师专业化发展的大背景下,如何使新教师尽快成长为专家教师,促进教师发展,成为广大教师关心的话题。本次对话所确立的主题是教师们普遍关心的问题,因此在对话过程中各位教师能够积极地参与进来,共同探索“名师”成功的有关要素。从专题的设置上我们可以看出选择对话的主题很重要。这个主题不仅能够贴合现实教育的发展,而且能够激发对话者的兴趣,有效地带动对话的氛围。

在专题对话需要注意的事项中已经提到,对话开始前应做足准备工作,事先拟好对话的提纲。在与李吉林老师对话开始前,提问的老师精心准备了问题,如“在您的教育生涯中,您感到最成功的是什么?”“在您成长与发展的道路上是否存在着关键期和突破期?您是如何度过这一关键期和突破期的?”等问题。这些问题有一个核心的因素——教师成长,通过对话的开展把“名师成功的机制”这一主题探讨清楚,而对话前充分的准备工作,也保障了对话流程的循序渐进地开展,使对话双方思维流畅。

①王铁军.名校长名教师集体性个案研究[M].南京:江苏人民出版社,2005.

除此之外，李吉林老师作为对话的主要一方所展现出来的魅力同样值得广大教师学习，有助于教师提高自身的语言交际能力。李吉林老师是教育界卓有成就的一代名师，在“情境教育”研究方面为我国教育的发展做出了重要贡献。但是，在对话中李老师面对年轻老师的提问，始终保持着谦虚的态度，这种谦虚之中又透露着自信。鼓励教师们善于思考，勇于实践，持之以恒。整个对话仿佛聊家常一般，让人感到亲切、温暖，在这种自然亲切的氛围中，李吉林老师把教育的智慧传递给了其他的教师。

第二节 演 讲

演讲又叫讲演或演说，是指在特定情境下，以有声语言为主要手段，以体态语言为辅助手段，针对某个具体问题、观点，鲜明、完整地发表自己的见解和主张，阐明事理或抒发情感，进行宣传、鼓动的一种语言交际活动。

作为一种社会现象，演讲有着悠久的历史。早在古巴比伦、古埃及、古希腊、古印度和古中国时期，演讲就已经有了高度发展，成为一种相当普遍的实践活动。纵览古今，无数的演讲家、雄辩家，凭借敏锐的思维、犀利的眼光，熟练地驾驭语言，把演讲作为自己的武器，在历史的发展中起着巨大的作用，不断推进历史的前进。

作为一种艺术性的活动，演讲有着自己独特的表达手段和特点。通常来说演讲者借助有声语言、体态语和主体印象来发表自己的意见，陈述主张和观点，从而达到影响、说服和感染他人的效果。演讲通过这些手段，构成一个综合而完整的系统，以此来完成演讲的目的，完成演讲的任务。

教师演讲是从职业角度划分出来的演讲活动，与普通意义上的演讲不同，属于个别与一般的关系。教师演讲主要受教育目的、教育内容和教育对象的制约，存在着独特个性。在大力提倡促进教师专业化发展的今天，教师演讲成为教师不断提高自身语言交际能力的重要途径，对教师全面发展有重要意义。

本节主要通过探讨教师演讲的特点、教师演讲的多种分类，在把握特点、正确分类的基础上，掌握教师有效演讲的技巧方法，促进教师语言交际能力的提高。

一、教师演讲的特点

(一)示范性

“学高为师，身正为范。”教师由于其职业的特殊性，在社会角色扮演中充当模范公民，因此，他不仅是一般的演讲者，而且是演讲行为的示范者。

著名特级教师斯霞在给青年教师的建议中提出，作为教师“一定要提高口头表达能力，高度重视言语表达的规范、准确”[①]。演讲是一种发表个人观点、看法的交际活动，这种活动是个人的行为，由于思考的不成熟、不全面，我们在演讲中经常会听到模棱两可、似是而非的观点，这种观点的传播会误导人们对某些问题的看法，进而影响到整个社会舆论的导向性。为了改变这种状况，教师在演讲中需要对演讲内容字斟句酌，仔细辨析概念间的细微差别，正确使用概念，对事物之间的逻辑关系合理推理，恰当地反应客观事实、事物之间的内在联系。这样才能正确的传达出观点、看法，为广大的演讲者树立榜样，克服概念混淆、观点模糊的现象。

教师是语言运用的高手，除了正确的表达观点，在演讲中教师的示范性还包括语言的规范性。教师的语言标准化程度比其他的职业要高很多，要想获得教师资格证，普通话水平应达到二级乙等，语文与英语老师要求更高，需要达到二级甲等。这就要求在演讲中，教师发音的标准化、吐字的清晰性要优于一般的演讲者。

演讲是有声语言与体态语言的综合运用，在演讲中教师可以通过恰当的体态、手势、表情等态势语传递信息，补充有声语言，使广大听众置身其中，增强演讲的感染力。态势语的表达应适时、适量、自然、大方，在演讲起承转合的关键处附着一定量的态势语，可以加强整个演讲的表现力度。

① 斯霞.我的教学生涯[M].上海：上海教育出版社，1982.

(二)教育性

赫尔巴特写道:“我想不到有任何‘无教学的教育’,正如在相反方面,我不承认有任何‘无教育的教学’。”[①]作为教师,最主要的任务是教学,从演讲内容的角度来划分,教师最主要的演讲是教学演讲。通过教学演讲来完成教学任务、加强德育教育,履行教师职责。

教师的职业决定了他的一言一行都会对学生施加影响和作用。每一次的演讲,教师都会有一个明确的目的,这个目的在无形中引导着教师讲授知识、加强班级的管理、注重学生思想态度的变化、改善师生关系,或者是通过演讲传达出自己对社会某一现象的看法。在演讲的过程中不断传达出此次演讲的目的性,丰富学生的知识面、提升其思想境界,在不断地熏陶感染中提高学生德育水平,履行教学的教育性任务。

教学演讲要求教师能够吃透教材,通过演讲把教材中的思想内容传递给学生,影响学生的思想和行为。教师在教学中的演讲主要针对的是未成年的学生,这些学生由于自身阅历较浅、心智发展不成熟、理性思维比较欠缺等诸多原因的制约,易受外界的影响,尤其是教师一言一行的影响。因此,针对听众的特殊性,教师在教学演讲中除了传授知识和技能,更多的是影响学生如何为人处世,提升品德修养,浸透教学的教育性原则。

例如,学生中存在作业相互抄袭的现象,教师可以以此为契机,在班级会议上进行一次有关诚信问题的演讲。演讲不仅可以使学生加深对诚信的认识,尤其是使抄袭者意识到自身行为的错误性,更重要的是,这种认识将关乎学生以后怎样做人,对他们的人生观、价值观产生影响。

(三)时代性

演讲具有时代性。随着科技的发展及社会的进步,各种新鲜事物层出不穷,在演讲领域也就随之出现了许多体现时代性的新词,如“爱疯儿”“耍大牌”“大腕”“好声音”“PK”“沙发”“江南style”等。同时,演讲的时代

① 张焕良.西方资产阶级教育论著选[M].北京:人民教育出版社,1979.

性特征还表现在同一语言在不同时代所传达出来的不同含义,这在网络语言中可以说是司空见惯。如"潜水"指"只看帖不回帖的人","青蛙"指"丑男","恐龙"指"丑女","菜鸟"指"网络新手","酱紫"表示"这样子","偶"就是"我","稀饭"表示"喜欢"等。

不过,强烈鲜明的时代意识应当是演讲者丰厚内质的自然流露,而不是靠胡乱使用几个新潮术语、任意堆砌几个时髦名词所能奏效的。教师的演讲应弃旧图新、化旧为新、借旧造新,但更重要的是思想观念新、视野见识新和方法措施新。

教师强调专业化发展是为了适应当前时代变化的多样性,因此,教师应及时了解和掌握极具时代性的新词,紧跟时代步伐,把握时代脉搏,兼容并包当前发展的诸多内容,站在时代的制高点上,把时代的特性融入演讲中。这样,教师在演讲过程中才能够调动起听众的兴趣,特别是青少年学生的兴趣,使听众产生认同感,能够感受到教师演讲的亲切性,不至于有隔膜,这往往能收到较好的传播效果。

(四)多重性

"教师在职业演讲中,要同时扮演好三种角色。其一是学者的角色,即以一个知识渊博的学者的角色出现,向学生传授文化知识;其二是教育家的角色,即以一个循循善诱,充满爱心的师长的角色,向学生进行思想品德教育;其三是语言艺术家的角色,即以一个语言优美、态势优美的演讲家的角色,向学生进行语言美态势美的示范教育。"①

一般的演讲者往往是充当语言艺术家,其角色丰富性远不如教师在演讲中所扮演的。

教师,在社会生活中,是一个多角色的扮演者②。

随着经济的发展,知识的膨胀,教师可以有越来越多的精力专注于学术的发展,努力成为专业化的人才。因此,教师在演讲前就更需要对自己演讲的内容作系统研究,收集大量相关资料,完善自己的知识结构,这样才能够对演讲的内容灵活驾驭。

①李新省,刘正刚. 浅议教师职业演讲的特殊性[J]. 科技信息:学术研究,2007(23).

②王晓平.教师的语言艺术[M].济南:山东教育出版社,1996.

“师者,所以传道受业解惑也。”教师由于职业的特殊性,在演讲中需要注重把演讲的内容与学生的发展结合起来,扮演好教育家的角色。教师有意识地在演讲中寻找学生德育的切入点,对学生进行教育,加深学生思想上的认识,促进学生情感的升华。

教师在演讲中除了担任学者、教育家、语言艺术家等角色外,还扮演着宣传人员的角色,传播演讲的主题,使更多的听众了解到演讲的内容,受到演讲的影响。

例如,2005年上海长宁区关于开展“师恩师爱师情”青年教师师德演讲活动,通过这次演讲激励更多的教师甘当人梯,为振兴中华教书育人,同时鼓舞教师以“红烛”为己任,甘当新时代的陶行知。这是在教职工举办的演讲活动,教师通过此次演讲不仅可以提升自身的职业道德,而且还可以通过自身的行为影响到他人,扩大宣传范围,使整个社会能够呈现出爱岗敬业的职业道德氛围。

教师演讲源于一般演讲,二者共同具有艺术性、完整性、现实性等特点。但教师演讲,却又不同于一般演讲,还具有示范性、教育性、多重性等特点。教师演讲不仅促进教师自身思维能力与语言能力等多方面的发展,而且影响着学生思维、语言、审美、思想等多方面的能力的提高。可以说,教师演讲是一种对师生双方均有益的语言交际活动。同时这种活动又在不断的影响着社会上的其他人,起着示范作用。

二、教师演讲的类型

教师演讲按照不同的角度可以划分为不同的类型:

(一)按演讲进行的方式划分,可以分为命题演讲、即兴演讲、论辩演讲三类

1.命题演讲

命题演讲是指教师根据他人拟定的题目或演讲范围,经准备后所作的演讲。命题演讲的主题十分鲜明、针对性强、内容稳定、结构完整。根据演讲题目设置的宽限范围,命题演讲又可分为全命题演讲和半命题演讲。

全命题演讲是根据主办单位或邀请单位事先确定的题目进行的演讲。这种演讲的主题与内容都比较严格。如某学校举行的以《青春献教育,爱心铸年华》为题目的演讲,主题单一明确。半命题演讲指演讲者根据演讲活动组织单位限定的范围,自己拟题进行的演讲。如某学校组织教师演讲,围绕"爱岗敬业"的主题展开,具体题目由教师自己确定。这就给教师一定的发挥空间,扩宽演讲的思维,不必把自己限制在已定的框架内。

2.即兴演讲

即兴演讲是在教师毫无准备的情况下,结合当时所处的具体场合、听众的特点、演讲的事物,临时起兴发表的演讲。即兴演讲通常是篇幅短小,有感而发,要求演讲者能迅速结合主题组织自己的语言,简练的发表自己的主张。如在一次主题班会上,教师联想到同学们平日里相处时出现的摩擦,有感而发进行的演讲。即兴演讲相对于命题演讲来说,对演讲者的要求要高一些,不仅要有丰富的材料积累,而且思维也要相当流畅,这样才能在短时间之内完成演讲。通常情况下,祝辞、贺词、吊唁、答谢等发表的演讲都是即兴演讲。

3.论辩演讲

论辩又称辩论,是演讲者常见的一种形式。论辩演讲是指观点对立的双方各自站在自己的角度,用一定的理由来作论据,指出对方命题的谬误,不断反驳对方的演讲过程。论辩演讲被称作口才的精华之处,双方在论辩的过程中针锋相对,迅速抓住对方的漏洞大做文章,使对方无法反驳。

在论辩演讲中,教师需要概念明确,判断准确,语言组织合理,这都将直接影响辩论的效果。同时,在论辩演讲中对立性表现得也十分明显,论辩的双方观点截然不同,彼此针锋相对还不退让。例如,在学校中经常可以看到在教职工中举行的辩论会,辩论的双方各持相反的观点,尽其所能收集论据驳倒对方观点,使自己的论点占主导地位。教师的辩论式演讲不单单在论辩,同时还担当着学生论辩演讲的示范者,这在一定程度上对教师提出了更高的要求。

"无论是命题演讲还是即兴演讲,都是教师语言风格的表现手段之一，是教师先进的教育思想、丰厚的知识积淀、娴熟的教育能力和高超的语言艺术的完美结合。”①教师的演讲并非一朝一夕间练就，这是长期积累的结果，又是教学与演讲活动相互促进的过程。通过教师的演讲活动，在传达教育思想的同时提升着教师的语言艺术能力，促进教师交际能力的提高。

（二）按演讲的功能划分，主要分为知照性演讲、说服性演讲、娱乐性演讲等

不同类型的演讲有不同的功能，虽然说一次演讲可能兼多重不同的作用，具有综合性，但是在一次演讲中必然有一种主导功能占据主要作用。因此，我们作如下划分。

1.知照性演讲

知照性演讲主要是教师通过演讲来传达信息、阐明事理。这类演讲类似于说明文，要求语言准确、富有知识性。在演讲中教师详细阐述某一事物的特点，需要注意的事项及在学习生活中如何运用等。这类演讲经常发生在新学期开始时或是举办家长会时，达到全面宣传介绍某一事物的作用。

2.说服性演讲

说服性演讲，主要目的是使人信赖、相信。它的特点是观点独到、正确，论据翔实、确凿，论证合理、严密，通过演讲达到最终使人信服的目的。在演讲前需要充分地准备，创设引人入胜的情境，最终使听众心悦诚服。例如，在纠正学生思维偏差时经常采用这种演讲，通过摆事实、举例子，告知不良影响等环节，使广大学生最终信服。

3.娱乐性演讲

娱乐性演讲，是一种以活跃气氛、调节情绪，使人快乐为主要功能的演讲，多以幽默、笑话或调侃为材料，一般常出现在喜庆的场合。它的特点是材料幽默，语言诙谐。例如，毕业晚会上教师通常会致辞，语言幽默、欢快，很能带动晚会的氛围，使大家积极参与到活动中来。

---

① 刘启珍.浅论演讲与教师演讲艺术[J].青海师范大学学报：哲学社会科学版，2009(1).

(三)按演讲的内容划分,主要分为学术类演讲、教学类演讲、教育类演讲

1.学术类

教师作为掌握教学技能的专业人才,常常要进行学术演讲。学术演讲是指针对某类专门的知识、领域而发表的系统演说。专题讲座、学术报告、学术评论等都是学术演讲常见的形式。“学术”离不开科学性与严密性,因此在学术演讲中,需要尊重科研成果的客观性与规律性,注意论证的严密性,这样才能通过演讲来传达自己的学术主张。

2.教学类

教学类演讲是教师演讲的主要形式,它不同于一般社会场合的演讲。教师的中心任务是教学,在教学演讲中,教师在特定的场合下,面对特定的教学对象,根据特定的教学内容达到特定的教学目的。具体来说,教学演讲是指教师在教学过程中为了促进学生掌握知识、提高德育水平等,恰当的结合教学内容而进行的演讲。

3.教育类

教师以教书育人为己任,在社会生活中教师的语言与行为都被当做表率。为了更好地发挥教师的榜样作用,教师通常需要就人生观、精神建设等方面的问题发表演讲,进行思想道德的宣传。例如,有的学校组织教师围绕“社会主义核心价值体系”而进行的演讲,以核心价值来提升道德水平,共建和谐社会。因此,教育演讲具有强烈的教育、启示的效果。

三、教师演讲艺术运用的技巧

(一)综合运用多种方法,升华演讲主题

演讲的主题最能体现演讲者的思想价值和审美品位,使演讲具有深刻感人的艺术魅力。演讲主题通常由典型、充分的材料表现出来,教师演讲前需要及时对材料的本质内涵加以分析、概括、提炼、延伸,综合运用多种方法,升华主题。

1.善于取舍材料,让演讲主题更加鲜明

《演讲与口才》杂志上刊登过一篇文章,其内容便是指引演讲者在演讲之前需要对材料进行加工,以便凸显演讲的主题。①

这是一篇关于“战胜挫折”的演讲稿,起初收集的材料是这样的:

1992年,一艘从中国出发前往美国的货轮在航行中,不幸遭遇强烈风暴,船上一只装有2万多只塑料玩具鸭的集装箱坠入大海并摔裂。从此,一支庞大的“鸭子舰队”,开始了长达16年之久的海上漂泊“征程”。如今,不少“鸭子”已经抵达英国西海岸。

据报道,海洋学家克提斯·艾贝斯梅耶十几年来从未间断过对这些玩具鸭的追踪。在追踪的过程中,玩具鸭在海上漂流的过程为海洋学家更多地了解洋流提供了绝好的帮助,克提斯·艾贝斯梅耶依靠这些漂流的玩具鸭做出了很多研究成果。同时,这支“鸭子舰队”已在全世界引发了一场“鸭子热”。很多海洋爱好者、游客、记者自发组成“追鸭族”,纷纷前去观赏、争抢和报道这些著名的“鸭子”。更令人意外的是,在收藏家手中,每只鸭子的价格已经炒至1 000英镑!

这个材料读来有趣,但却不能鲜明地表现主题,原因就在于对材料的取舍上把握得不够。同一个材料,选取不同的角度,可以服务不同的主题。在确立主题后,需要对材料中与主题相关的部分进行深加工,而要对材料中那些与此主题关系不大的部分进行淡化处理。作者提炼的主题是“直面挫折”,材料中克提斯·艾贝斯梅追踪鸭子的这部分,与此时的主题关系不大,完全可以省略。作者通过对材料进行了一番精雕细琢,改成:

1992年,一艘从中国出发前往美国的货轮在航行中,不幸遭遇强烈风暴,船上一只装有2万多只塑料玩具鸭的集装箱坠入大海并摔裂。从此,一支庞大的“鸭子舰队”,开始了长达16年之久

① 杨重庭.善于取舍材料,让主题更鲜明[J]. 演讲与口才,2012(10).

的海上漂泊“征程”。整个“鸭子舰队”被暴风和洋流分成了好几批,它们一路上经历了无数次风吹浪打,可谓历尽艰辛。比如一些玩具鸭曾在经过白令海峡时“搁浅”;有一些被吹到了北冰洋后,它们都变成了“冻鸭”,只能以每天1.6公里的速度在冰天雪地中缓缓前行。当浮冰开始解冻后,这些鸭子终于解脱,得以继续“探险”历程。如今,不少“鸭子”已经抵达英国西海岸。

然而,这支“鸭子舰队”的“传奇经历”,已在全世界引发了一场“鸭子热”。很多海洋爱好者、游客、记者自发组成“追鸭族”,纷纷前去观赏和报道这些著名的“鸭子”。每当“鸭子舰队”即将抵达某个海岸时,“追鸭族”们就会疯狂地涌向海滩,争抢这些“著名”的鸭子。此外,令人意外的是,在收藏家手中,每只鸭子的价格已经炒至1 000英镑!更有趣的是,这批玩具鸭的传奇故事还被改编成两本儿童书籍。玩具鸭的这些经历被写入书中,以另一种方式为孩子们带来欢乐。

朋友们,由玩具鸭的传奇经历,我们可以看出,这些玩具鸭之所以价值倍增,正因为它们历经艰险和磨难。朋友,我们人生中的挫折与磨难,也会让我们的人生价值倍增……

作者在这篇文章中写道,在确立主题后,要像雕塑师雕刻作品那样,对材料中和自己的角度、观点相关的部分进行精雕细琢,要把与主题不相关的、联系不紧的去掉,材料详略得当,就能更切旨,主题就能更鲜明了。这样,演讲才能成功。

2.对材料由此及彼的引申

在演讲中,有时也可以以某一典型事件或自然现象作触发点和媒介来加以引申,联系到另一类相关事物和事理,以此来升华演讲的主题。这种由此及彼引申的升华主题的技巧,通过形象化的渲染,可以启迪听众的智慧和洞察力,创设充满哲理的境界和氛围。例如,一位在中国某医学院任职的美籍教师对学生演讲时,他先讲了一则小故事:在暴风雨后的一个早晨,一个男人在海边散步,沙滩上有许多被昨夜暴风雨卷上岸的小鱼被困在浅水洼里。忽然,他看到一个小男孩正在捡起水洼里的小鱼,并且用力把它们扔回大海。这个男人问道:“孩子,这水洼里有几百几千条小鱼,你救不过来的。”“我知道。”小孩头也不抬地回答。“哦?那你为什么还在扔?谁在乎呢?”小男孩边扔小鱼边回答:“这条小鱼在乎!这条,还有这条……”教师讲完了这则小故事,满怀深情地说道:“今天,你们在这里开始大学生活。你们每一个人都将在这里学会如何去拯救生命。虽然你们救不了全世界的人,救不了全中国的人,甚至救不了一个省一个市的人,但是,你还是可以救一些人,你们可以减轻他们的痛苦。因为你们的存在,他们的生活从此有所不同——你们可以使他们的生活变得更加美好。这是你们能够并且一定会做得到的。”

这位美籍教师在演讲中对一个富有哲理意味的小故事进行了由此及彼的引申,形象地阐发了医学院学生应树立高尚的职业道德,升华了演讲的主题,使演讲具有一种强烈地感召力。

升华主题,不仅可以使演讲掀起一次次波澜跌宕的高潮,而且使演讲者与听众之间形成时起时伏的和谐呼应、感情共振,增强演讲的感召力、鼓动性和艺术魅力。

(二)恰当引入幽默元素,增强演讲的生动性

著名的教育家斯维特洛夫指出:教育家最主要的,也是第一位助手是幽默。可见每个教师都应具备一样必不可少的东西——幽默感。同样,在演讲中,教师适当地加入幽默元素,可以让听众在笑声中思想得到启迪,灵魂得到净化。

对于教师演讲来说,表现幽默的具体办法有很多。形象比喻、巧用反语、古词今用、成语变用、有意曲解、巧妙借用、巧借歇后语、一语双关、借题发挥等,几乎任何一种幽默方法,都可以用于演讲中,并达到幽默的效果[①]。

《演讲与口才》杂志曾刊登一文,讲述了著名特级教师于永正巧妙地运用幽默艺术来活跃课堂氛围的故事。

特级教师于永正的课堂语言是丰富多彩的,但是给人印象

① 赵燕.教学演讲的幽默艺术[J].基础教育课程,2006(4).

较深的则是他在教《小稻秧脱险记》时的“幽默之言”:课文中写到杂草被农夫用除草剂喷洒过后说:“完了,我们都喘不过气来了。”有一名学生朗读这句话的声音非常洪亮。于老师笑了笑说:“要么是你的抗药性强,要么这除草剂是假冒伪劣商品,来,我再给你喷洒一点。”说完,于老师就朝那位学生做了个喷洒农药的动作,同学们和听课教师都笑了,该同学也会意地耷拉着脑袋有气无力地又读了一遍,这次读出了效果。

于永正老师没有直白地指出这名学生朗读中存在的问题,而是用幽默的话语,说稻秧“抗药性强”或者“除草剂是假冒伪劣商品”,间接地指出这名学生读得不对,不符合情境,让学生明白了此时的杂草应该是“耷拉着脑袋有气无力”的样子,于是在第二次朗读中改正了错误。于老师这番幽默话,既让学生明白了自己的错误,又不至于打击他们的自尊心,还活跃了课堂气氛,可谓一举三得。①

林语堂是我国著名的文学家,被称为“幽默大师”,他的演讲常常妙语连珠、妙趣横生,在讲坛上留下了许多佳话。

林语堂演讲,常有一些令人捧腹的妙语,这些语言可以使演讲过程气氛热烈、笑声不断,从其幽默的语言中,我们可以看出林语堂的机敏与睿智。

一次,他应邀参加一所学校的毕业典礼,在他面前有不少人做演讲,都讲得冗长乏味,轮到他演讲时,时间已过正午,学生们已经不太耐烦了。林语堂走上讲台,开口就说:“绅士的演讲,应该像女孩子穿的裙子一样,愈短愈好!”此言一出,全场哄堂大笑,听众们精神为之一振。林语堂的这句幽默语,对那些“懒婆娘的裹脚布”似的演讲,提出了中肯的批评,紧紧抓住了听众的心理。这句话就成为演讲界知名度极高的名言,广为流传,至今

① 赵广才. 巧言调气氛,妙语展魅力[J]. 演讲与口才,2012(2).

不衰。[1]

林语堂的演讲,不仅语言幽默、故事幽默,而且体态语言也特别风趣,创意独特。他从不正襟危坐,他喜欢在讲台上踱来踱去侃侃而谈,有时会走到听众中间与大家直接对话。有一次到东吴大学法学院讲课,登上讲台后不慌不忙地打开皮包,里面竟是一包带壳的花生。他把花生分送给学生享用。他就从吃花生讲起:"吃花生必吃带壳的,一切味道与风趣,全在剥壳。剥壳越有劲,花生越有味道。""花生米又叫长生果。诸君请吃我的长生果,祝诸君长生不老!我讲课从不点名,诸位吃了长生果多长记性,不要逃学,则幸甚!幸甚!"全场活跃,热烈鼓掌。

一段即兴的演讲,不仅拉近了教师与学生的距离,而且把新学期美好的祝愿与要求融汇其中,取得了多重效果。

(三)抓住听众心理,巧妙激发兴趣

在演讲活动中,听众对演讲信息有着自己独特的心理需要。一般地说,如果听众对演讲内容有极大兴趣,便会采取积极、热情的合作态度;反之,则会采取冷漠甚至排斥的态度,演讲就不会成功。因此,只有那些了解听众的心理需求,善于激发听众的兴趣的演讲,才能使听众融入演讲过程中,达到事半功倍的效果。

教师演讲时的听众很多时候是学生,因此,教师要善于运用心理学知识,从学生的兴趣入手,抓住学生的心理,唤起学生的共鸣,才能取得最佳的演讲效果。

在这方面,易中天不愧是高手,他巧借歌词讲美学,从学生的兴趣入手,引其入胜,通过教学演讲使学生在欢快的气氛中完成知识的学习。

年轻人大都喜爱唱歌,特别是有关爱情的歌曲。易中天就经常在课堂上借用歌词来讲授美学理论。在讲述"艺术是情感的传达,而情感的传达必须通过和借助于一个中介"这个知识点时,易中天说:"有一首歌,叫做《草原之夜》,大家都会唱吧?'美

①肖莉,栾永祖.林语堂.幽默大师的讲坛佳话[J].演讲与口才,2006(12).

丽的夜色多沉静,草原上只留下我的琴声。想给远方的姑娘写封信,可惜没有邮递员来传情'。你看,这个'中介'很重要吧?中介,就是情感传达的'邮递员'。没有这个'中介',没有这个'邮递员',你的情感就不能传达到'远方的姑娘'那里,草原上可就只留下你的琴声了。(哄堂大笑)(同学举手)什么问题?(同学说:我认为他的情感已经得到了传达,因为他的这首歌引起了我们的共鸣)说得对!这个没有'邮递员'的人为自己找了一个'邮递员',就是这首歌。这是一个不是'邮递员'的'邮递员'。他的情感正是通过这首歌传达的。传没传达到'远方的姑娘'我不知道,但至少传达到我们这里了。"(大笑)①

美学理论是比较抽象难懂的,如果教师照本宣科,不顾学生的感受,空谈理论,就会使学生失去听课的兴趣。而易中天借用《草原之夜》的歌词,来具体说明情感是必须借助于中介传达的,把抽象枯燥的道理讲得透彻明白,妙趣横生,让学生在开怀畅笑中掌握了知识。

小　结

专题对话、演讲在教师的交际语言运用中占据着重要地位。随着时代的发展,随着网络的普及,学校同社会之间,老师与学生之间的关系越来越密切,交流的渠道越来越多样化,感兴趣的话题也越来越多。面对信息社会的新变化,教师应加强和提高自身专题对话和演讲的能力,以适应当今时代教育教学的新需要,满足日益变化成长中的学生的新需求。

思考题

[1]专题对话中你是如何运用倾听技巧的?请说说你的做法。

[2]你做过哪种类型的演讲?结合实例谈谈你对演讲的认识。

[3]如何提高自己的专题对话和演讲水平?

①宋成剑.易中天巧借歌词讲美学[J].演讲与口才,2012(2).

参考文献

[1]沈祥和.言语得体——语文教师的语言修养[M].南宁:广西人民出版社,2006.

[2]斯霞.我的教学之路[M].上海:上海教育出版社,1982.

[3]赵江.论教学演讲的特点[J].天中学刊,2000(8).

[4]李新省,刘正刚.浅议教师职业演讲的特殊性[J].科技信息:学术研究,2007(23).

[5]刘启珍.浅论演讲与教师演讲艺术[J].青海师范大学学报:哲学社会科学版,2009(1).

[6]杨重庭.善于取舍材料,让主题更鲜明[J].演讲与口才,2012(10).

[7]赵燕.教学演讲的幽默艺术[J].基础教育课程,2006(4).

[8]赵广才.巧言调气氛妙语展魅力[J].演讲与口才,2012(2).

[9]肖莉,栾永祖.林语堂:幽默大师的讲坛佳话[J].演讲与口才,2006(12).

[10]宋成剑.易中天巧借歌词讲美学[J].演讲与口才,2012(2).

[11]王铁军.名校长名教师集体性个案研究[M].南京:江苏人民出版社,2005.

[12]傅春丹.案例式演讲与口才[M].广州:广东高等教育出版社,2005年8月.

[13]刘良华.倾听语文教学——与广州市星海中学语文教师对话[J].学科教育,2003(1).

[14]刘渝庆.敬业乐教博采精进——与青年教师就“如何当好语文老师”一席谈话[J].文教资料,2006(4).

进一步阅读文献

[1]陈兆奎.演讲的气势美[J].演讲与口才,1995(2).

[2]董克林.演讲开场的言语艺术[J].商丘职业技术学院学报,2004(5).

[3]李进成.教师怎样说话才有效[M].北京:中国轻工业出版社,2012.

[4]李燕杰.演讲美学[M].上海:上海人民出版社,1985.

[5]刘德强.中外演讲名篇赏析[M].上海:上海百家出版社,1990.

[6]刘薇.演讲的抒情艺术[J].曲靖师范学院学报,2004(4).

[7]彭明权.演讲的真实与朗诵的真实[J].西安文理学院学报:社会科学版,2010(3).

[8]孙喜贵.谈演讲的风格[J].吉林师范学院学报:哲学社会科学版,1994(2).

[9]邵天声,战晓书.名人论演讲[M].延吉:延边大学出版社,1988.

[10]邵守义.实用演讲学[M].北京:中国青年出版社,1985.

[11]万一平.演讲成功的基本规律初探[J].贵州师范大学学报:社会科学版,2001(3).

[12]杨高潮,刘德强.演讲艺术[M].杭州:浙江人民出版社,1985.

[13]杨习良.教学演讲学[M].哈尔滨:东北林业大学出版社,1987.

[14]张惠芹.教学演讲学[D].北京:北京外国语大学,2001.

[15]张锐,朱家珏.教师的课外演讲[J].渤海学刊,1993(4).

第十章　优秀教师体态语言艺术运用

语言,除了口头语言、书面语言之外,还有一种特殊的语言——体态语言(简称体势语)。将体态语言作为一个独立问题进行专门的研究,为时不久,但是,人们对于它的作用和重要性则早已有了认识,俗话说的“出门看天色,进门看脸色”,“热情的态度胜过山珍海味、美酒佳肴”,就反映了人们对体态语言的重视。体态语言是指人们在社会交往中,通过表情、姿态、手势等身体动作来发出某种信息,以达到交流思想、情感和意向的目的。在面对面的信息交流中,体态语言的作用和重要性并不亚于甚至会超过口头语言,所以,人们常说“听其言,还要察其颜、观其色。”心理学家奥尔波特·梅热比认为,人们对他人的理解,百分之五十五来自表情,百分之三十来自语调,只有百分之十五来自语言及其他方面。这个百分比不一定精确,但它肯定了体态语言的重要性。

在现实生活中,不仅仅目光、表情、手势可以传递信息,甚至人物的容貌本身也可以传递出丰富的信息。这些在人际交往中传递特定信息、交流思想情感的眼神、表情、手势等体态,就是人类除言语行为之外的另一个重要的信息传递渠道。人们从事各式各样的工作,在与人交流中都会或多或少使用体态语言。教师体态语言相对于其他行业从业者的体态语来说,有着很大的区别。

第一节　教师体态语言概说

体态语又称“肢体语言”,是用身体动作来表达情感、交流信息、说明意向的沟通手段,包括姿态、手势、面部表情和其他非语言手段,如点头、摇头、挥手、瞪眼等。它被视作由人的面部表情、身体姿势、肢体动作和体位变化而构成的一个图像符号系统，常被认为是辨别说话人内心世界的主要根据，是人们在长期的交际中形成的一种约定俗成的自然符号。所以又与文化背景有一定关系。体态语是一种特殊的非语言的视觉符号系统。体态语虽然以“语”来表征，但它和人类的有声语言的符号体系有着很大的不同。有声语言诉诸人们的听觉，体态语则诉诸人们的视觉。体态语是一种符号系统，符号是形式与内容的统一体。而这种统一又是人们在长期的语言交际或体态交际中约定俗成的。所谓约定俗成，就是某种体态动作表达某种意义是大家都承认的，获得了大多数社会成员的认可。作为一种视觉符号系统，体态语通过人们的视觉传递、生成信息，一系列动作符号构成了体态语的视觉系统。下面我们就从教师体态语言特点、作用和类型等三个方面来更深入认识教师体态语言的内涵。

一、教师体态语言特点

体态语言是人类交流思想、传递情感的一个工具，和书面语、口头语有着本质的区别。教师体态语言与一般群体的体态语言之间有密切的联系，又有着很大的区别.

（一）目的性

体态语言是客观存在的，它能直接独立地传输信息，教师在使用这些体态语言的时候并不是随意为之，而是有着很强的目的性。在与学生的交际中，教师的一举一动，一个微笑一个眼神，总是在向学生传达着某种信息，而不是随意使用。教师在教学过程中，总是要根据教学需要来加以控制使用一定的体态语言，不能随便的通过体态语来表达感情、传递信息。教师表扬一个学生时，应采取温和亲近的语言和姿态。当老师想批评一个学生的时候，当然也不会面带喜色、兴高采烈的。教师所运用的一些体态语言，总是为了能合理地向学生传达他想要表达的情感，他不会随意使用一些无关紧要的体态语来和学生进行交流，毫无目的性的体态语言不仅不会达到理想的效果，相反还会产生一些不好的作用。

(二)辅助性

体态语言是课堂教学的重要组成部分,任何教学内容的传授和师生之间的交流,都不可能由单一的语言形式进行,它总是通过灵活多样的体态语言来辅助完成。教学是人类一种特殊的交流沟通方式,在教学过程中,正是通过教师的抑扬顿挫、行云流水般的有声语言和各种体态语言的有机结合,将科学的内容和知识传授于学生。我们知道,教师讲课,不可能一分一秒都不停歇,这里所说的"顿",正是有声语言在讲授中的暂停与中断,此时有声语言的暂停和中断,并不意味着教学过程和师生间的交流中断与暂停,而此时教师和学生的体态语言、如学生的眼神、表情,教师的动作、手势等仍在继续进行。这里体态语言弥补了有声语言的局限与间隙,甚至部分或全部替代了有声语言的功能。二者互为补充,相辅相成,既保证了教学的顺利进行,又使教学内容得到完整的反映。

没有一个人能够全部用体态语言来表情达意。体态语只是支持、辅助有声语言,加强有声语言的力度,增强有声语言的效果。换句话说,体态语言经常是伴随有声语言而起作用的。有人说,我们永远无法从印在纸上的演说词来认识一个演说家是为什么成功的。有时印在纸上的演说词可能是平淡无奇的,但演说时却得到很大的成功。他的演说并不全是他口中说出的语言,实际上包括他展现在听众面前的整个体态,包括他说话时的声调、手势、面部表情等。而体态语言的这一特点也常体现在班主任工作及其他各科教师的教学教育活动中。

(三)选择性

教师体态语言的使用首先是基于提高讲课效果、提高教学效率这一基础之上的,为了达到这一目的,教师在使用具体的体态语言的时候,往往是经过精心设计和有意安排的。不同课程、不同课文、不同教学情境下,教师会有意选择不同的体态语言,这种选择往往是根据实际情况在教师教学设计中提前有了预设。

教师在教学中不能没有选择地随意使用体态语言,教师应当选择能有效提高教学效果的体态语。教学中选择体态语是一个教师的基本功,需要在学习和实践中不断锻炼。只有选择合适的体态语,教师在教学效率上才能有事半功倍的效果,才能成为一个合格的教学能手。

(四)示范性

教师的体态语言的另一重要特点是它的示范性,这一点是教师职业特点所决定的。所谓学高为师,身正为范讲的就是这个道理。教师往讲台前一站,几十双眼睛便紧紧盯住了你。这时候教师就成了讲台的主角,学生不仅仅在看你,而且在赏析你,在赏析之后,学生对你会做出评价,或认可,或反感。无论是衣着打扮,还是一颦一笑,教师都在学生的关注视线之内。由于这一职业特点,所以教师必须注意自己的体态语言的示范性。有些教师在这方面不太注意,上课时,有时手挖鼻孔,有时伸手挠痒,有的斜靠讲台等,这些不良的体态语言,不但会引起学生的反感,还会降低教学教育效果。

(五)形象性

体态语言在教学中与有声语言相比更加直观形象。它直接刺激学生的视觉器官,将生动逼真的表情动作呈现在学生面前,而不像有声语言在刺激学生的听觉器官之后,还必须通过学生的一系列心理活动,如理解、想象才能转换为脑海中的实体意义的形象。因此,体态语言在情境教学中,更能有效地传递信息。讲授一节课,不只是包括教师用理论在那里讲"我们应该怎样做",更重要的是,要通过教师的具体示范或演示,让学生清楚看到"怎样去做"或"就这样去做"。正如一位体育老师教学篮球,我们不仅要听他讲授有关篮球的专业理论知识,还要看他运球、过人、上篮的动作是否标准、规范、协调、优美,这才是一节完整的课。

二、教师体态语言作用

(一)有助于完成教学任务,提高教学效率

有组织性的教学是课堂管理的一个基本要求,能为课堂创造良好的教学环境。有经验的教师在教学过程中虽然话语不多,却能把学生组织管理得井然有序，从而保证教学工作的有效进行。而有的教师在课堂教学时，尽管语多声大，学生却不予理会，课堂纪律不佳。究其原因，自然涉及教师的管理方法、教学威信与师生感情等诸多因素，但有一个重要因素却是不可忽视的，那就是教师的体态语言在课堂管理中发挥作用的差异。

教师在课堂教学中娴熟、正确地掌握运用体态语言，充分发挥它的功能，可以弥补口头语言的不足，从而更好地突出重点、难点。尤其对一些难以用语言表述清楚的动作和感情，通过教师的体态语言能较好地表现出来，对学生具有启发思维、促进理解的作用，从而突出了对问题的讲授。另一方面，教师通过注意观察学生体态语言的反馈信息，可以及时发现问题所在，调控教学进程。学生的体态语言是学生对教师教学情况进行反馈，以期待引起教师注意的巧妙手段。教师只有注意了解学生在教学过程中的体态语言的反馈信息，才能有效发挥老师体态语言在教学中的作用，从而调控教学进程。

（二）有助于学生理解课文，提高学习兴趣

教师通过自己的表情、姿势、行为向学生传递信息或提出问题，引导学生对所学知识进行积极思考，对于必须掌握的内容，学生可以通过教师的体态语言获得知识信息，这比其他教学手段更直观、形象，更容易留下深刻印象。教师的体态语言可以辅助教师解释部分教学内容，促进学生对所讲授内容的理解和体会。

教师的体态语言把学生的视觉和听觉有机地结合起来，用视听两个方面的刺激作用于学生的感觉，增加学生接收的信息量。教师体态语言表达的信息，一般具有很强的形象性和直观性，学生在听老师讲授的过程中，会有一个直观的理解，一些知识点和重难点更便于学生理解、接受。实践证明，自觉地、正确地运用表情变化来传递信息，有时会达到预想不到的效果。所以教师在课堂教学中运用体态语言，发出不同的信息符号，可以调动学生学习的积极性，帮助学生建立科学的学习观。

（三）活跃课堂气氛，师生之间交往更亲近

在课堂教学中，经常有教师向学生提问或者有学生向教师发出质

疑。在教师提出问题后,有的学生处在想说不敢说的境地,教师如果用手往上轻轻一招,或冲他一抬脸,那位学生就会大胆站起来。如果教师能够带着善意、真诚的微笑答疑或纠正学生的回答,这无疑会给学生以鼓舞和安慰,必然会增进师生之间的了解和情感。当一个学生在接受教育的过程中,观察和体验到教师对自己无微不至的关怀和谆谆教导完全是为了自己健康成长,就会由尊敬老师到对老师产生感情,并转化为乐意听从和接受老师讲的道理,努力把老师的要求化为自己的行动。由此可见,良好的体态语言的运用可以增进师生感情,提高师生配合程度,从而促使课堂效率的提高。

课堂上师生之间的情感交流是创造和谐的课堂气氛和良好智力环境的重要因素。在师生情感交流中,教师的表情对激发学生的情感有特殊的作用。学生可以从教师的微笑里感受到关心、爱护、理解和友谊。同时教师的情感也会激发学生相应的情感,他们会爱老师,又会从爱老师进而延伸到爱听老师的课,欣然接受老师的要求和教育,从而提高教学效果。实践证明,体态语言的表达有助于情感功能的发挥,对融洽师生关系、缩短心理距离、创造良好的学习环境,充分发挥学生学习的积极性和主动性,具有重要作用。

三、教师体态语言类型

关于教师体态语言的分类,目前还没有一个统一的标准,大概有以下几个角度。

从体态语言的形式上来看,教师体态语言可分为静止体态和活动体态;简单体态和复合体态;徒体体态和凭物体态。静止体态和活动体态是依据人体活动单元的动与静来划分的,简单体态和复合体态是根据体态的复杂程度来划分的,徒体体态和凭物体态是根据体态交际中凭借物体与否来划分的①。

从体态语言的效果上来看,教师体态语言可分为积极体态语、消极体态语、无意义体态语。

从体态语言的活动单元所在的人体部位,可以将教师体态语言分为:

①蒋同林,崔达送.教师语言纲要[M].北京:华语教学出版社,2001.

①头部体态语,头部是人表情达意的最丰富最细致的部分。眼睛、嘴、眉毛都集中于头部,其中面部表情和眼神的体态语言最为丰富。②肢体体态语,分为上肢和下肢两个部分,包括拇指体态语,食指体态语,手掌体态语,双臂体态语和腿部体态语及脚部体态语。③躯体体态语,这部分的活动性很弱,主要有挺胸、含胸、拧身等少数几个体态语言。

依据美国体态语言专家保罗·埃克曼和弗里森关于体态语言的分类理论,有专家将体态语分为教师的象征性体态语、教师的说明性体态语、教师的表露性体态语、教师的空间语言和教师的副体态语。本章第三节阐述优秀教师体态语言运用时,将按照这一分类作具体展开。

第二节 教师体态语言运用原则

体态语在教学中的作用是不容忽视的,教师运用体态语言要注意方式方法,明确教师体态语言的运用原则对教学活动有重要的指导作用。教师体态语言运用原则是教师用好体态语言的理论性概括,遵守科学的运用原则,教师的体态语言才能发挥其应有的效果和魅力。

一、辅助性原则

教师体态语作为一种重要的交际方式,在辅助教师进行课堂教学方面有着重要作用。课堂交流是言语性与非言语性的结合,教师体态语言作为课堂非语言性的交流手段,对课堂教学的帮助作用是不可缺少的。因此,只有将体态语融入课堂教学中去,才能有效增强言语性语言的传递效果,促进课堂教学的完美性。课堂教学是教师和学生之间信息交流的统一互动过程。课堂上,学生主要是通过耳和眼这两个视觉系统来获取信息,学到知识的。课堂上,教师如果不能在向学生传达言语信息的同时,适时地传递体态语信息,在一定程度上就关闭了学生视觉系统,学生只能单纯地依靠听觉系统来获取信息,其获得的信息量无疑会大大减少。如果教师在向学生传递言语信息的同时伴随适当的体态语,以姿势助说话,就能把学生带进一个相互衬托的气氛中,引起学生视觉和听觉上的共鸣,产生直观的印象,使教学内容形象生动地再现在脑海中。如在课文《听潮》中有这样一段,“大海上一片静寂。在我们的脚下,波浪轻轻吻着岩石,像朦胧欲睡似的”。教师在阐释“吻”的用字效果时,用手指做出一个吻的动作,然后又用手掌做出一个拍打的动作,引导学生体会“打”与“吻”的区别,在形象的演示中,学生很容易就能理解“吻”字的妙处。

口头语言与体态语言的结合使用,体态语言为口头语言服务,二者的结合相得益彰,使得课文教学既便于理解又生动活泼。如教学《枫桥夜泊》时,教师可以用右手手掌自然张开,掌心向下,手平移并轻轻点动以显现“月落乌啼”之状,然后划一弧形表示霜满天的景致;读到“夜半钟声到客船”时,可以用手靠近耳朵,做出听钟声的状态。朗诵和动作结合不仅形象生动,而且对学生有很强的感染力。体态语言是课堂教学中的一个重要的辅助手段,它能在一定情境下向学生有效地传达信息,与课堂教学有效配合,更好地为课堂教学服务。

二、适宜性原则

教学要面对具有不同特点的学生,身心发展的差异性要求我们对学生采取不同的、适合每个学生需求的体态语言,除此之外,不同的课文、教学情境等因素也要求我们要注意采取适宜的体态语言。教学中体态语的运用是为了使教育对象更好地掌握知识,一方面教师在体态语的选择、表达和使用方法上要考虑受教育者的实际情况。年龄小的学生,对生动形象的体态语易于接受,体态语就应具体、明朗、亲切;年龄较大的学生,抽象思维能力不断发展,追求对事物的理性把握,教学体态语应深刻具有启发性、感染性。如果脱离了学生实际,使用含义模糊、过分夸张的体态语,既违反了教学规律,也与教学艺术无缘。另一方面,体态语运用要考虑到具体的教学内容。文科教师的体态语要注意形象性和情感性,理科教师的体态语应注意层次感和准确性。同时课堂上教学体态语的运用也不宜过于频繁,动作也不宜太多,否则给人一种故弄玄虚之感。只有教学体态语符合教学对象和内容的要求,才能起到促进受教育者的进步,实现教学目标的作用。体态语在使用中的范围、频率、大小要适当,不可随便滥用,要宁缺毋滥。课堂上,教师千万不可盲目使用手势、表情等体态语,那只能给人以牵强附会之感,这样不但起不到好的效果,还会损害教师的形象。

体态语一定要和教学所传递的思想相一致，做到亲切自然、庄重大方，使学生看到表里如一的美好真实形象。例如，一位特级教师在上《背影》的时候，请学生快速找出课文中第六小节描写父亲动作的词。（他用两手攀着上面，两脚再向上缩；他肥胖的身子向左微倾，显出努力的样子，这时我看到他的背影。）学生找到并指出“攀”是手的动作，“缩”是腿的动作，“倾”是身体的动作。教师进一步追问三个动词连用又说明了什么。为了增加直观效果，只见她慢慢地转过身去，双手攀着活动黑板的上沿，一条腿慢慢地向上缩，她那胖胖的身子向左微倾，显出十分努力的样子。有几位学生笑起来，可当她攀上去的那一刹那，学生们都屏住呼吸，此时此刻，他们已完全理解这三个动词的深刻含义。教师用富有感染力的态势语诠释了这就是爱的背影。可见，教师完全可以通过自然而亲切的体态语传达教学内容的思想和内涵，从而提高课堂教学效率。

三、情感性原则

这一原则要求教师在使用体态语和学生进行交流的时候要真切诚挚。课堂教学中，师生之间的情感交流在很大程度上决定教学效果的好坏。如果教师的讲述充满激情，那么学生就会呈现出一双双渴求知识的眼睛，而学生的这种情感体验反过来又会促进教师更好地进行教学。这样，师生之间在心灵上得以沟通，在情感上产生共鸣。教师的这种情感主要是通过面部表情、手势、身姿等非言语手段体现出来的，因此努力提高教师体态语的表达能力，充分发挥其交流感情的作用，对沟通师生情感、融洽师生关系有着积极意义。

教师体态语是教师进行教学时内在情感的自然流露，其标准在于自然真实，重在由情而发。切不可矫揉造作，而应落落大方。自然展现的体态语可以给学生以真切朴实的感受，它是真与美的统一，他的标准是合情、入理、适时、得体。加里宁认为，对于教师来说，他的一举一动，都处在最严格的监督之下，世界上任何人也没有受着这样严格的监督。孩子们几十双眼睛盯着他，须知天地间再没有什么东西，能比孩子们的眼睛更加精细，更加敏捷，对于人在心理上的各种细微变化更富于敏感的了，再没有任何人像孩子的眼睛那样能捉摸一切最细微的东西。例如，表示愤怒时，先板脸后拍桌子，便显得自然；如果先拍桌子后板脸，就显得做作。教师与学生交流中，教师的真切情感会令学生感动，反过来学生也会给予教师真诚的回应。教师虚情假意、矫揉造作的体态语则会招来学生的厌恶，同时学生也会用一种无动于衷的反应来对待教师的交流行为。

真切、不做作、充满感情的体态语才会更容易打动学生的心灵，引导学生进入课文所描绘的情境中去，并受到感染和教育。

四、美感性原则

体态语和其他教学语言一样，也应有其审美要求，也应是真和美的结合，在促进学生学习知识的同时，给学生以美的享受，这其中自然很重要。体态语的运用应当是随情所致、自然大方，是内容、情感的自然表达，是个性风格的自然流露，给人以落落大方、和谐优美之感。使用情意性态势时要精练、简洁，恰到好处，抵制无益的激情和冲动，力戒粗暴和激怒，避免过多过繁的动作和手势，以免影响整个教学流程。我们每个教师都应切记这些，努力培养高尚的情操，锻炼娴熟的技巧，在课堂上以优美、简洁、准确的态势语言，有目的地来陶冶孩子、感染孩子，促进孩子们健康成长。如教师在讲《美丽的公鸡》一课时，当讲到"油亮脖子金黄脚"的骄傲的大公鸡时，教师可以模拟大公鸡昂首挺胸得意洋洋的走路姿势。当讲到吃害虫的"大肚了青蛙"时，可以模仿青蛙捉害虫时的专注神态，边讲课边配合体态语，老师自然的模仿犹如一段精彩的表演，教师优美的表演不仅吸引了学生的注意力还促进学生将所学内容牢记于心，从而大大提高了课堂教学效率。

教态真实地显示了教师的心灵世界，教师体态语应是自然潇洒、落落大方的，容不得半点虚假做作，否则只能影响教育者课堂形象的塑造。粗俗的体态语缺乏高雅沉稳之感，也难登大雅之堂。在教学过程中，教师要保持体态的美感，就要时刻铭记教师体态语应干净利落，简洁优美，协调一致。

体态语言运用原则是教师教学中使用体态语言的指导和规范性要求，正确使用体态语言离不开原则的指导。除了以上列举的几个使用原则之外,我们在实际教学中还要积极学习其他有益的经验,为我们的教学活动奠定基础。

第三节　优秀教师体态语言艺术运用

教师体态语言可分为多种不同类型,而其艺术运用应当根据不同类型加以区别对待,不能一概而论。下面我们采用依据美国体态语言专家保罗·埃克曼和弗里森关于体态语言的分类理论所作的划分类型,分别就优秀教师的象征性体态语言、说明性体态语言、表露性体态语言、空间语言和副体态语言的艺术运用作进一步的探讨,以期能从中获得更多的认识和启迪。

一、优秀教师象征性体态语言

美国体态语言专家保罗曾说过,教师象征性体态语言可以较长时间地吸引学生的注意力,激发学生对所学内容的兴趣。的确,在教学中,艺术、巧妙、准确地运用教师象征性体态语,可以调动学生学习的积极性,发展学生的想象思维,同时又可以缩短学生与教师之间的距离,使原本枯燥的课堂变得有趣起来。

那么,究竟什么是"教师象征性体态语"呢？所谓教师象征性体态语,是指教师在教育、教学活动中用来传递明确信息,能够为绝大多数学生所理解的,有固定含义的体态语。对于教师象征性体态语,学生都能明确意识到那是教师对他们中某人或集体所发出的标志性动作。而有些体态语(如搓头),学生不会认为那是教师要向他们表示意思,可能会猜测这是教师心情紧张所致,但这仅仅是一种联想和猜测,是学生私下推断出来的。例如,要求学生回答问题,教师提名之后,只要用手一指,无须说话,被指学生便能明白教师正在要求学生回答问题;答问过程中,教师若轻轻摇头,学生则明白可能回答有误而调整答案。上课时学生表现得非常好,教师伸出大拇指,学生就明白了教师正在赞赏自己,诸如此类的动作就是教师象征性体态语。

(一)教师象征性体态语言的特点

教师象征性体态语言作为一种辅助教学手段,具有形象生动的特点,能够帮助学生理解教学内容,能够活跃课堂气氛,能够提高学生的学习情趣和课堂教学质量,它具有以下的特点:

1. 标志性

教师象征性体态语言的标志性就是指这一类型的体态语是约定俗成的,有固定明确的信息含义。这种信息含义在一定程度上具有不可更改性,不论在任何情境中都不可随便作出改变。教师在课堂中出现的一个手势就标志着某种含义。如手心向外,左右轻轻摇摆表示向某人打招呼,表示你好的意思;手心向下压表示请坐下;手放在胸前可能是要介绍自己的某种情况,这些动作都具有标志性,学生一看便能明白其中的含义。如果教师对一些标志性的动作作出更改,如用摇头表示打招呼,点头表示否定的意思,就有可能闹出误会,妨碍教学活动的正常开展。

2. 手势性

教师象征性体态语大多是由手势语构成的,其动作基本围绕着臂膀进行,带有标志性的手势语往往与面部表情连在一起使用。如跷起大拇指对学生表示赞许时,同时脸上还带有微笑,如果没有面部表情的配合,学生就会感觉莫名其妙。手势是体态语的重要组成部分,手势可以在许多情况下反映出人的心理状态。在课堂教学中,准确适度的手势、既可以传递思想,又可以表达感情。手势语可用于表达情感,使之亲切、具体、形象,其渲染作用很大。如在讲解小学语文《小蝌蚪找妈妈》中,小蝌蚪的“游着”“甩着”“迎着”“蹲着”,对于小学生来说,不那么容易理解,若在言语的描述上运用手势将游、甩、迎、蹲形象地表达出来,这样学生就可以更容易了解小蝌蚪找妈妈的过程。

3. 独立性

教师象征性体态语言有很强的独立性,一个动作往往只代表一种特定的含义。如一个微笑,一个眼神,都能传达特定的信息,且为对方所接受。这种独立性表现在教学的各个方面,如:上课铃声响过,教室里闹哄哄的,学生一时很难安静下来,教师可以在很短的时间内环视一遍全班,它所表达的意思是“请大家安静要上课了”,学生则会挺胸抬头,安静下来准备上课。这个环视的动作不能有第二种含义,否则课堂会更加躁动,上课就会受到很大的影响。

象征性体态语,代表着一个特定的意义。除了以上几个特点以外,还有动作性(通过动作来传达信息),复杂性(一个动作可以表达多个意思)等。

(二)教师象征性体态语言艺术运用

象征性体态语言的标志性决定了象征性体态语是无法自己创造的,它的含义是明确固定的,常用的象征性体态语主要有指势语、掌势语、臂势语和头势语。指势、掌势和臂势是手势中的一个部分。手势是指从肩膀到手指各部分的活动,包括肘、腕、指、掌各部分的协同动作。手势使有声语言显得生动、活泼而自然,增强声音的感染力。手势语在人类生活中使用的频率最高,表现力最强。手势表达的含义也相当丰富。教师在课堂教学中能够恰如其分地应用手势,不仅能很好地驾驭教学内容,还能激化学生情感上的共鸣,使学生对教学内容、作者的思想意图有更好地理解,它能使教学语言形象化。手势语作为一门特殊的语言,在教育教学中有着特殊的作用,但是不可以漫无目的地使用。手势应当严格服从教学内容、教学目的的需要,和教学内容保持一致,尽量做到动作准确,优美多样。头势语以面部表情为主,面部表情是最集中表现教师情感的体态语,它是教师通过眼、眉、唇等器官和面部肌肉的活动变化来传递信息的一种形式。当教师课堂表情温和、亲切、平易时,师生间的角色差异给学生造成的心理压力就会减少以至消失。如果教师的面部表情是忧郁哀怒深沉的,学生受其感染,就会感到烦闷不安,听课的情绪也就相应的低落。如果板起面孔来讲课则会使学生感到枯燥无味。下面是节选自于漪老师《七根火柴》课堂实录的一个片段:

师:后面的说话,哪一句——也是嘱托?

生:“好,好同志……你……你把它带给……”

师:对,这一句话是他再一次向卢进勇嘱托。现在我们看第一次嘱托。请同学们认真体会:这第一次嘱托时无名战士的动作——一系列动作上的细节描写,请把表示动作的词语找出来。[学生举手]

生:"抬手"

师:"抬手"。

生:"伸开""拨弄""数"。

师:"伸开""拨弄""数"。还有吗? [学生举手]

生:还有"望"。

师:还有"望"。他说得对吗? [学生点头示意;有的说"对"。]对,从这一连串的动作里,我们可以感到这个嘱托是怎么样的?

生(部分):郑重。

师:对,是极其郑重的。你们看,数火柴的时候,他伸开僵直的手指,小心翼翼地一根根拨弄;数完了,又询问地望了卢进勇一眼。同学们,这些表示动作的词里,哪一个最关键?

生(部分):"数"。

师:"数"。[板书:数]对,我们接着看第二次嘱托——就在卢进勇看他数完火柴,高兴地点点头的时候,一瞬间,一个神奇的现象出现了:本来他的脸色是乌青的、怕人的,现在怎么样了? [指定学生]你说现在怎么样了?

生:"舒展开来"。

师:眼睛本来是死灰般的颜色,现在——

生(集体):"爆发着一种喜悦的光"。

师:本来他的手是哆哆嗦嗦的,手指是僵直的,现在他手的动作怎么样了?

生(集体):"捧起这几枝火柴。"

师:不仅捧起火柴,而且还放到卢进勇手里,连手握在一起!这一节写了神奇的变化,谁来读一读,注意关键的词语。[指定学生]请你读这一节。

生:[朗读第19节]"就在这一瞬间……两眼直直地盯着他的

脸。”

师：好。无名战士他已经是奄奄一息，这一连串的动作，真使人难以想象!请同学们想一想：这神奇的现象表示了无名战士的什么?他的力量是从哪儿来的？[学生举手]

生：来自那个同志对党的赤胆忠心，表示他对革命事业无限热爱。

师：说得好!正因为这样，才出现了这神奇的现象。他这一连串的动作倾注了他整个的生命。现在请同学们再仔细地看下去：他再一次嘱托的时候，留给人间的最后的语言、最后的动作是什么？[学生举手]

生：他留给人间的最后的语言是：“好，好同志……你……你把它带给……”他留给人间最后的动作是：“用尽所有的力气举起手来，直指着正北方向”。

这一片段中于漪老师在引导学生理解课文中“伸开”“拨弄”“数”“指”等细节动作时，总是用肯定和赞许的手势和目光来鼓励学生说出自己对课文的理解。于漪老师还用很多的指势语来指点学生，并以各种掌势语做出“请起”“请坐”“请回答”的动作，于漪老师象征性体态语言的恰当使用，使课堂气氛十分和谐，学生的学习积极性也被充分地调动起来。

教学中象征性体态语言是十分丰富的，但有些是不宜使用的，要尽量避免使用。教师不宜使用的手势语有：拒绝性摇头，讽刺性鼓倒掌，威胁性挥动拳头，讲课时双手叉腰，蔑视性伸出小指，斥责性食指点动，蔑视性斜挑拇指等。教师不宜使用的面部语言有盯视、瞪视、漠视、仰视等。

二、优秀教师说明性体态语言

教师说明性体态语是指教师在教学活动中用于解释、说明、描述人物、事物的身体动作或态势。教师说明性体态语通过教师身体态势描摹所讲人物和除人之外的一切客观存在的静态或动态，以帮助学生理解教师的语言描写。教师常用的说明性体语有如下几种：模拟物体粗细、高度、宽度，模拟平面，模拟球形，模拟笔直状。运用说明性体态语切忌多而杂乱，描摹说明要准确、恰切，要与学生的年龄特点相适应，要有艺术性。

教师说明性体态语是在教学过程中逐渐学习、积累并不断完善的。一个没有任何教学经验的教师，不论他的知识和能力多么高深，第一次面对学生上课的时候，都会手足无措。一个教师需要在实践中不断积累经验，习得准确合理使用说明性体态语的能力。

（一）教师说明性体态语言特点

1. 伴随性

说明性体态语是在教育教学活动中，指导教师概括实际需要临时设计一些动作来辅助口语表达，说明教学内容的。教师说明性体态语的运用是为了帮助说明口头语言所要表达的内容，使其易于被学生理解，它总是伴随教学口头语言出现的，是为教学服务的。一位语文特级教师在教学课文《燕子》时，为了帮助学生理解燕子“斜着身子从空中掠过”和“电线上停着几个小黑点，那就是燕子”，分别打了两个手势：一是手轻轻地划一弧形，一是手轻轻地在空中点几下。这两个简单的说明性动作伴着老师的朗读，使得学生很容易就能对课文所讲内容产生一个形象的认识，对句子的理解就更加深刻了。

2. 可创造性

在实际的教学活动中，教师可以根据教学的实际需要进行体态语的创造运用，如教师教学生区别大与小时，可以用双手画个大圈与小圈来进行比较帮助学生认识。再如教师在解说什么是螺旋线时，可能费了好多口舌也有学生会理解不了，那么这个时候教师用手指比划出一个“S”形的动作，学生就可能很快就能理解了。

3. 不确定性

教师说明性体态语受教学情境的影响很大，一个动作当在这个语境中表达的是这样的含义，到了另一个语境可能就表达出不同的含义。如教师画一弧线，在课文《燕子》中表示燕子从空中掠过，但是在课文《赵州桥》中却是表示桥身的形状。

(二)教师说明性体态语言艺术运用

教师说明性体态语和象征性体态语有很大的不同,说明性体态语主要由手势语构成,头势语只占很小的比例,这一类的体态语的含义是根据教学内容来确定的;而象征性体态语中头势语和手势语所占比重相差不大,且含义相对确定。说明性体态语和教学口头语言的伴随程度较高,一般用来解释说明人物和事物,说明性手势语就是对所讲内容起说明解释作用,以加强别人对所说内容的理解。

描述人物的说明性体态语是通过教师的动作说明人物的形象、外貌特征等。如初中语文第六册《挥手之间》有这样一句话:“……慢慢举起,然后用力一挥,停在空中一动不动”的历史性挥手动作时,教师模仿主席做出恰当逼真的手势,启发学生研读、揣摩,调动学生丰富的想象力,发现人物内心世界的深沉美,挖掘课文内容的意境美,培养学生高尚纯洁的情感美。高中第五册《促织》一文中写道:“村中少年好事者,驯养一虫,自名‘蟹壳青’。日与子弟角,无不胜。欲居之以为利,而高其直,亦无售者。径造庐访成,视成所蓄,掩口胡卢而笑……”教材对“胡卢”的注释是:“胡卢,笑的样子。”读了这种模糊的注释,学生不甚明白,更不能想到那少年的轻敌、自负之态。为了克服这一难点,教师教学时可以伴随着言语说明,做出掩口控喉而笑的情态,微笑中含轻蔑,微笑而无声。学生借助这一动作,对照语言描述,很容易理解词语的意义,进而准确把握人物的心理。

描述事物的说明性体态语表示某些事物的形状,如大小、长短、方圆等。如朗读“巍巍青山,长长流水,万里平原……”时,向上斜伸出手掌以模拟山之高;掌心向下,从左向右画一弧线,模拟平原之辽阔。山东省一位优秀教师在一次观摩课上讲解函数知识时,为了让学生形象理解y的变化特点,运用说明性体态语打了一个很恰当的比喻。他说:“同学们,注意看y的曲线变化,这和飞机起飞时的运动轨迹大致相似。看我的手,这就是一架正在起飞的飞机,先是在地上滑行,然后逐渐升高。”这位老师伸出手模仿飞机起飞的轨迹,下面的学生听得特别认真。

三、优秀教师表露性体态语言

表露性体态语是用来传递有关人的心理或情感方面的信息的，为了学生更好地理解所讲授的内容，它的主渠道是面部器官，通过面部表情表达出来。在面部表情中，眉、眼、嘴的活动变化起着主要作用，承载着主要信息。面部表情是最丰富的交流情感的体态语种。面部表情也被称之为面势语，排除眼神之外的面部表情，主要由嘴、眉、脸颊、鼻等器官和脸部肌肉运动变化而构成。它可以向周围的人发出信息，表示自己的快乐、郁闷、高兴、痛苦、生气、惊奇、害怕、沮丧、不满、惭愧、讨厌、感兴趣等。中学教师常用的面势语有：表示满意、兴趣、亲切、赞扬、询问、严肃、惊奇等。如“满意”时，眼睛略闭，嘴角上翘浮出微笑；“兴趣”时，眉毛微微上扬，双眼略略张大，嘴角略上翘呈现微微的笑意。总之，教师要做到面部表情和蔼亲切、热情开朗，同时还要随教学内容和场合的变化而变化。

教师表露性体态语是教师在教育教学活动中表现内心情绪、显示情感倾向的体态语。这种体态语分两种：眼势语和面势语。教师常用眼势语有环视和注视两种。教师运用眼势语应注意：尽量少用或不用消极的眼势语如盯视、瞪视、逼视、怒视、呆视、漠视、侧视、仰视、眨眼、垂眼等。要合理分配目光。面势语主要指除了眼神之外的面部表情。教师常用的面势语有；表示兴趣的面势语；表示满意的面势语；表示亲切的面势语；表示赞扬的面势语；表示询问的面势语；表示严肃的面势语。教师运用面势语应避免去使用表示愤怒的面势语、表示蔑视的面势语和表示羞涩的面势语。表露性体态语的运用，有利于增进师生情感交流和激发学生情感，是建立和谐协调的课堂气氛的重要因素。既然表露性体态语对学生有着如此重要的作用，那么教师必须恰当地使用自己的表露性体态语，尽量使它产生积极效应，避免消极效应。

（一）教师表露性体态语言特点

1. 丰富性

面部表情是表露性体态语的主要体现，据博德惠斯特尔研究，人类大约有25 000多种面部表情用来表现思想和情感。教师在教学活动中，无时无刻不在运用丰富的面部表情与学生进行着交流，教师的表露性体态语言的丰富性也正体现于此。教师很少会在教育教学活动中借助捶胸顿足来表露情感，而是更多的通过面部表情来表现喜怒哀乐。

2. 突出性

教师的面部表情、眼神所传递的信息，对学生来说，是最容易被感受到的，其产生的效果也是最为突出的。在课堂上，学生听课要认真注视着教师的面部，这对于帮助学生理解、接受教师的讲授很有益处。学生在教学环境下，往往最先注意的是教师的表情，观察老师的表情判断教师的心情状况，进而调整自己的言行。

3. 连续性

教师的表露性体态语具有很强的连续性，无时不在，它不像象征性体态语和说明性体态语大多数情况下都是在教学需要时才由身体发出。在教学过程中，教师的面部表情和眼神始终在持续不断地变化着，不时地向学生传递着信息。

（二）教师表露性体态语言艺术运用

教师一走进教室，学生先看到的是老师的表情。教师微笑走进教室，学生就能感到教师的亲切，学习的欢乐。教师和蔼亲切的表情，会给学生一种自然、明朗的感觉。教师的表情同时也是美的象征，有感情的体态配上口头语言才能引起学生情感上的共鸣。中学语文课本中《荷塘月色》《背影》《梦游天姥吟留别》都是文质兼美的散文名篇，教师在讲述这类文章时一定要注意，在讲到悲痛处要面带忧伤，讲到慷慨处要情绪激昂，讲到喜悦处要满脸欣悦。优秀教师陈晓梅教学《十里长亭送总理》时，在动情之处，她泪光盈盈，将学生带到情感的氛围中，学生受到的感染会很强，教学的效果也会更好。

教师在教学过程中，不仅要通过有声语言传情达意，还要通过表露性体态语来表情达意。如果教师只有呆板的表情，无论口头语言怎么精彩，都不能达到令人满意的效果。教师必须善于根据客观情境的变化，根据教学内容和学生在课堂上的表现，表露出各种不同的表情，才能渲染最佳的气氛，加强师生之间的情感交流。亲切的微笑可以拉近学生和教师之间的距离,这时候学生对教师的恐惧就会降低很多,学生学习的积极性就会提高。如果老师的表情呆板,整个课堂就会变的死气沉沉,教学效果也就不会理想。例如,一个学生在作文中这样描述他的数学老师:“他耷拉着脑袋走进教室,我在下面担心他会一直走到撞墙为止。还好,他在讲台前站定:没有抬头,我想他对从门口到讲台有几步已经不能再熟悉了。转过身,在黑板上用圆规画了一个圆,又转回身,眼睛都不转一下,说:‘今天我们讲圆’。如果不出声,我们都以为他是一尊活的木乃伊,一个港台电视剧中的僵尸。四十五分钟的课堂,他都没有用眼睛看过任何人,他能看到的只是圆规、黑板、粉笔。实在是想象不出,跟他学两年的数学,我是否还会做四则混合运算。数学课的时间太长了,我在等待下课的铃声响起。”在教学过程中,教师要学会控制和运用表情来教育学生,同时又要善于察言观色以获得学生的反馈信息,做到稳定中有变化。教师在课堂上表情温和、平易、亲切时,师生间的角色差异给学生造成的心理压力就会减少以至消失。让爱的微笑来征服学生的心灵,鼓舞和鞭策学生,给学生以理解和期待,让学生鼓起克服困难的勇气。微笑是一支鼓励学生前进的兴奋剂,教师千万不要吝啬你的微笑。

四、优秀教师的空间语言

(一)空间语言的范畴与特点

空间语言是指人们利用空间来表达某种思想的一种社会语言,是人际关系密切程度的一个尺度。一般来说,人际关系近会使对方产生更深的情感反应。例如,教学中的间距,它就能反映出双边的主次关系,代表交流者之间的亲疏程度。教师与学生之间的距离远近,能对教学效果产生直接的影响。当教师与学生间距缩短,面对面的机会随之增强,作用在学生视听器官的刺激增大,这时学生的注意力明显集中,参与课堂活动的意识便随之强烈,学习的兴趣和动机以及情感、意志均容易被激发,教学效果必然会得到提高。现在国外一些中小学便采用诸如“半圆组合型”“马蹄组合型”等多种空间形态,以缩短教师与学生之间的间距来提高教学效果。

空间语言主要指距离语言和位置语言。人与人之间的关系与人在空间位置上所保持的距离有着某种联系，在课堂教学中，教师通过与学生的不同空间距离，可以与学生产生不同的情感效应。比如教师走向教室中间时，学生会觉得老师是在注视着他们，会感觉到自己处于课堂之中；当走到学生身边时，学生会觉得很亲切，会更好地记笔记，更好地听讲；当学生做小动作时，教师轻轻地走近他，表示提醒注意；而如果大家讨论问题时，教师可靠近学生坐下，了解情况。所以，教师不能停留在教室的一个地方，应及时调节与学生的距离和位置，组织好教学并控制好课堂纪律。空间语言与其他语言相比较有以下几个特点：

1. 情感性

教师和学生都处在一定的空间之内，在教师与学生的交往中存在着距离等因素的影响，距离在一定程度上影响着师生之间的地位和亲疏关系。一个人对空间需求的欲望是有限的。当一个人的个人空间大于他所需要的空间时，他就会感到孤独和寂寞；当一个人的空间小于他所需要的空间时，或当他的空间范围受到侵犯时，他就会感到烦躁不安。

2. 可变性

人们在各种不同的情况下，对空间的需要会有所不同。根据环境的变化，人们对空间的要求会有不同的表现，这时候空间语言也会受到影响而发生变化。如一位老师对三个学生的距离不同，其态度也就不同。对受表扬的学生距离最近，对表现一般的学生距离中等，对受批评的学生离得较远。

（二）空间语言的艺术运用

空间语言是空间关系学的重要组成部分，属非语言交际范畴。它主要用人与人或人与物之间的距离表达交际意义和亲疏关系，涉及讲话人之间保持多少距离为宜，座位如何安排为好，人们的身体是否接触，如何接触等内容。通常认为，人体接触的含义是根据具体情况而定的，与文化传统、行为规范、性别和年龄也有一定的关系。在接触类文化的国家里，人体接触通常被认为是鼓励，表示友好和热情支持，在交往时会有规律地使用，是交流的自然部分。

教学中的空间语言是一个特殊领域，它主要体现的是教师与学生之间距离所表达的交际意义。课堂是师生进行教学活动的重要场所，充满各种交流的形式，在教学过程中，师生之间的距离，身体的接触对教学有着深刻的影响。由于师生之间距离的缩短，相互交流的质量出现明显的变化。距离拉大则上课时更多的是教师单方面的讲课，而当师生之间距离缩短时，就会出现更多的师生双向交流，使学生更多地参与课堂活动，更多地注视教师，更多地作笔记，更踊跃地发言。因此教师在上课时前后左右来回移动，不断改变与学生之间的距离是十分必要的，对学生吸取知识，接受新信息是十分有利的。在讲课时离教师一米至两米远的学生通常态度和表现最好，这一区域是信息交流的活跃区域，学生的学习质量最好。

在课堂教学中对空间利用的一个重要方面是涉及教室中课桌、书架、电视机和其他陈设的安置。若这些东西安置得可以使教师和学生有秩序并有足够的空间活动的话，学生就会在课上表现得更加积极，做小动作和思想开小差的情况也会减少。在课堂教学中对空间的利用还有一个重要方面就是对教室的布置和一些附带环境因素。如教室的光线和温度通常要维持在最舒适的水平上，课桌的尺寸一般要与学生的身材相配。心理学家还发现，在学校、工厂和家庭中进行科学合埋着色.也有助于调节人的精神和生理状况。德国新建的中小学教室，往往使用几种不同的颜色，教室里的窗子一律用草绿色，有助于消除学生的视觉疲劳；黑板一侧使用白色，可以使黑板突出，有助于集中学生的注意力；天花板用淡黄色，使教室周围的反差增强，并使光线柔和，书桌用洁白色的塑料贴面，可以增强反光度，使人产生清爽感;地面用棕褐色的机织地毯，可以增加安全感。他们的研究表明，丰富的色彩、柔和的灯光和舒适的座位会对学生的学习态度产生显著的影响，有助于开发学生的非智力因素。

五、优秀教师副体态语言

(一)教师副体态语言的范畴与特点

除了教师的动作体态，教师的衣着打扮同样对教学产生着重要的作用。教师的衣饰所传递出的是另一种不同的信息，这种信息传播的手段不是身体的动作、面部表情的变化,也不是空间语言,而是身体形象本身,包括相貌、衣着以及随身物品。我们把这些除身体动作、面部表情、人际距离之外的能够传播信息的身体形象等,称之为副体态语言。具体体现在以下几个方面。

1. 教师的服饰

服饰作为教师的无声语言,也是信息传播的载体,直接参与教师形象的塑造,传达着教师的思想、个性、文化修养、艺术品位,与学生进行着美的交流。服饰是一种文化,它如同一面镜子,透视出一个人的心灵和内涵。教师的职业特征要求其服饰应该端庄典雅、整洁大方、和谐自然,并与自己的个性特点相一致。例如,男教师上课穿无领汗衫、短裤、拖鞋就谈不上什么美感,也很不礼貌。教师在服饰上,应注意服装的整洁和服装搭配的审美需要。

2. 教师的发饰

这里的发饰指的是头发的修饰。这里的修饰包括发型的选择、头发的梳理、头发的清洁等。发饰是一个人审美观和生活习惯的侧面,反映了一个人的品质、性格等素质。作为教师,对发饰要求的一个总原则应是:朴素、简洁、干净。

3. 教师的随身物品

随身物品指的是教师带在身边帮助教学的物品,而非装饰性的物品,如眼镜、教具、讲义等。这些物品的使用,教师应谨慎一些,以免某些不适当的信息传递给学生。这些涉及教师生活上的小细节,教师应该更加注意,有意识地把握好这类副体态语言的使用尺度。

教师副体态语言是教师生活化的一面,在教学活动中,出现的次数最多,对教师在学生中的印象产生了根本性的影响。教师的副体态语言既要注意适度,又要注意变化,这两个方面的特点只是副体态语言的表面性质,更根本的特点是它的具体性。教师的副体态语言是时刻展现在学生视线范围之内的,是实实在在呈现在学生眼前的。

(二)教师副体态语言艺术运用

服装打扮属于副体态语,一个教师的服饰与他的性格特点和审美意识密切相关。服饰能显示人的个性，对服饰不同样式、颜色、整洁度的选择，反映了不同的个性特征、不同的心理状态。一般说来，教师的着装整洁得体、潇洒大方。女教师着装要优雅、得体，男教师着装要得体、简约，这样能在一定程度上提高教师在学生心目中的地位。例如，一个穿着整洁、衣饰讲究的教师在一定程度上无声地提高了学生对他的学识、成就的可信度指数，更受学生尊敬。特级教师魏书生在一篇短文中提到，说以前他总是认为朴素是美，所以一件外套穿了又穿，已经洗的发白了。学生实在看不过去了，都劝他添件适宜的衣服。他若有所悟。服装一换，学生眼前的风景焕然一新。在现实中，教师的着装都有自己的标准，而且对老师的修养也有一定的要求，下面正反例子的对比中就可以看出教师应注意自己着装的重要性。

例一："你看庄老师：他整天西装笔挺，不像许多老师一点也不注意自己的形象，而且知识渊博，上至天文，下至地理，他都能侃侃而谈。"

例二："突然嗡嗡的说话声停止了，门口进来了一个皮肤黝黑，穿一身褪色的灰衣服的青年男教师，脚上穿着半旧的解放鞋，……一些同学小声说：'是个土包子'。"①

教师的所有教学教育活动实际上都是交际活动，教师应当遵守一些礼仪原则。在学校交际中，教师有时也会和学生发生教学和教育方面的冲突，如何处理这些冲突，就有一个遵守礼仪的问题。教师在教学工作中应该值得注意的问题有很多，比如对学生的尊重、语言用词、体态使用、工作态度等方面都要处处注意为人师表。比如，守时就是一个最起码的礼貌原则。有一位教师某天上午八点有课，因一件意外的事把时间耽误了，离上课时间只有两分钟了，他立即跑进教室，累得气喘吁吁。学生都很诧异，他向同学解释了一下，课堂上爆发出了一阵热烈的掌声。

教师除了要多加注意自身的服饰、礼仪之外，字体也同样不可忽视。

①裴海安.中国初中生获奖作文精品大全[M].太原：山西教育出版社，1996.

虽然随着科技进步，很多条件好的学校都要求教师制作课件来上课，用PPT、Flash来代替板书，教师可以整节课都不写一个字，但是在批改作业、写评语时总是少不了写字。曾看到一位优秀的中学教师在一本书中说过："一位教师要能'出面、出手、出口'"，"面"是指仪表、妆容，"口"是指普通话，"手"自然是指教师的字。可见，教师的字体具有很重要的信息传输功能，它能反映一个教师的性格和工作态度。字体潇洒不羁的教师，很可能是性格奔放、不拘小节的人；字体端正而匀称的教师，很可能是传统又严谨的人……教师的一手好字能让学生肃然起敬，由衷地佩服。所以，教师应提高书写能力，把自己的字写规范，写漂亮，使之成为影响学生的积极手段。

小 结

教师体态语言是课堂教学语言重要的组成部分，学会合理使用体态语言对一个教师的成长和专业发展有着重要的辅助作用。我们要从基本内涵出发，从最基本的特征入手，从整体上掌握教师体态语言的全面含义。体态语言是一门教学艺术，只要我们充分研究与利用，对教学质量的提高是大有益处的。在我们的教师队伍中，涌现出了一大批知识渊博、教学技能突出的优秀教师，他们在课堂上深入浅出的讲解为课堂教学带来了活力，他们在教学语言的使用上有着很深的造诣。这些优秀教师的教学体态语言有鲜明的特点，他们对教学体态语言的拿捏十分到位，这方面的功力是他们教学成功的一个重要保证。

思考题

[1]教师体态语言的特点有哪些？

[2]教师体态语言的作用是什么？

[3]比较象征性体态语言和说明性体态语言的不同。

[4]试举例说明美感性原则和情感性原则的联系与区别。

参考文献

[1]李全修，秦复华.语文教学艺术[M].武汉：湖北科学技术出版社，

1993.

[2]蒋宗尧.优秀教师的修炼之道[M].上海：华东师范大学出版社，2011.

[3]熊征宇.体态语与礼仪[M].北京：中国经济出版社，2005.

[4]张克.体态语与教育传播[M].武汉：华中师范大学出版社，2010.

[5]庄锦英，李振村.教师体态语言艺术[M].济南：山东教育出版社，1993.

进一步阅读文献

[1]陈利平.新课程背景下的教师课堂语言[M].北京：高等教育出版社，2005.

[2]高万祥.优秀教师的九堂必修课[M].上海：华东师范大学出版社，2009.

[3]雷铃.中学语文名师教学艺术[M].上海：华东师范大学出版社，2008.

[4]薛农基.优秀教师的6种核心品质——教师一定要读的哲理故事[M].福州：福建教育出版社，2012.

[5]赵希斌.优秀教师的四项核心素质[M].上海：华东师范大学出版社，2011.

[6]张万祥，万玮.教师专业成长的途径：30位优秀教师的案例[M].上海：华东师范大学出版社，2005.

后 记

承蒙丛书主编守恒先生的信任，将《优秀教师的语言艺术》一书交与我来组编撰写。历经一年的努力，书稿终于杀青了。回顾这一段历程，我不免要记下一些难忘的细节。

首先，是关于本书的书名。丛书在策划之初，给予本书的命名是《优秀教师的演讲口才》。接受任务之后，我觉得如今社会运用演讲的机会不多，尤其对教师而言，演讲的场合可能更少。较之一个动荡的时代，和平时期、和谐社会大概不需要多少激情洋溢的演讲，也不需要多少慷慨热烈的陈词。于是，我把自己的想法同总编作了汇报，提议将书名改为《优秀教师的语言艺术》，演讲只是作为其中的一节，既反映优秀教师艺术地运用语言的全貌，又给予演讲以适当的位置。守恒先生欣然采纳了我的意见，体现了他的大度与宽容。

由于时间紧，更由于本人能力有限精力不济，在编拟出全书的提纲之后，我就把撰稿的任务，交给了我的一些研究生来完成。具体如下：绪论，袁祖华；第一章，邓尤佳；第二章，孟萍萍；第三章，张昆；第四章，张芳芳；第五章，郑文婷；第六章，冀晓娟；第七章，刘玉娟；第八章，许婧；第九章，李园园；第十章，汤池莲。去年10月上旬初稿写出之后，我作了仔细地审读，针对各章稿子的不同情况，提出了修改意见，然后是二稿、三稿……在整个撰稿和修改过程中，学生们既十分的努力认真，虚心而好学，又表现出自己的独立思考，善于反思而勤于推敲，从而使得这部书稿能以一种较好的面貌展示出来。

本书的撰写，参考了大量的已有研究成果，辑录了很多一线优秀教师语言艺术运用的生动案例。对此，我们都一一作了注释，并致以由衷的谢忱。另须说明的是，各章写作所参考的文献多有交叉，未免重复，前面章节已经涉及的，后面章节一般不再列出。

编辑李克非对书稿作出了细致的修订，十分感谢他的辛勤劳动。

最后，我要感谢我的夫人何群女士。她承担了所有的家务，使我得以集中精力面对书稿的编撰和修改。她的体贴关心，她的任劳任怨，给了我极大的动力。

倪三好

2013年11月18日

于安徽师范大学文津花园